VOYAGE

AU ROYAUME DE CHOA

IMPRIMERIE DE Mme Ve BOUCHARD-HUZARD, RUE DE L'ÉPERON, 7.

SECOND VOYAGE

sur les deux rives de la mer Rouge

DANS LE PAYS DES ADELS

ET LE

ROYAUME DE CHOA

PAR

M. ROCHET D'HÉRICOURT,

MEMBRE DE LA SOCIÉTÉ GÉOLOGIQUE DE FRANCE, DE LA SOCIÉTÉ DE GÉOGRAPHIE
DE PARIS, DE LA SOCIÉTÉ ROYALE DE MÉDECINE ET DE L'ACADÉMIE
DES BELLES-LETTRES, SCIENCES ET ARTS DE MARSEILLE,
DE LA SOCIÉTÉ ORIENTALE DE PARIS, DE L'ACADÉMIE
DES SCIENCES DE FLORENCE, ETC., ETC.,
CHEVALIER DE L'ORDRE ROYAL DE LA LÉGION D'HONNEUR.

PARIS,
ARTHUS BERTRAND, LIBRAIRE-ÉDITEUR
LIBRAIRE DE LA SOCIÉTÉ DE GÉOGRAPHIE
RUE HAUTEFEUILLE, 23.

1846

PRÉFACE.

J'ai peu de choses à dire sur la relation de mon second voyage au royaume de Choa; je me bornerai à indiquer en quoi elle diffère de celle du premier et en quoi elle la complète.

Les personnes qui m'auront fait l'honneur de lire ma première relation se souviennent peut-être que j'avais conçu le dessein et entrepris l'exécution de mon premier voyage, spontanément et par mes seules ressources; aucun conseil ne m'avait indiqué la voie où je m'étais engagé, aucun encouragement n'avait secondé ma résolution, aucun secours n'avait aidé mon entreprise : aussi je ne me dissimule point les nombreuses lacunes que présentait mon premier voyage, je dirais presque ma première reconnaissance dans cette partie inexplorée de l'Afrique. Mon principal titre était, à cette époque, de donner, le premier, une notice un peu détaillée du royaume de Choa et du pays des Adels; et c'est un honneur qu'il m'est bien permis de revendiquer aujourd'hui, quatre relations, publiées en Angleterre, étant venues se joindre à la mienne, dont elles ont confirmé l'exactitude et à laquelle elles n'ont ajouté aucune donnée importante.

Mais c'est à la publication du récit de mon premier voyage que je dois les moyens qui m'ont permis d'enrichir le second d'observations intéressantes et nouvelles.

L'Académie royale des sciences de Paris m'accorda, comme une récompense et comme un encouragement, des instruments de physique et d'astronomie ; plusieurs de ses membres les plus distingués voulurent bien me donner des indications et des directions qui devaient m'être profitables.

Je partis, cette fois, avec l'ambition de me montrer à la hauteur du secours que l'Académie avait daigné me prêter ; et le rapport qu'elle a consacré aux résultats scientifiques de cette seconde tentative m'a prouvé que le succès avait répondu à mes efforts.

Le rapport de l'Académie a énuméré et signalé les résultats de mon second voyage qui complètent le premier; j'aime mieux transcrire ici ce rapport que d'entrer moi-même dans ces détails.

Mais, auparavant, qu'il me soit permis de donner un public témoignage de ma reconnaissance aux personnes généreuses dont les conseils, dont l'appui moral, dont les vœux m'ont secondé dans l'accomplissement de la tâche laborieuse et périlleuse que je m'étais imposée.

Mes premiers remercîments sont dus à mes excellents concitoyens d'Héricourt; ils m'ont accompagné de leurs vœux et de la plus cordiale sympathie.

Ç'a été un honneur et une bonne fortune pour moi d'attirer l'attention de l'illustre secrétaire de l'Académie des sciences, M. Arago : c'est M. Arago qui a fait ajouter la boussole d'inclinaison aux

instruments qui m'avaient été confiés ;
c'est donc à M. Arago que je dois le plus
important résultat scientifique de ce
voyage.

MM. Élie de Beaumont, Dufrénoy,
Brongniart, c'est nommer les hommes qui
sont à la tête de la science géologique en
France et en Europe, ont bien voulu me
donner aussi des instructions sur les
échantillons géologiques et minéralogiques qu'il convenait de recueillir sur ma
route, et m'ont toujours témoigné le plus
bienveillant, le plus efficace intérêt.

Un des plus jeunes membres de l'Académie royale des sciences, un astronome
auquel la science doit déjà de brillantes
découvertes, M. Mauvais, a eu la complaisance et la patience de m'initier à l'usage
des instruments de précision dont je devais me servir.

Je dois les plus vifs remercîments à M. Duperrey, qui a si attentivement discuté et mis en lumière, dans son rapport à l'Académie, mes observations de magnétisme terrestre, et à MM. de Jussieu et Isidore Geoffroy Saint-Hilaire, qui ont bien voulu accorder quelque valeur aux soins trop incomplets que j'ai pu donner à la botanique et à l'histoire naturelle. Je n'oublierai pas M. Duvernoy, auquel je dois de précieux renseignements et d'utiles indications.

Je voudrais pouvoir nommer tous les membres de la Société de géographie qui m'ont donné des encouragements si flatteurs ; mais je dois surtout citer MM. Jomard, Daussy et d'Avezac, dont les avis et les notes m'ont été très-utiles dans la partie géographique de mon voyage.

Je ne pourrai pas m'acquitter de la reconnaissance que je dois à M. le baron Taylor, qui montre aux voyageurs une bienveillance si inépuisable et un zèle si utile pour leurs intérêts, et de celle que j'ai contractée envers MM. Émile Lassalle, Mathieu et Clerget, qui ont prêté leurs crayons aussi généreux qu'habiles aux dessins de mon livre.

Il est juste, surtout, que je remercie respectueusement du patronage qu'ils ont bien voulu m'accorder, M. le comte de Montalivet, M. le lieutenant général baron Gourgaud, aide de camp du roi, M. le lieutenant général comte Baudrand, M. le duc de Mortemart, M. le duc de Marmier, député de la Haute-Saône, et MM. les ministres des affaires étrangères, du commerce, des finances, de la marine, de l'intérieur et de l'instruction publique.

RAPPORT

SUR LE

SECOND VOYAGE EN ABYSSINIE

de M. Rochet d'Héricourt.

Commissaires, MM. Arago, de Jussieu, Isidore Geoffroy Saint-Hilaire, Élie de Beaumont, Dufrénoy, Duperrey, Mauvais.

(Extrait des *Comptes rendus des séances de l'Académie des sciences*, tome XXII, séance du 18 mai 1846.)

« M. Rochet d'Héricourt a déjà publié la relation d'un premier voyage qu'il fit, en Abyssinie, pendant les années 1839 et 1840 : tout le monde a donc eu l'occasion d'apprécier le caractère entreprenant et la rare intrépidité de notre compatriote. Son second voyage, celui dont nous allons rendre compte, a été aussi dramatique que le premier, si on l'envisage au point de vue des difficultés que M. Rochet a eues à surmonter; il ne sera pas moins riche en notions circonstanciées et neuves sur la religion, sur les mœurs, sur les institutions de toute nature du royaume de Choa et du pays d'Adel. Ajoutons que, cette fois, les dangers que M. Rochet a courus n'auront pas été sans fruit pour les sciences proprement dites.

« M. Rochet s'embarqua à Marseille le 1er janvier 1842. Après avoir parcouru la mer Rouge dans presque toute sa longueur, il entra dans le pays d'Adel, vainquit mille obstacles, dont on trouverait peut-être la source en Europe, et arriva auprès du roi de Choa. M. Rochet est revenu de sa périlleuse expédition à la fin de 1845.

« Pendant ce second voyage, M. Rochet était muni de divers instruments que l'Académie lui avait confiés, et à l'aide desquels il a abordé plusieurs questions intéressantes de géographie, de météorologie et de magnétisme terrestre.

Géographie.

« Pour apprécier l'exactitude des latitudes géographiques déterminées par M. Rochet, nous n'avions qu'une seule voie : c'était de comparer entre eux les résultats déduits des observations isolées ; c'était de ne point nous borner à la considération des moyennes.

« Pour certaines séries, ces comparaisons nous ont offert de grands écarts; pour d'autres, l'accord a été très-satisfaisant, eu égard, surtout, aux circonstances défavorables dans lesquelles M. Rochet a toujours été placé. Les géographes trouveront, sans aucun doute, parmi les observations de M. Rochet, les moyens d'améliorer les cartes d'une partie de l'Afrique encore assez peu étudiée.

Marées.

« M. Rochet s'est occupé des marées partout où son itinéraire et les circonstances lui ont permis de le faire.

« A *Moka*, il trouva pour la *variation moyenne diurne* du niveau de la mer Rouge $0^m,6$. Elle est notablement plus grande à *Ambabo* : ce dernier port se trouve situé au sud du détroit de *Bab-el-Mandeb;* *Moka* est au nord. Le détroit semble donc avoir amoindri le phénomène. Il serait, néanmoins, prématuré d'entrer aujourd'hui, à ce sujet, dans une discussion détaillée.

Météorologie.

« Nous avons trouvé, dans les registres de M. Rochet, des observations météorologiques faites à Kosséir et à Moka, sur la mer Rouge; à Angolola, à Angobar, à Farré et en d'autres points de l'Abyssinie.

« Les premières, quoique peu nombreuses, intéresseront les météorologistes : ils en déduiront les heures de la période diurne du baromètre, et la valeur de cette période en millimètres, pour le bord de la mer.

« Les observations faites en Abyssinie montreront de nouveau comment ce mystérieux phénomène se modifie sur les pics isolés, et, ce qui n'est pas la même chose, au centre de grands plateaux élevés.

« Les observations barométriques d'*Angolola*, d'*Angobar*, etc., permettront de calculer la hauteur verticale de ces villes au-dessus du niveau moyen de l'océan Indien. On trouvera de même la hauteur de plusieurs montagnes et celle de divers points du cours de l'*Aouache*. Enfin, si, comme nous le croyons, aucune erreur ne s'est glissée dans les lectures de la hauteur du baromètre faites au niveau des eaux du lac Salé, il sera constaté que la surface de ce lac est de plus de 200 mètres *au-dessous du niveau de l'Océan.*

« Nous croyons devoir engager M. Rochet à extraire soigneusement de ses journaux les observations qu'il a eu l'occasion de faire sur les orages périodiques ; celles, particulièrement, des régions où ces orages se reproduisent *deux fois* tous les jours et, à très-peu près, aux mêmes heures *du matin* et *du soir*. Il est permis d'espérer que la discussion de ces observations jettera de vives lumières sur un phénomène très-important et qui, jusqu'ici, est resté enveloppé dans une grande obscurité.

Partie magnétique.

(M. Duperrey, rapporteur.)

« Parmi les observations auxquelles M. Rochet d'Héricourt s'est livré durant son dernier voyage en Abyssinie, celles que nous avons été chargé d'examiner et dont nous allons rendre compte ne sont relatives qu'à l'inclinaison de l'aiguille aimantée ; mais, plusieurs d'entre elles ayant été recueillies, conformément aux instructions de M. Arago, à de très-petites distances de l'équateur magnétique, il nous a été facile, ainsi qu'on le verra plus loin, de les faire concourir à la détermination exacte d'une portion de cette courbe dont personne encore, depuis Alexandre Panton, qui opérait dans le golfe d'Arabie en 1776, n'avait cherché à fixer la position par des observations directes.

« M. Rochet d'Héricourt avait à sa disposition une excellente boussole d'inclinaison de Lenoir et deux aiguilles qui lui avaient été confiées par l'Académie.

« Ces deux aiguilles avaient été soigneusement expérimentées à Paris, au moment du départ, par notre confrère M. Victor Mauvais, tant pour constater leur état et celui de la boussole, que pour mettre M. Rochet d'Héricourt parfaitement au courant des procédés employés dans la méthode dont on fait le plus ordinairement usage, laquelle consiste à prendre avec exactitude, dans le plan vertical du méridien magnétique, les indications successives que donne l'aiguille d'inclinaison avant et après le retournement de ses faces, comme avant et après le renversement de ses pôles.

« A cette époque, 7 novembre 1841, l'aiguille n° 1 donnait pour l'inclinaison, à l'observatoire, 67°06',6 et l'aiguille n° 2. . . . . 67°10',2

Moyenne des deux aiguilles. . . 67°08',4

« Or M. Mauvais avait obtenu, dix jours auparavant, dans le même lieu, mais avec une boussole de M. Gambey, 67°8′,0.

« La comparaison de ces résultats prouve évidemment que la boussole et les deux aiguilles de Lenoir, confiées aux soins et au zèle de M. Rochet d'Héricourt, présentaient, au début du voyage, toutes les garanties d'exactitude que l'on pouvait désirer, et c'est là un des principaux motifs qui nous font espérer que les observations dont nous donnons le résumé dans le tableau suivant méritent d'être prises en considération.

Résumé des observations de l'inclinaison magnétique faites par M. Rochet d'Héricourt.

NOMS des stations.	DATES.	POSITION DES STATIONS.		INCLINAISONS OBTENUES		INCLINAISON moyenne des deux aiguilles.
		Latitude N.	Longit. E.	Aiguille n° 1.	Aiguille n° 2.	
Marseille......	21 décembre 1841.	43°17′52″	3°17′48″	+ 62°58′,1	+ 63° 4′,8	+ 63° 1′,5
Malte........	8 janvier 1842.	35.53.50	12.11. 6	+ 53. 4,4	»	+ 53. 4,4
Alexandrie.....	18 janvier.	31.12.53	27.32.25	+ 43.44,3	+ 43.35,9	+ 43.40,1
Le Caire.......	10 février.	30. 2. 4	28.55.12	+ 41.46,0	+ 41.39,2	+ 41.43,6
Denderah......	15 mars.	26. 8.36	30.16.11	»	+ 35. 8,6	+ 35. 8,6
Kosséir.	25 mars.	27. 7. 0	32. 1.36	+ 34.48,1	+ 34.33,5	+ 34.40,8
Djedda........	25 avril.	21.29. 0	36.57.36	»	+ 25.12,3	+ 25.12,3
Moka.........	11 et 12 août.	13.20. 0	40.59.36	+ 6.53,1	+ 6.25,7	+ 6.39,4
Ambabo.......	7 septembre.	11.44. 0	40.33. 0	»	+ 2.39,9	+ 2.39,9
Gaubade	5 octobre.	11. 0.54	39.48. 0	»	+ 1.18,5	+ 1.18,5
Angolola.......	2 décembre.	9.36.30	37.14. 0	»	− 0.27,9	− 0.27,9
Angobar.......	21 janvier 1843.	9.34. 7	37.34. 0	»	− 1. 5,9	− 1. 5,9

« Les inclinaisons présentées dans ce tableau proviennent, pour chaque aiguille, des deux inclinaisons apparentes observées, l'une avant et l'autre après le renversement des pôles ; mais, au lieu de prendre, comme on le fait ordinairement, la moyenne des deux inclinaisons dont il s'agit, nous avons préféré recourir à une formule à laquelle nous sommes arrivé depuis très-longtemps, et qui établit que la tangente de l'inclinaison vraie est égale au sinus de la somme des deux inclinaisons apparentes, divisé par le double du produit des cosinus de ces deux inclinaisons.

« La position géographique des huit premières stations a été prise dans la *Connaissance des temps* pour 1846, et celle des quatre dernières dans la carte de M. le docteur Beke, qui nous paraît avoir été dressée avec beaucoup de soin. Cette carte est fondée sur un grand nombre d'observations faites en 1841, tant par ce voyageur que par le capitaine Barker, qui faisait partie de l'expédition scientifique du major Harris, et qui, durant le cours de cette expédition, était personnellement chargé des observations astronomiques.

« A ces documents indispensables viendront bientôt se joindre les latitudes que notre zélé compatriote a lui-même pris le soin d'observer en plusieurs points de sa route.

« Il est à regretter que M. Rochet d'Héricourt n'ait pas observé l'aiguille n° 1 dans les quatre dernières stations de son voyage. Cette aiguille présentait à Paris, avant le départ, entre les deux inclinaisons observées, l'une avant et l'autre après le renversement de ses pôles, une différence de 2 degrés qui, ayant toujours été croissante, comme cela devait être, au fur et à mesure que l'on s'est approché de l'équateur magnétique, a fait prendre à l'observateur la résolution de ne plus se servir, à partir de Moka, que de l'aiguille n° 2, qui paraît lui avoir inspiré plus de confiance.

« Quant à cette dernière aiguille, nous avons été surpris, en consultant les éléments des observations, de voir qu'une différence de 1 degré, observée à Paris, au début du voyage, entre les inclinaisons des pôles intervertis, ait complétement disparu aux approches de la ligne sans inclinaison, après avoir été elle-même croissante jusqu'à Moka. Nous avons cherché à nous rendre compte de ce fait sans exemple, du moins pour nous. Nous avons d'abord pensé que les pôles de cette aiguille auraient pu ne pas être renversés par suite d'une erreur commise involontairement dans l'emploi des barreaux destinés à l'aimantation; mais les résultats définitifs auxquels on arriverait en faisant usage de notre formule, $\sin \Sigma' = \sin \Sigma \frac{M \cos a'}{M' \cos a}$, qui permet d'apprécier assez exactement la valeur de la correction Σ' applicable aux inclinaisons observée de prime abord, nous obligent à renoncer à cette hypothèse.

« L'idée de croire qu'il se serait opéré, vers la fin du voyage, un changement favorable dans la position du centre de gravité de l'aiguille n'est pas plus probable, car nous venons de nous assurer que la différence entre les deux inclinaisons apparentes, observées à Paris au départ, est encore, à très-peu près, la même aujourd'hui. Il faut donc admettre qu'une variation considérable sera survenue dans l'intensité de l'aiguille par suite des aimantations réitérées, qui auront rendu l'intensité M′ plus grande que l'intensité M, auquel cas la différence Σ', entre l'inclinaison observée a' et l'inclinaison vraie, aura été décroissante au lieu d'augmenter, ainsi que cela aurait eu lieu si l'intensité primitive de l'aiguille n'avait pas été temporairement troublée.

« Aux approches de la ligne sans inclinaison, la direction du méridien magnétique ne peut plus être déterminée exactement par la méthode qui consiste à chercher l'azimut du plan dans lequel l'aiguille d'inclinaison prend la direction de la verticale. C'est à Moka que M. Rochet d'Héricourt a commencé à éprouver les inconvénients de cette méthode, et il est fâcheux qu'il n'ait pas songé à se servir d'une aiguille suspendue horizontalement pour placer le limbe de la boussole d'inclinaison dans une direction convenable. Heureusement qu'une erreur de quelques degrés dans l'appréciation de cette direction a peu d'influence sur le résultat dans les lieux où l'inclinaison est très-petite.

« Les inclinaisons consignées dans les manuscrits de M. Rochet d'Héricourt n'étaient accompagnées d'aucun signe propre à en faire connaître le genre de dénomination. Pour remédier à cette omission, nous avons dû recourir aux souvenirs de l'observateur, et nous croyons avoir obtenu, par ce moyen, la certitude que l'extrémité nord de l'aiguille plongeait sous l'horizon à Gaubâde, tandis qu'elle se maintenait au-dessus de ce plan à Angolola et à Angobar. On peut donc admettre, ainsi que cela se trouve d'ailleurs justifié par l'ensemble de toutes les observations, que l'équateur magnétique passe aujourd'hui au sud de Gaubâde et au nord des deux stations.

« Tous les observateurs de l'Europe ont adopté avec nous le signe + pour désigner les inclinaisons boréales, et le signe — pour désigner les inclinaisons australes. Cette méthode, facile à graver dans la mémoire, ne devrait jamais être négligée, notamment auprès de l'équateur magnétique, où les indications de l'aiguille sont souvent de différentes dénominations durant le cours d'une même expérience.

« Parmi les stations qui figurent dans le tableau précédent, nous n'en connaissons que quatre où l'inclinaison du magnétisme ait été observée antérieurement au voyage de M. Rochet d'Héricourt; ces stations sont Marseille, Malte, Alexandrie et Moka, où l'on a obtenu les résultats suivants :

LOCALITÉS.	OBSERVATEURS.	DATES.	INCLIN.	DIMINUTION moyenne annuelle.
Marseille...	MM. de Humboldt....	1798	65°40'0	4' 0
	Bérard..........	1833	63. 6,0	
	Rochet d'Héricourt	1841	63. 1,5	
Malte......	MM. G. Fisher.......	1829	54.17,0	5,6
	Rochet d'Héricourt	1842	53. 4,4	
Alexandrie.	MM. Nouet..........	1799	47.30,0	5,5
	d'Abadie.........	1839	43.48,0	
	Rochet d'Héricourt	1842	43.40,1	
Moka	MM. Alexandre Panton.	1776	8.18,0	1,5
	Rochet d'Héricourt	1842	6.39,4	

« En rapprochant ainsi les résultats anciennement obtenus de ceux que nous présente aujourd'hui M. Rochet d'Héricourt, on voit que le décroissement annuel de l'inclinaison a été bien moins rapide à l'entrée de la mer Rouge que sur les deux rives de la Méditerranée.

« Nous avons donné, en 1839, une figure de l'équateur magnétique déduite des observations de l'inclinaison que nous avions faites, de 1822 à 1825, durant le voyage de la corvette *la Coquille,* d'une inclinaison observée, en 1822, dans l'île de San Tomé, par le capitaine Sabine, et des observations que M. Jules de Blosseville venait de recueillir tout récemment dans la mer des Indes.

« Plus tard, en 1836, nous avons fait connaître la figure que nous avons obtenue en joignant à nos propres observations toutes celles des voyageurs de la même époque qui pouvaient concourir au même but.

« La nouvelle courbe qui est résultée de tous ces documents avait, sur la précédente, l'avantage de ne plus présenter les irrégularités secondaires qu'un plus grand nombre d'observations devait nécessairement faire disparaître, et de réduire de moitié, en longitude, deux lacunes de 25 à 30 degrés, qui existaient, l'une dans l'intérieur de l'Amérique méridionale, l'autre dans le grand Océan, à l'ouest du méridien de l'île de Taïti.

« La seule partie de l'équateur magnétique dont la position restait encore indéterminée, faute d'observations, était celle qui traverse l'Afrique et le golfe d'Arabie; celle-ci avait pour limites l'île San Tomé dans l'océan Atlantique, et l'île de Ceylan dans la mer des Indes, ce qui lui donnait une étendue de 71 degrés en longitude.

« Pour remplir cette immense lacune, nous avions déjà eu recours aux belles et nombreuses observations faites par Panton, en 1776, lesquelles s'accordaient à faire passer l'équateur magnétique à environ 1° au sud de l'île Socotora et 2°20′ au sud de Gaubâde. Nous avons eu depuis, à l'imitation de MM. Haustein et Morlet, la curiosité d'examiner et de soumettre au calcul toutes les observations qui avaient été faites, de 1776 à 1780, tant dans l'océan Atlantique que dans la mer des Indes, par Cook, Beyley, King, Eckberg, Panton et Dalrymple, et nous avons obtenu de ces documents, véritablement remarquables par l'accord qui existe entre eux, une courbe pour l'année 1776, qui, étant mise en regard des portions déterminées de la nouvelle courbe, nous a prouvé d'une manière incontestable ce fait, que M. Arago avait déjà annoncé, en 1825, dans son rapport à l'Académie des sciences, sur les opérations du voyage de *la Coquille*, que toute la partie de l'équateur magnétique qui traverse la mer des Indes, l'Afrique et l'océan Atlantique, s'était transportée vers l'ouest, de 10 degrés environ, entre les deux époques. On conçoit, d'après cela, qu'il nous suffisait de faire parcourir cet espace à la figure de 1776 pour avoir à peu près la position qu'elle devait occuper en 1825, résultat qui s'est trouvé, en effet, assez bien corroboré par une méthode d'interpolation tout à fait indépendante de ce procédé.

« Examinons actuellement si nos hypothèses se trouvent confirmées par les nouvelles observations.

« De toutes les inclinaisons observées par M. Rochet d'Héricourt, nous n'avons rapporté dans le tableau suivant, comme devant concourir à la détermination de l'équateur magnétique, que celles auxquelles on peut appliquer avec exactitude la formule tang $\lambda = \dfrac{\tang I}{2}$, qui établit que la tangente de la latitude magnétique du point de l'observation est égale à la moitié de la tangente de l'inclinaison. A ces documents nous avons réuni, comme pouvant concourir au même but, deux inclinaisons observées dans le Tigré, par M. Lefebvre, en 1838, l'une à Massoua et l'autre à Adoua.

« Les déclinaisons magnétiques employées dans ce travail résultent 1° de deux séries d'azimut et d'amplitude du soleil observées, à Moka, en 1841, par le capitaine Jehenne, commandant la corvette française *la Prévoyante;* 2° d'une observation du passage de l'étoile polaire au méridien, faite, à Angobar, dans la même année, par le capitaine Barker, déjà cité plus haut. Cette dernière observation est consignée dans l'*Appendice* du Voyage du major Harris.

Détermination d'un point de l'équateur magnétique dans la partie orientale de l'Afrique.

NOMS des observateurs.	DATES.	NOMS des stations.	POSITION des stations.		DIRECTION du magnétisme.		LATITUDE magné-tique.	ÉQUATEUR magnétique.	
			Latitude N.	Longit. E.	Décl. N. O.	Inclinaison.		Latitude N.	Longit. E.
MM. Lefebvre.......	1838	Massoua.	15°36'	37°12'	8° 0'	+10°43',0	5°27',3	10°12'	37°59'
Id..........	1838	Adoua.	14.11	86.36	8. 0	+ 8.50,0	4.26,6	9 48	37. 14
Rochet d'Héricourt.	1842	Moka.	13.20	41. 0	6.30	+ 6.39,4	3.20,3	10. 2	41 25
Id..........	1842	Ambabo.	11.44	40-33	6.30	+ 2.39,9	1.20,0	10. 24	40. 42
Id..........	1842	Gaubade.	11. 1	39.48	6.30	+ 1.18,5	0.39,2	10 22	39. 51
Id..........	1842	Angolola.	8.37	37.14	7. 0	— 0.27,9	0.14,1	9. 51	37 13
Id..........	1843	Angohar.	9.34	31.84	7. 0	— 1. 5,9	0.33,0	10. 7	37 31
Position d'un point de l'équateur magnétique d'après toutes les observations..........								10°7'	38°51'

« En réunissant ainsi sur un seul point les résultats partiels des inclinaisons observées, de 1838 à 1843, dans la partie orientale de l'Afrique, par MM. Lefebvre et Rochet d'Héricourt, on voit que l'équateur magnétique passe actuellement par 18°7′ de latitude nord et par 38°51′ de longitude est.

« L'équateur magnétique qui résultait des observations faites par Panton, en 1776, coupait le même méridien par 8°20′ nord ; mais les méthodes dont nous avons fait usage pour ramener les inclinaisons de 1776 à l'année 1825 ont placé ce point par 10°46′ nord, ce qui ne diffère que de 39 minutes en latitude du résultat moyen des nouvelles observations.

« Des observations d'inclinaison faites, de 1837 à 1842, à Pondichéry, à Madras, à Ceylan, à Malora, à Poulo-Penang, à Malacca et à Singapore, font voir que, depuis l'année 1825, l'équateur magnétique n'a éprouvé qu'une très-faible variation en latitude dans la partie orientale de la mer des Indes, où il suit à peu près la direction d'un parallèle terrestre ; et, comme toutes les observations recueillies, de 1831 à 1842, à l'île de Sainte-Hélène, à l'Ascension, à Fernando-Po et dans le Niger, s'accordent à le faire passer à 1 degré environ au nord de sa position primitive, dans les méridiens de l'océan Atlantique, qu'il coupe obliquement de l'est-nord-est à l'ouest-sud-ouest, il devient évident que son mouvement vers l'ouest ne s'est point encore ralenti.

« Telles sont les réflexions qui nous ont été suggérées par les observations d'inclinaison magnétique dont M. Rochet d'Héricourt s'est occupé avec un grand zèle durant son voyage en Abyssinie.

Partie géologique.

(M. Dufrénoy, rapporteur.)

« Dans le premier voyage que M. Rochet d'Héricourt a fait en Abyssinie, dans les années 1839 et 1840, il avait déjà recueilli quelques données géologiques qui nous avaient permis d'annoncer, dans le rapport que nous fîmes en 1841 à l'Académie, que le sol de cette contrée est formé presque exclusivement de trois groupes de terrains, savoir :

« 1° De roches granitiques qui constituent le sol général de la contrée ;

« 2° De terrains volcaniques qui s'y sont fait jour de distance en distance et qui, sur quelques points, acquièrent un grand développement ;

« 3° Enfin de terrains tertiaires déposés dans des bassins circonscrits, notamment à Daffaré, Gongonta, Gaubâde et Coummi ; quelques fossiles rapportés par M. Rochet d'Héricourt nous avaient même autorisé à comparer les terrains de Gaubâde à ceux de Paris et particulièrement au calcaire grossier de Grignon.

« Les descriptions que M. Rochet d'Héricourt avait données des montagnes volcaniques de Daffaré ne paraissent laisser aucun doute sur leur origine, mais l'absence d'échantillons nous avait empêché d'émettre aucune opinion sur la classe de terrains volcaniques qui les formait ; M. Rochet a rempli cette lacune : il a rapporté, dans son nouveau voyage, une suite d'échantillons bien choisis et nettement caractérisés, qui montrent que les terrains volcaniques y forment au moins deux groupes distincts correspondant aux basaltes et aux trachytes; le troisième genre de terrains volcaniques, désignés sous le nom de *laviques* ou de volcans à cratères, est probablement aussi représenté en Abyssinie; du moins la disposition des coulées de Daffaré, épaisses au plus de $1^m,20$ à $1^m,50$, inégales et raboteuses comme les cheires de l'Auvergne et portant encore les traces de leur ancienne fluidité par les ondulations qui correspondent aux mouvements du terrain, rappelle les laves de Volvic et de la Nugère ; de même que ces coulées si intéressantes pour l'étude des phénomènes ignés, les laves de Daffaré se sont répandues à la manière d'un cours d'eau tranquille, se séparant aux moindres rochers qu'elles rencontrent et les entourant de leurs flots incandescents.

« L'analogie si frappante que je viens de rappeler entre la forme des volcans d'Abyssinie et de l'Auvergne, ainsi qu'entre la disposition des laves qui les recouvrent, ne se représente pas dans les produits de ces volcans ; les cheires d'Auvergne sont composées de lave entièrement scoriacée, très-rarement cristalline ; ce n'est que dans les points où la lave, s'étant accumulée sur une certaine hauteur, a pu se refroidir lentement, que les cristaux apparaissent avec quelque abondance : dans ce cas, le labrador en forme la partie dominante. Les laves de Daffaré, quoique bulleuses et scoriacées, sont cependant éminemment cristallines ; on y distingue des cristaux assez nets, de $0^m,005$ de long, qui paraissent appartenir au feldspath vitreux, caractéristique des trachytes du Mont-Dore et du Drachenfeld, en sorte que ce seraient de véritables laves par la forme et des trachytes par leur composition : ce fait, dont la lave de l'Arço à l'île d'Ischia offre un exemple, est peu habituel dans l'histoire des volcans et mérite d'être signalé.

« Dans son premier voyage, M. Rochet d'Héricourt avait concentré ses observations au pays d'Adel et au royaume de Choa ; dans celui dont nous rendons compte à l'Académie, il a recueilli des échantillons depuis le moment où il a quitté Alexandrie. Le cours du Nil est connu sur presque toute sa longueur, et M. Rochet d'Héricourt n'a fait que confirmer les observations des voyageurs qui l'ont précédé dans ces contrées, en rappelant que le Nil, qui coule depuis le Caire jusqu'à Siout sur le terrain tertiaire, entre ensuite dans le terrain de craie jusqu'au delà de Keneh ; mais, à partir de cette ville, les observations de M. Rochet d'Héricourt offrent un véritable intérêt : il nous apprend, en effet, que la chaîne de terrains anciens qui sépare Keneh de Kosséir, et qui court, comme la côte de la mer Rouge, du nord 20 degrés ouest au sud 20 degrés est, offre une seconde chaîne composée de basalte et de trachyte. Ces roches s'y trouvent sur les deux contreforts et même sur les sommets les plus élevés, en sorte qu'on retrouve, dans cette partie de l'Égypte, le phénomène, si remarquable dans le centre de la France, où les terrains volcaniques constituent le Mont-Dore, le Cantal et le Mezenc, qui dominent tout le pays. En Égypte comme en France, les nappes de basalte recouvrent celles de trachyte ; elles forment des plaques assez continues, en sorte qu'il est probable que c'est à un phénomène de soulèvement analogue à celui qui a donné naissance aux groupes du Cantal et du Mont-Dore que sont dues les dispositions des montagnes coniques de la chaîne de Legetta.

« Cette observation importante nous paraît avoir échappé à M. Russeger, auquel nous devons un grand travail sur l'Afrique, et notamment une carte géologique générale de l'Égypte.

« En redescendant du col de Legetta, on continue à marcher sur les roches de basalte et de trachyte jusqu'à Hammamat; mais, en quittant ce lieu de repos pour les caravanes, on perd bientôt de vue les nombreux cônes que l'on vient de traverser, et l'on rentre dans les roches de granit, de porphyr et de siénite qui se prolongent jusqu'à l'embouchure de la vallée de Kosséir; les roches volcaniques se représentent de nouveau sur les bords de la mer et forment une série de petits cônes qui bordent la côte sur une assez grande longueur.

« Embarqué à Kosséir, M. Rochet d'Héricourt a descendu la mer Rouge jusqu'au détroit de Bab-el-Mandeb; dans ce trajet, il a visité plusieurs points de la côte orientale, notamment le port d'Elberck, à 4 myriamètres au sud de Yambo; ceux de Rabac et de Gelba, situés entre Yambo et Confouda; enfin le port d'Elberck, à 2 myriamètres au sud de cette dernière ville : partout la mer est bordée de cônes volcaniques qui forment une ligne assez continue, parallèle à la côte, et qui peut en être distante d'une heure environ. Les échantillons que M. Rochet a rapportés montrent une identité complète entre les roches volcaniques des deux rives de la mer Rouge; cette mer forme donc un vaste sillon dans lequel les éruptions volcaniques se sont développées, et ce qui donne une certaine force à cette opinion, c'est que, depuis Djedda jusqu'à Moka, il existe un grand nombre de petits ilots volcaniques. L'embouchure de la mer Rouge est même fortement rétrécie par l'ile de Perim, qui, d'après les observations de M. Rochet d'Héricourt, est complétement basaltique; cette ile, dont les côtes sont presque verticales, forme une colonne irrégulière, analogue à la roche de Puy-en-Velay, en sorte que le détroit de Bab-el-Mandeb présente une profondeur assez grande pour donner passage aux plus grands bâtiments.

« Les terrains volcaniques se prolongent au delà du détroit : on les voit encore au sud d'Aden. Nous citerons particulièrement deux roches que M. Rochet a rapportées de ce point : la première, caverneuse et rougeâtre, rayant à peine le verre, renferme, dans ses cellules, des parties concrétionnées qui lui donnent de l'analogie avec la pierre d'alun ; la seconde, grossièrement schisteuse, rappelle le phonolite : ces deux roches complètent l'analogie des terrains volcaniques de la mer Rouge avec les trachytes de la France et de l'Allemagne.

« Les observations précédentes, que j'ai transcrites sur les notes de M. Rochet d'Héricourt, me paraissent offrir le même intérêt que j'ai signalé pour celles qui se rapportent aux montagnes qui séparent Keneh de Kosséir.

« Depuis les bords de la mer Rouge jusqu'au royaume de Choa, M. Rochet n'a pu étudier que la route suivie par les caravanes ; mais, à partir d'Angobar, les relations presque intimes, que son courage et les services qu'il avait rendus au roi de Choa avaient établies entre ce prince et notre compatriote, lui ont fourni le moyen de visiter la partie de l'Abyssinie qui lui est soumise. Nous ne reviendrons pas sur l'intéressante description que M. Rochet d'Héricourt a donnée, à son premier voyage, du royaume de Choa, qui, grâce aux montagnes dont il est généralement formé, jouit, dans une contrée tropicale, d'une température modérée. La constitution de ces montagnes est la même que celle que nous avons indiquée plus haut; le sol général est composé de granit, de porphyre, de siénites et de roches cristallines qui leur sont associés, tandis que des éruptions de basalte et de trachyte, qui se sont fait jour de distance en distance, ont superposé leurs cônes sur les terrains anciens : quelquefois ces cônes atteignent une assez grande hauteur et embrassent une vaste étendue, comme à Angobar et aux environs d'Angolola.

« La montagne qui domine Angobar, capitale du Choa, et sur la pente de laquelle cette ville est bâtie, est, d'après le dessin donné par M. Rochet d'Héricourt, un vaste cône de soulèvement; le trachyte en forme la masse, et le basalte en recouvre les pentes.

« A 14 lieues environ d'Angolola, le plateau de Pétas offre une vallée de déchirements des mieux caractérisés; sa profondeur est, d'après la mesure barométrique de M. Rochet d'Héricourt, de 1,254^m,8; elle coupe le plateau de Choa à la manière des fentes abruptes que l'on observe dans le Jura ou dans les canses des Cévennes, dans lesquels quelquefois le passage d'une vallée de 200 à 300 mètres de largeur exige deux heures de marche, par la sinuosité des chemins pratiqués sur leurs parois presque verticales. La vallée de Pétas a successivement traversé le basalte et le trachyte, et s'est prolongée jusque dans le terrain de granit : dans quelques parties de son cours, on remarque, à la séparation du granit et des roches de trachyte, un grès ferrugineux-rougeâtre, tantôt solide et à cassure luisante, tantôt friable.

M. Rochet d'Héricourt a recueilli, dans ce grès, des turquoises d'une dureté considérable et qui ne le cèdent en rien, pour la couleur, aux turquoises de Nichabour, en Perse.

« Sur les deux parois de cette belle coupe, on voit se peindre des nappes de trachyte presque aussi régulières que les couches d'un terrain stratifié, dont la pente est, d'après les souvenirs de M. Rochet d'Héricourt, comprise entre 20 à 25 degrés : la nappe la plus inférieure, complétement vitreuse, a quelque apparence avec de l'obsidienne, mais elle possède une disposition légèrement schisteuse qui l'en distingue; elle est, en outre, comme pailletée par un commencement de cristallisation et elle contient quelques cristaux assez distincts de feldspath vitreux.

« Nous signalerons enfin, dans le basalte qui forme la surface du plateau de Pétas, du péridot en quantité considérable. Dans l'échantillon rapporté par M. Rochet d'Héricourt, le péridot est à la fois un peu rougeâtre et irisé par la décomposition.

« Cette courte description de la vallée de Pétas s'appliquerait également aux vallées de déchirement du Cantal et du Mont-Dore, dans lesquelles on marche successivement sur le granit, le trachyte et le basalte, à mesure qu'on en gravit les pentes. L'Abyssinie fournit donc de nouveaux exemples du phénomène des cratères de soulèvement au milieu des terrains volcaniques.

Partie botanique.

(M. DE JUSSIEU, rapporteur.)

« La botanique était étrangère aux recherches scientifiques de M. Rochet d'Héricourt, dans son voyage en Abyssinie ; il s'est contenté d'y recueillir un petit nombre de plantes, celles qui lui ont paru les plus remarquables, dans le but de fournir quelques matériaux aux études d'un de nos confrères qu'intéresse particulièrement la Flore de cette partie de l'Afrique, et qui n'a cessé de s'en occuper activement depuis la grande expédition d'Égypte dont il a fait partie et rédigé la botanique avec un talent généralement reconnu. M. Delile a donc reçu de M. Rochet d'Héricourt la collection de ses plantes ; il s'est empressé de les étudier et en a dressé un catalogue, où sont consignés les résultats de ses propres observations. Ce catalogue a été remis au muséum d'histoire naturelle de Paris par le voyageur, avec un double de sa collection qui a fait le sujet de notre examen, lequel s'est trouvé ainsi extrêmement facilité par les déterminations de notre confrère, si bien familiarisé, par ses travaux antérieurs, avec la connaissance des plantes de cette région.

« On sait que la Flore abyssinienne n'a été explorée en détail que récemment, par M. Ruppel, par M. Schimper, fixé encore en Abyssinie, où il a formé de riches herbiers qui se distribuent en Europe, et par nos infortunés compatriotes, MM. Antoine Petit et Quartin-Dillon, dont les collections ont été rapportées à Paris après leur mort. On doit espérer que ce seront les matériaux d'un ouvrage complet sur la végétation de cette partie de l'Afrique tropicale. Là où moissonnaient ces botanistes chargés d'une mission spéciale, M. Rochet d'Héricourt n'a pu que glaner; mais, néanmoins, son herbier, quoique composé seulement de soixante-dix espèces, présente un intérêt véritable, tant par le retard de la publication de ces autres voyages, que par un heureux hasard qui lui a fait rencontrer quelques plantes échappées aux autres.

« Toutes ses plantes appartiennent aux dicotylédonées et se trouvent distribuées par familles de la manière suivante :

Conifères, 1.	Ampélidées, 2.	Scrofularinées, 1.
Urticées, 1.	Rhamnées, 2.	Acanthacées, 1.
Cucurbitacées, 2.	Célastrinées, 2.	Selaginées, 1.
Phytolacinées, 1.	Memecylées, 1.	Labiées, 1.
Amarantacées, 1.	Combretacées, 1.	Cordiacées, 1.
Salvadorées, 1.	Lythrariées, 1.	Apocynées, 2.
Capparidées, 4.	Rosacées, 2.	Asclépiadées, 2.
Hypéricinées, 2.	Légumineuses, 5.	Rubiacées, 1.
Balanitées, 2.	Myrsinées, 3.	Composées, 6.
Méliacées, 1.	Jasminées, 1.	
Sterculiacées, 1.	Solanées, 5.	

puis quelques échantillons incomplets qu'on aurait peine à déterminer.

« Nous avons dit que, dans ce petit nombre de végétaux, il s'en trouve quelques-uns d'intéressants, tellement que M. Delile a pu, dans son catalogue, non-seulement en désigner une douzaine comme des espèces nouvelles (*capparis*, 1; *ziziphus*, 1; *erythrina*, 1; *jasminum*, 1; *solanum*, 3; *barleria*, 1; *pavetta*, 1; *inula*, 1; *helichrysum*, 2), mais qu'il a cru y trouver deux genres nouveaux : l'un, qu'il a rapporté aux apocynées, sous le nom de *tephea*; l'autre, qui appartient aux méliacées et qu'il a consacré à notre voyageur sous le nom de *rochetia*. Cette dernière plante n'est réellement autre que le *trichilia emetica*, trouvé déjà autrefois, par Forskael, en Arabie, et nous paraît devoir être conservée dans ce genre.

Quant à la première, elle n'en constitue pas non plus un nouveau, mais appartient à l'*olinia* de Thunberg, auquel elle ajoutera une espèce intéressante, puisque celles qu'on connaissait jusqu'ici n'avaient été observées qu'au cap de Bonne-Espérance. Nous eussions voulu, en confirmant un genre *rochetia*, pouvoir consacrer le souvenir du service rendu à la botanique par M. Rochet d'Héricourt : puisque les plantes rapportées par lui ne peuvent nous le fournir, nous lui dédierons du moins cette curieuse espèce. Nous joignons (1) ici les caractères de cette plante, sur lesquels nous nous trouvons en désaccord avec M. Delile, et nous nous dispensons de détails sur toutes les autres plantes nouvelles, lui laissant le soin de les faire connaître, avec les noms qu'il leur a donnés, dans une publication que nous désirons prochaine.

« La branche que nous avons rapportée aux conifères ne porte malheureusement pas de fleurs ni de fruits ; mais son feuillage est tout à fait celui d'un

---

(1) OLINIA *rochetiana*. foliis lanceolato-obovatis, apice emarginato apiculatis, tenuibus, subtus pallidioribus reticuloque nervorum discolori subtili notatis, breviter petiolatis petiolo juxta basim bistipulato, stipulis minutis glanduliformibus ; bracteis similibus, brevissimis ; cymis terminalibus et ad summa folia axillaribus ; calycis fauce squamis 10 biseriatis conniventibus clausa.

podocarpus, genre dont les représentants sont épars en Amérique, à la Nouvelle-Zélande, dans les Indes orientales, mais n'avaient été encore observés en Afrique que vers son extrémité australe.

« Parmi les plantes déjà bien connues, nous n'en signalerons que deux fort intéressantes par leurs propriétés : l'une, le *brayera anthelminthica,* que M. Kunth a fait connaître dès 1824, et qui, sous le nom de *cousso,* est si renommée en Abyssinie pour la cure du ver solitaire, maladie endémique dans ce pays. Des expériences ont été faites, à Paris, sur l'emploi de ce médicament, avec les échantillons qu'a fournis M. Rochet d'Héricourt, notamment par M. le docteur Sandras, professeur agrégé à la faculté de médecine et médecin de l'Hôtel-Dieu ; elles ont eu un plein succès, et il en résulte que la poudre de la fleur, administrée convenablement et à doses suffisantes, est plus facile à prendre et à supporter, moins dangereuse et surtout plus efficace que tous les autres moyens usités pour l'expulsion du ténia. Les effets ont été obtenus dans l'espace de quelques heures, après lesquelles les malades ont pu reprendre leur alimentation et leurs occupations ordinaires. Il est donc bien à désirer que ce nouveau médicament soit mis à la disposition de nos praticiens et introduit dans la pharmacie.

« L'autre plante est le *celastrus edulis*, ou vulgairement *tchaï*, dont les feuilles mâchées déterminent sur le système nerveux une excitation agréable qui la fait avidement rechercher tant des Abyssins que des Arabes de l'Yemen, qui ont emprunté aux premiers ce végétal dès le commencement du quinzième siècle.

« A chaque plante, M. Rochet d'Héricourt a joint une note qui indique son nom vulgaire, ses usages et ses principaux caractères extérieurs, ainsi que le lieu où il l'a récoltée. La sagacité avec laquelle, quoique étranger à la botanique, il a formé cette petite collection, doit nous faire regretter qu'elle ne soit pas plus considérable.

« Enfin M. Rochet d'Héricourt a remis à M. le ministre du commerce, qui les a transmis au muséum, dix-sept petits sacs de graines étiquetés des noms qu'ils portent en Abyssinie, où les plantes qui les produisent sont usuelles et cultivées : ce sont des espèces de légumineuses, de céréales, de cotonniers, etc. Il a espéré servir utilement son pays en y important la culture de quelques-unes de ces plantes : on doit attendre les semis et leurs résultats pour savoir si son espérance sera remplie en quelques points. La plupart ont été recueillis sur les plateaux élevés dont le climat est tempéré, et, par conséquent, on peut penser que ces cultures ont quelque chance de réussite dans les parties les plus chaudes de notre pays.

Partie zoologique.

(M. Is. Geoffroy Saint-Hilaire, rapporteur.)

« La zoologie doit à M. Rochet d'Héricourt une tête osseuse d'hippopotame adulte, à laquelle son origine donne un intérêt particulier. Nos collections possédaient, depuis 1820, un beau squelette d'hippopotame du Cap, rapporté par M. Delalande, et le même dont M. Cuvier a donné une belle description. Depuis, l'hippopotame du Sénégal nous a été connu par plusieurs envois faits au muséum par les ordres de M. le ministre de la marine et par les soins de divers voyageurs; il est représenté aujourd'hui aux galeries d'anatomie comparée par deux squelettes. L'étude comparative de ces précieux matériaux et de la tête d'Abyssinie rapportée par M. Rochet d'Héricourt fournira enfin les moyens de résoudre la question, encore douteuse aujourd'hui, de l'unité ou de la pluralité spécifique des hippopotames des diverses parties de l'Afrique.

Conclusions.

« La commission propose à l'Académie de déclarer que les documents scientifiques recueillis par M. Rochet d'Héricourt, pendant son second voyage, ont beaucoup d'intérêt, et qu'il est très-désirable qu'on les publie le plus promptement possible. Nous lui demandons aussi d'émettre le vœu que l'intrépidité, l'ardeur, le zèle infatigable de M. Rochet, que la connaissance qu'il a maintenant acquise du maniement des instruments d'astronomie, de magnétisme, de météorologie puissent être mis à profit dans quelque expédition lointaine. »

Les conclusions de ce rapport ont été adoptées.

Nous prions le lecteur d'avoir égard au présent *errata* du mémoire suivant, qui a été imprimé durant l'absence de l'auteur.

Page 352, ligne 6, en montant, *Monsoria*, lisez *Monrovia*.
Page 355, note 1. *Ban, t. III. Lef., t. II,* lisez *Band III. Heft II.*
Page 358, le texte de cette page, avant le § 1, est la suite de la note de la page précédente.
Page 360, note 1, ligne 2, en montant, *l'air*, lisez *l'âge*.
Page 367, ligne 14, *la serre*, lisez *la série*.
Page 369, ligne 17, *Zeronghi*, lisez *Zerenghi*.
Page 370, ligne 13, *d'Anay*, lisez *d'Arras*.

SUR UNE TÊTE D'HIPPOPOTAME (en squelette)

rapportée du royaume de Choa, par M. Rochet d'Héricourt.

Note lue à l'Académie des sciences, le 5 octobre 1846,
PAR M. DUVERNOY, CORRESPONDANT.

SOMMAIRE DE LA PREMIÈRE PARTIE.

Motifs de mon second voyage au Choa. — Arrivée en Égypte. — Keneh. — Le temple de Denderah. — Le désert. — Laghittah. — Un fort et des guérites françaises. — Le puits d'Hammamat. — Le puits de Sedeh. — Ambegea. — Arrivée à Kosseïr. — L'agent français, M. Élias. — Départ. — Navigation de la mer Rouge. — Djedda. — Situation actuelle de l'Arabie. — Osman-Pacha. — Aventures d'un moine abyssin. — Hodeïda. — Le mauvais œil du pèlerin persan. — Moka. — Le chérif Husseïn. — Son insulte au pavillon anglais. — Rencontre de MM. Krapf et Bel. — Je pars pour Toujourra. — Le sultan de Toujourra refuse de me laisser passer sur son territoire. — Je retourne à Moka. — Tempête sur le détroit de Bab-el-Mandel. — Visite au chérif Hamout. — Le danakil Mahamet-Chème. — Départ pour Ambabo. — Les malades de Rahiéta. — Arrivée à Ambabo. — Lettres de Sahlé-Sallassi et de la reine Betsabèche.

PREMIÈRE PARTIE.

LA MER ROUGE ET LE PAYS DES ADELS.

Le journal de mon séjour dans le royaume de Choa, pendant l'année 1839, a été la première relation étendue et variée publiée sur cette région, qui est la partie la plus importante de l'Abyssinie. Les circonstances mêmes qui ont donné quelque intérêt à mon premier voyage m'ont déterminé à entreprendre le second. J'avais réussi à captiver les bonnes grâces du roi de Choa, Sahlé-Sallassi : il m'avait chargé de présenter des cadeaux au roi des Français, auquel il témoigna ses dispositions par une lettre écrite de sa main (1). Ce chef d'un des pays les

(1) La lettre que je fus chargé par Sahlé-Sallassi de re-

plus riches, du peuple le plus nombreux, le plus belliqueux et en même temps le moins barbare de l'Afrique tropicale, paraissait porté à se rapprocher spontanément de notre civilisation, de laquelle tant de barrières naturelles le séparent. Je ne crus pas pouvoir me soustraire à l'obligation morale que m'avait en quelque sorte imposée l'accueil que j'avais reçu de lui; quels que puissent être dans l'avenir les

mettre au roi me paraît assez remarquable pour mériter d'être rappelée ici :

Négueuste Sahlé-Sallassi, roi de Choa, à Louis-Philippe, roi des Français.

« Je vous envoie ce message après avoir entendu parler de votre grandeur par Rochet : mon cœur est déjà porté vers vous et désire votre amitié. Il est d'usage qu'entre personnes éloignées les présents en soient les premiers gages; je vous envoie donc quelques objets de mon pays : ces objets sont un bouclier, un sabre, un anneau d'argent et un bracelet de guerrier; un *taube*, une peau de panthère noire, une peau de lionne, deux lances, un cheval, deux livres appelés, l'un Sankesar, l'autre Fetha Négueuste. Je ne regarde pas ces choses comme des présents dignes de vous, mais comme des objets de curiosité. Ce sont des produits de notre industrie que je vous fais parvenir.

« Je ne puis contracter avec vous l'amitié qui naît du regard et de la parole, mais seulement celle que l'écriture ci-

résultats des relations qui s'établiront entre le Choa et l'Europe, puisque j'étais à même de concourir utilement à la formation des premiers liens, je me fis un devoir de tenter un second voyage en Abyssinie.

Pour moi, d'ailleurs, cette expédition s'annonçait sous de plus brillants auspices que la première. Les cadeaux que le gouvernement m'avait chargé de porter au roi de Choa ne pouvaient manquer d'augmenter ma faveur; j'avais à lui offrir des objets que je savais être d'un grand prix à ses yeux : des canons, des fusils, des carabines, des étoffes de luxe. J'avais reçu un encouragement d'une autre nature qui ne m'était pas moins utile : l'Académie des sciences avait bien voulu me confier des instruments d'observation, et entre autres une boussole d'inclinaison,

mente, puisque nous ne pouvons nous voir; mais nos yeux seront les caractères tracés par la plume, et notre parole celle de M. Rochet, à qui j'ai confié ma pensée. Renvoyez-le-moi bientôt, et, lorsqu'il viendra, dites-lui ce que vous voulez avoir de mon pays et que l'on ne trouve pas dans le vôtre. Je m'empresserai de satisfaire vos désirs et de vous renvoyer Rochet à mon tour.

« Que la bénédiction de Dieu, notre Père, que celle de Jésus-Christ, notre Sauveur, soient avec vous.

« SAHLÉ-SALLASSI, ROI DE CHOA. »

qui devaient me permettre de donner à mon voyage un réel intérêt scientifique.

Après avoir consacré plusieurs mois à mes préparatifs de départ, je quittai donc Marseille le 1er janvier 1842, à bord du paquebot-poste le *Lycurgue*. Je passai à Syra sur le *Léonidas*, et j'arrivai à Alexandrie le 15. Je ne restai que cinq jours dans cette ville, où je continuai la série des observations d'inclinaison magnétique que j'avais commencées à Marseille et à Malte. J'arrivai au Kaire le 4 février. Ici se présentait la question de l'itinéraire à suivre pour me diriger sur la mer Rouge. Il me fallait, en effet, descendre cette mer jusqu'au détroit de Bab-el-Mandel pour arriver à l'un des ports de la côte africaine, où s'ouvre, à travers le pays des Adels, la route de l'Abyssinie méridionale. Dans mon premier voyage, j'étais allé prendre la mer Rouge à Suez. Cette fois, j'aimai mieux remonter le Nil jusqu'à la haute Égypte pour m'embarquer à Kosseïr. Je ne connaissais que trop les longueurs, les ennuis et les périls de la navigation de la mer Rouge sur les barques arabes, et je trouvai plus sage de ne les affronter qu'à la dernière extrémité. Je n'arrivai que le 14 mars à Keneh; c'est là que je devais quitter les rives du Nil et me diriger sur Kosseïr, situé à six journées de marche dans le désert.

Je ne fis pas, à Keneh, un long séjour; je m'occupai tout de suite à chercher les chameaux qui m'étaient nécessaires pour transporter à Kosseïr mes nombreux bagages : c'est à peine si, avant de commencer mes démarches, je pris le temps d'aller visiter le magnifique temple de Denderah, où je mesurai l'inclinaison de l'aiguille.

Le temple de Denderah, construit en grès, est un des monuments les mieux conservés de l'Égypte ; Cléopâtre et Ptolémée Césarion, son fils, le commencèrent, et il fut continué par tous les empereurs jusqu'à Adrien et Antonin le Pieux. Il est malheureusement enterré dans les décombres formés de huttes qui avaient été construites sur le temple par les Arabes : la porte qui le précède, et qui se reliait au mur d'enceinte sacrée, est rattachée, par deux murs modernes, au portique. Les vingt-quatre colonnes, en partie enterrées, de ce magnifique portique sont couvertes, ainsi que les murs qui les entourent, de sculptures peintes représentant des souverains faisant des offrandes aux divinités : la voûte est ornée du fameux zodiaque rectangulaire. Sur les quatre faces des chapiteaux sont des têtes d'Isis au gracieux sourire et aux oreilles de vache, qui étaient pour les Égyptiens la représentation de la Vénus animale; ces têtes, qui, toutes, ont été martelées probablement par les chrétiens lors de l'établissement du christianisme, ou par les musulmans, briseurs d'images, portent de petits temples qui supportent les soffites et les plafonds dans lesquels sont sculptés des éperviers déployant leurs ailes et portant des harpées (haches d'arme des Pharaons), et où l'on retrouve des femmes nues et allongées, qui, chez les anciens Égyptiens, étaient l'emblème de la voûte céleste. La façade du temple est tournée vers l'est; sur la corniche on lit une inscription grecque dont voici le sens : « Pour la conservation de l'empereur Tibère César, fils du dieu Auguste, les habitants de la métropole et du nome élevèrent ce temple à Aphrodite, déesse très-grande, et aux dieux adorés dans le même temple, l'an 21 de Tibère César, au mois d'Athyr. »

Après ce vaste portique, on entre dans une salle décorée de six colonnes à tête d'Isis et de sculptures peintes; cette salle communique dans les chambres et sanctuaires sacrés, et par une rampe assez douce, à des chambres à mi-étage, dans lesquelles était le zodiaque circulaire, aujourd'hui à la bibliothèque royale de Paris; on arrive, en montant, à une belle terrasse couverte de cahutes abandonnées et dans l'angle nord-ouest de laquelle s'élève un petit temple dédié à Vénus. Les prêtres pouvaient seuls sacrifier dans ce sanctuaire mystérieux, que l'on ne peut voir de l'extérieur de l'édifice ; sur les faces latérales et postérieures du temple, on voit des sculptures d'offrandes et huit demi-lions sculptés en saillie; derrière, on trouve encore, dans les décombres, un petit temple dédié à Vénus Athor; au sud, une porte qui se reliait à l'enceinte, et en avant, sur le côté nord, le typhonium de Strabon qu'on distingue à peine dans les décombres. C'était dans ces typhoniums que devaient accoucher les reines; leurs enfants, demi-dieux, ne devaient voir le jour que dans l'enceinte sacrée du temple.

Je n'eus pas, d'ailleurs, à souffrir à Keneh des délais par lesquels les chameliers tourmentent ordinairement les voyageurs : il est vrai que le prix que je leur avais accordé était assez élevé pour fermer la bouche aux Bédouins les plus cupides et les plus marchandeurs; il me fallait trente-six chameaux, et je les payai 2 talari (10 francs) chacun. Peut-être aussi fus-je redevable de la prompte conclusion de mon marché aux bons offices d'un chrétien de Syrie nommé Issa, qui remplit à Keneh les fonctions d'agent de la France : ce brave homme a été élevé à cette dignité par notre ancien consul général à Alexandrie, M. Mimaut. Les services que M. Issa rend aux voyageurs français, en traitant pour eux avec les Arabes, qui cherchent toujours à rançonner les voyageurs par des lenteurs systématiques, sont inappréciables et méritent d'autant plus notre reconnaissance qu'ils sont parfaitement désintéressés. M. Issa n'a pas d'autre salaire, et il s'en contente, que l'honneur d'être le représentant de notre pays.

Le 16, dès huit heures du matin, les chameliers vinrent charger mes bagages, et nous nous mimes aussitôt en route. Nous primes notre première étape à Bir-Amba, petit hameau situé sur la limite du désert, à 4 lieues à l'est de Keneh. Nous y passâmes la nuit. On trouve à Bir-Amba un puits d'eau douce, où je fis recueillir, le 17 au matin, la provision d'eau qui nous était nécessaire pour franchir le désert. Je m'arrêtai, le soir, à six heures, après avoir fait 7 lieues, dans un endroit nommé Laghittah, où l'on trouve un puits d'eau saumâtre et sulfureuse auquel les caravanes vont quelquefois s'approvisionner. Nous étions maintenant en plein désert. Le puits de Laghittah est situé dans une vaste plaine grisâtre, caillouteuse, désolée, où l'œil cherche en vain la moindre trace de végétation. Nous y rencontrâmes cependant un campement de Bédouins. C'est un vrai problème pour l'esprit et l'imagination d'un Européen que l'existence de ces familles nomades au milieu de cette aride stérilité. On s'étonne encore plus de les trouver accompagnées d'animaux domestiques, et l'on se demande par quel secret elles ont pu leur communiquer cette sobriété, qui est la vertu nécessaire des habitants du désert. Aussi, quand passe une caravane, faut-il voir comme les pigeons, qui planent sur le campement des pasteurs nomades, tournoient autour des chameaux et enlèvent sur les bagages les moindres débris dont ils puissent faire leur pâture. Pendant la halte nocturne, les chiens rôdent autour des vivres et viennent dérober jusque sous la tête du voyageur endormi le biscuit qui tente leur faim; et, lorsque la caravane se remet en marche, tous ces pauvres animaux, chiens, pigeons, moutons et chèvres, se précipitent, comme sur une curée, sur les fèves à demi broyées que les chameaux ont laissées tomber de leurs babouines.

Je partis de Laghittah le lendemain à sept heures du matin; nous nous dirigions vers la chaîne qui sépare la vallée du Nil de la mer Rouge. Je m'étais à peine engagé dans les gorges formées par les premiers mamelons de ces montagnes, lorsque je rencontrai les ruines d'un petit fort carré qui avait été construit par les Français du temps de l'expédition d'Égypte. Ces quatre murailles calcinées, décrépites et déchirées de lézardes prenaient pour moi, au milieu de ce sombre paysage, une physionomie vivante. Ce vallon, où l'on n'entendait que le cri sauvage et mélancolique des Bédouins, dont le pas des chameaux marque la monotone mesure, entendait tous les jours, il y a quarante ans, des voix françaises, des voix qui avaient rempli de leurs acclamations victorieuses le champ de bataille d'Aboukir. Nichées dans des guérites de pierre qui subsistent encore et que l'on rencontre de distance en distance jusqu'à Kosseïr, les sentinelles perdues envoyaient des paroles françaises d'une colline à l'autre. Combien de fois de mornes cris d'alarme durent courir sur ces montagnes comme un long écho! car les braves soldats qui fouillaient du regard les noires fissures de ces rochers avaient été placés là pour annoncer à notre armée le débarquement prévu des troupes anglaises à Kosseïr.

La région montueuse dans laquelle nous venions d'entrer est le produit d'un soulèvement volcanique : on y rencontre alternativement des roches trachytiques et basaltiques; le trapp schisteux et la serpentine en forment souvent la base. Après treize heures de marche, nous nous arrêtâmes à Hammamat; c'est le point le plus remarquable de la route de Keneh à Kosseïr : les caravanes s'y abreuvent quelquefois à un puits dont les eaux sont détestables, mais dont la construction est curieuse. On y descend par un escalier taillé dans le roc, qui tourne en spirale et qu'éclairent des ouvertures pratiquées sur la maçonnerie : il est assez semblable à ce puits bien connu des voyageurs qui ont visité l'Égypte, que l'on voit dans la citadelle du Kaire, et auquel la tradition a donné le nom de puits de Joseph. A l'entrée du réservoir d'Hammamat, on voit une surface carrée pavée de débris de sarcophages antiques. Ces débris et le grand nombre de basaltes et de porphyres ébauchés qui gisent à l'entour rappellent que ce lieu était, dans l'antiquité, une carrière où se sculptaient les caisses destinées à recevoir les momies, et où se préparaient les pierres des monuments élevés dans cette partie de l'Égypte. Le puits d'Hammamat fut sans doute creusé afin de pourvoir aux besoins des ouvriers employés dans ces carrières. En quittant Hammamat, pendant une assez longue distance, on remarque de temps en temps des hiéroglyphes sculptés sur les rocs qui bordent la route. A trois heures de marche d'Hammamat la gorge se resserre, étranglée par deux coteaux porphyriques et souvent obstruée par de gros blocs de porphyre gris-verdâtre. A la sortie de ce défilé, où se trouve le puits de Sedeh, le porphyre devient vert-noirâtre et se mêle au feldspath à gros grains ; plus loin s'étagent des masses de feldspath et de porphyre d'un rouge brun, des siénites porphyriques, du gneiss et du granit de toute nuance, amas inépuisables d'où les anciens Égyptiens ont extrait en quantités immenses les matériaux de leurs constructions sépulcrales.

A partir du puits de Sedeh, huit heures de marche nous conduisirent au point culminant de la chaîne, à l'endroit où se séparent les deux versants qui descendent l'un vers la mer Rouge, l'autre vers la vallée du Nil. En quittant ce lieu, la caravane marcha dix heures et vint camper pour la nuit à 9 lieues seulement de Kosseïr. Quant à moi, je ne pus me résoudre à demeurer avec elle tout le temps qu'elle devait consacrer à se reposer : ce n'était pas l'impatience de sortir du désert qui me pressait d'arriver à ma destination; je n'étais pas assez novice dans ce genre de voyage pour que les cinq journées de marche que j'avais faites depuis Keneh eussent lassé mes forces physiques et morales : j'avais deux fois déjà parcouru le pays des Adels, c'est-à-dire que j'étais resté chaque fois un mois et demi ou deux mois dans l'une des contrées les plus désolées de l'Afrique orientale. La même route m'attendait encore pour aller au Choa et pour en revenir. Ce voyage de Keneh à Kosseïr n'était donc pour moi qu'une course insignifiante; d'ailleurs, malgré le sombre aspect que lui donnent la couleur et l'aridité du terrain, cette route paraît encore animée, si on la compare à d'autres. Il n'est pas rare de s'y croiser avec des caravanes qui retournent de Kosseïr, où elles sont allées porter les grains que le vice-roi d'Égypte envoie en Arabie pour l'approvisionnement des villes saintes; et ces rencontres sont une sorte de délassement au milieu des solitudes. Cependant j'avais résolu d'arriver à Kosseïr dans la journée du 21, pour faire, sur les bords de la mer Rouge, les observations météorologiques horaires du solstice du printemps. Il ne fallait pas songer à obtenir de la caravane une marche forcée; au dire des chameliers, les bêtes étaient trop chargées et trop fatiguées pour cela. Je me décidai donc à prendre les devants sur la caravane. Je me fis donner par le chef des chameliers un dromadaire et un guide auquel je pusse confier mes instruments; et je me mis en route à neuf heures du soir, par une nuit admirablement sereine, éclairée d'un magnifique clair de lune, une de ces nuits d'Orient qui donnent au désert lui-même une indicible suavité.

Le lendemain matin, à quatre heures, je m'arrêtai à Ambegea, auprès d'une source d'eau saumâtre qui forme, à la surface du sol, de petites flaques d'eau sur lesquelles se balancent des bouquets de joncs rabougris; je n'avais pas vu d'autre verdure depuis que j'avais quitté les bords du Nil. Je déjeunai là avec mon guide, et aussitôt je remontai sur mon dromadaire. L'abaissement gradué des collines nous annonçait le voisinage de la côte du golfe Arabique : je débouchai bientôt, en effet, dans une vallée couverte d'une grève blanchâtre, au sud de laquelle la mer déroulait, au fond de l'horizon, un long ruban d'azur; et il n'était que dix heures lorsque j'entrai à Kosseïr.

Kosseïr n'a d'autre raison d'existence que d'être la seule issue de l'Égypte sur la côte orientale de la mer Rouge. La ville est bâtie au bord de la mer, au milieu d'une plage aride et déserte; elle est cachée par des dunes; la première construction que l'on y aperçoit en arrivant du désert est une mosquée entourée d'une frêle muraille, et sur laquelle quelques palmiers et quelques jujubiers versent un peu d'ombre et de verdure. Un millier d'habitants y vivent de l'exportation des grains de la haute Égypte pour l'Arabie et du faible commerce de retour qu'alimente cette dernière contrée par quelques envois d'épicerie et de tombac. Toute la défense de Kosseïr consiste en une citadelle construite par Sélim Ier, restaurée par Méhémet-Ali, et armée, par ce dernier, de douze mauvais canons, dont la garde est confiée à une vingtaine de soldats turcs ou arabes, déguenillés et impropres au service. Non-seulement cette misérable bourgade ne peut rien fournir pour la subsistance de ses habitants, mais encore la seule eau douce que l'on y boive vient du Nil, et on la paye 3 piastres turques la jarre (75 centimes les 20 litres). On comprend qu'il n'y a qu'une faible partie de la population qui puisse se permettre à ce prix le luxe de l'eau douce. Presque tous les habitants se contentent d'une eau sulfureuse que l'on va chercher à 12 lieues au sud-ouest de Kosseïr, et qui se vend encore 15 piastres ou 3 francs 75 centimes la charge d'un chameau.

Je fus obligé de rester dix-neuf jours à Kosseïr; j'étais à la merci de la barque qui devait me transporter à Djedda, et sur laquelle j'avais arrêté mon passage pour 1,200 piastres égyptiennes (300 francs). J'employai une partie de mon temps à faire des observations météorologiques, dont j'envoyai les résultats à M. Arago et à M. Mauvais. Je fus heureux, dans cette oisiveté forcée que m'imposaient les lenteurs du patron de ma barque, de la cordiale hospitalité qui me fut accordée par M. Élias, qui a le titre d'agent français. Lui aussi, il est chrétien de Syrie; lui aussi, il doit le titre de représentant de la France, dans cette ville où la France a si peu à faire, à M. Mimaut; lui aussi, il n'a pas d'autre rémunération de ses fonctions que le plaisir d'obliger ceux de nos compatriotes qu'un caprice de touriste ou quelque intérêt scientifique amène de loin en loin à Kosseïr. C'est une fête pour ce bon M. Élias, c'est un grand événement dans sa vie que l'arrivée d'un Français. M. Élias reçoit chez lui l'aventureux voyageur; il se charge de toutes les affaires que son hôte peut avoir avec les habitants de Kosseïr; il procure les chameaux ou les barques ; c'est lui qui discute les conditions, et il obtient toujours les meilleures ; puis, lorsque vous partez, vous inscrivez votre nom sur un registre où M. Élias garde avec une candide fierté le souvenir de ses hôtes, et tout est dit : M. Élias se croit suffisamment récompensé des milles peines qu'il s'est données pour votre compte; vous remplirez une grande place dans la mémoire de cet excellent homme; et lorsqu'un jour, comme il en a, dit-il, l'intention, il se sera retiré à Jérusalem pour prendre ses quartiers de vieillesse, soyez sûr que votre nom réveillera longtemps, dans les entretiens de sa charmante famille, des pensées d'affectueux intérêt. Le dernier voyageur qui ait passé ainsi avant moi chez M. Élias est M. Nestor L'Hôte, qu'une mort prématurée a ravi à la science des antiquités égyptiennes, qu'il avait déjà enrichie de remarquables travaux.

Enfin nous mîmes à la voile le 9 avril. J'avais pris passage sur une *bakela* : c'est le nom des grosses barques arabes non pontées qui occupent la navigation intérieure de la mer Rouge (1) ; elles ressemblent assez, d'ailleurs, à des tartanes avec leur grande voile triangulaire, qui, par la prise qu'elle offre au vent, les expose fréquemment au danger de chavirer. Ma barque était chargée de froment ; mes ballots et mes caisses donnaient à sa surface un niveau qui lui tenait lieu de pont : elle avait seize hommes d'équipage, commandés par un Turc, assez bon diable, du nom de Mustapha. Le temps nous favorisa, et

(1) Déjà, dans ma première relation, j'ai donné sur la navigation arabe dans la mer Rouge des détails qu'il devenait superflu de répéter dans la seconde. Je crois cependant à propos de les rappeler en notes ; c'est ce que je ferai toutes les fois que, pour éviter les redites, je n'insisterai pas sur des descriptions ou des exposés déjà présentés dans le récit de mon premier voyage :

« La navigation de cabotage occupe dans la mer Rouge de 3 à 400 barques, qui jaugent depuis 30 jusqu'à 200 tonneaux ; elles sont, en général, commandées par des patrons ou *raïs* arabes, qui en sont les pilotes. L'équipage d'une barque se compose ordinairement d'une dizaine de matelots au moins, et d'une vingtaine au plus. La plupart de ces matelots sont des esclaves achetés par les patrons ; ils manœuvrent avec une habileté surprenante à travers les innombrables et dangereux rochers de la mer Rouge ; souvent même ils prennent leurs mouillages sur les écueils avec une

ce n'est pas un petit bonheur que d'avoir le temps favorable lorsqu'on navigue dans la mer Rouge sur des barques arabes. Les barques voyagent sur mer comme les caravanes dans les déserts : elles ne s'éloignent jamais des côtes et ne marchent que pendant le jour; quand vient la nuit, elles s'arrêtent. Les caravanes, elles, font halte le plus qu'elles peuvent auprès d'une source; les barques vont se cacher pendant la nuit au milieu des récifs de la côte, et s'y

audace inouïe. Les *raïs* n'ont aucune connaissance de la boussole; ils ne se dirigent que d'après la connaissance exacte qu'ils ont de tous les points des côtes qu'ils longent Ces marins indigènes formeraient d'excellents équipages sous le commandement des capitaines européens. Les voyageurs chrétiens doivent user de grands ménagements envers eux, et prendre garde de relever les insultes auxquelles leur religion les expose. Autrement, livrés à la merci de ces fanatiques, leur sort serait bientôt décidé. Plus d'une fois, losque la mer était mauvaise, les matelots de ma barque me maudissaient, en imputant *à ce chien de chrétien* les périls qui les menaçaient; si je n'eusse feint de ne pas les entendre, ils m'auraient peut-être jeté à la mer pour calmer la colère d'Allah par le sacrifice d'un infidèle. Les barques arabes vont rarement de Suez à Djedda, ou de Djedda à Moka. Les caboteurs mettraient deux mois et demi et même trois mois à descendre la mer Rouge; des navires européens feraient ce trajet en vingt-trois jours. »

tiennent cramponnées jusqu'au matin. Alors, si le vent est favorable, elles prennent leur vol avec les oiseaux de mer qu'elles sont venues troubler dans leurs nids; mais, si le vent est contraire, elles restent emprisonnées, et les matelots n'ont autre chose à faire que de les empêcher, par de solides amarres, d'être courbées et brisées, par les vagues grossissantes, contre les rochers au milieu desquels elles étaient venues chercher un abri.

Il est inutile d'essayer de faire comprendre davantage tout ce qu'une navigation de cette sorte a de périlleux et de fatigant : pour peu que l'on ait fait une traversée de mer et que l'on ait ressenti cette impatience d'arriver qui vous saisit lorsque vous flottez entre le ciel et l'eau, on devinera suffisamment l'ennui mêlé d'irritation que l'on éprouve dans ces lentes journées passées, sous les ardeurs du ciel d'Arabie, à fouiller les anfractuosités des côtes de la mer Rouge. Nous mimes douze jours pour aller de Kosseïr à Djedda, où nous arrivâmes le 21 avril.

Dès que je fus à terre, je me présentai chez le gérant du consulat français, **M. Serkeis**. M. Fresnel, notre consul à Djedda, que j'avais rencontré en Égypte, m'avait donné une lettre pour lui. M. Serkeis m'offrit ses services avec une parfaite obligeance ; il me procura une nouvelle barque pour me rendre à Moka, et m'invita à passer chez lui les quelques jours que demandaient le transbordement de mes effets et les préparatifs de mon *raïs*.

J'avais déjà vu Djedda trois années auparavant, lorsque l'Arabie était encore soumise à Méhémet-Ali; et, certes, si l'on voulait juger les pays musulmans avec nos idées européennes, la situation de cette ville était loin alors de paraître heureuse. Mais aujourd'hui je trouvais les choses dans un état pire encore, et j'eus devant les yeux un triste spectacle de la misérable anarchie dans laquelle l'Arabie est tombée depuis la fin de la domination égyptienne; je faillis en éprouver les effets à mes dépens. Djedda est maintenant la résidence d'un pacha turc. Cet homme, nommé Osman-Pacha, beau vieillard à barbe blanche, aux manières graves et dignes comme celles des grands seigneurs turcs, est animé de l'esprit d'avarice et de déprédation, qui n'est pas un trait moins caractéristique de ces personnages. Depuis qu'il exerce l'autorité du sultan dans cette partie de l'Arabie, ses exactions ont porté un coup mortel au commerce de Djedda. Il lève une multitude de droits arbitraires sur toutes les marchandises qui arrivent dans cette ville, sur celles même qui ne sont pas destinées à Djedda et qui n'entrent dans le port que pour être transbordées sur d'autres navires et se diriger vers d'autres marchés ; il voulut me soumettre moi-même à ce traitement ; il allait faire ouvrir mes colis pour les frapper des taxes fixées dans son sauvage tarif. Toutes mes représentations avaient été inutiles ; je ne vins à bout de sa cupidité qu'en lui disant que mes caisses et mes ballots renfermaient des objets offerts en présent, au roi de Choa, par S. M. Louis-Philippe, roi des Français, et que, s'il voulait les ouvrir par force, j'irais sur-le-champ, à Constantinople, porter mes plaintes à l'ambassadeur français.

Cependant cet Osman-Pacha, lorsque son amour de l'argent n'est pas en jeu, ne reste pas inaccessible aux sentiments de justice ; j'en eus la preuve peu de jours après. Je sortais un matin de la maison de M. Serkeis ; sur le banc de pierre qui est devant la porte du consulat était assis un malheureux vieillard à demi nu et gémissant : à la peau de bœuf qu'il portait sur le dos et qui s'agrafait à son cou, à la queue de vache teinte en rouge qui pendait à sa ceinture, au long bâton recourbé en crosse qu'il tenait dans sa main droite, je reconnus tout de suite un prêtre d'Abyssinie ; car le manteau de peau de bœuf, la queue de vache qui sert d'aspersoir et le bâton recourbé sont, en Éthiopie, les insignes du sacerdoce. Je m'approchai de lui et je compris qu'il avait été victime de quelque odieux traitement. Comme je n'étais pas assez au courant du dialecte qu'il parlait pour entendre toutes ses plaintes, on fit venir un esclave abyssin qui parlait également bien l'arabe et l'amharra. Le pauvre vieillard nous fit alors le récit de ses aventures. Il était moine; il était né dans la province de Kodjeam, et il avait quitté le célèbre monastère de Devra-Libanos pour faire un pèlerinage à Jérusalem. Arrivé au port abyssin de Massouah, il obtint de la compassion du gouverneur le passage gratuit sur une barque qui allait à Djedda en touchant à Souakim. Malheureusement, arrivés à Souakim, le patron et les matelots de la barque furent remplacés. « A peine eut-on mis à la voile de ce port, nous dit le malheureux moine, que le nouveau *rais* et ses compagnons me mirent à la torture pour me faire changer de religion et m'extorquer mon argent. La traversée a duré sept jours, et, chaque jour, me liant par une corde, on me jetait à la mer et on m'y laissait sous l'eau jusqu'à ce que je fusse sur le point de perdre connaissance : alors on me retirait, on me plaçait un couteau sur la gorge et l'on me donnait des coups de corde, en me criant : « Renie ta religion, fais-toi musulman, et dis-nous où tu tiens ton argent! » Le septième jour, enfin, mes assassins s'aperçurent que j'avais caché 12 talari dans mon taube (1) : ils me les prirent; ils me volèrent encore mes effets de voyage, et, avant de me débarquer, ces bourreaux me dirent que, si j'osais révéler les cruautés que je venais d'essuyer, ils me massacreraient. »

Tout en compatissant au malheur du vieux moine, M. Serkeis avait d'abord quelque scrupule à faire une démarche officielle en sa faveur : les Abyssins ne sont pas compris dans la classe des chrétiens d'Orient qui peuvent réclamer la protection de la France. M. Serkeis craignait de compromettre sa qualité d'agent consulaire par un acte qui dépassât ses attributions; je contribuai à le rassurer sur ses doutes. La France est protectrice des chrétiens d'Orient; elle est protectrice des lieux saints. N'aurait-ce pas été une subtilité cruelle que d'exclure de cette protection un Abyssin, un pèlerin qui se rendait à Jérusalem, et auquel les plus simples lois de l'humanité nous commandaient de donner secours? M. Serkeis se laissa volontiers persuader par ces raisons, et alla chez le pacha accompagné de l'Abyssin et de son interprète. Osman-Pacha fut touché du récit du religieux; il ordonna qu'on lui amenât sur-le-champ le raïs et

---

(1) Pièce de toile de coton dans laquelle se drapent les Abyssins.

ses complices, fit subir à ces misérables un court interrogatoire, et, bientôt convaincu de leur culpabilité, il leur infligea un châtiment exemplaire. Le raïs fut condamné à recevoir cinq cents coups de bâton et les matelots deux cent cinquante; outre cela, chacun des coupables dut subir l'immersion qu'ils avaient fait souffrir au vieux moine : ils devaient être jetés sept fois de suite du haut du mât dans la mer, et tirés de l'eau par une corde en passant sous la quille de la barque. L'arrêt fut exécuté avec la rapidité particulière à la justice turque. Deux des condamnés succombèrent à ce supplice. Le moine se vit restituer ses 12 talari et ses effets. Il repartit en me comblant de remercîments, ainsi que M. Serkeis, qui lui obtint le passage gratuit sur une barque qui se rendait à Suez.

La *bakela* avec laquelle je fis marché pour aller à Moka était bien moins grande et plus incommode que celle qui m'avait transporté de Kosseïr à Djedda; je fus obligé cependant de la payer 1,600 piastres (400 francs). Je quittai Djedda à la fin d'avril, et, après une navigation aussi agréable qu'on puisse la désirer dans cette mer, nous mouillâmes le 8 mai dans la rade d'Hodeïda (1).

(1) « Hodeïda, écrivais-je dans ma première rela-

Deux jours avant mon arrivée, un incendie avait détruit dans cette ville plus de cent quarante chaumières. La population d'Hodeïda était encore tout en émoi lorsque je débarquai. Mille versions différentes couraient sur l'origine de l'incendie; et chez ces Arabes, plus superstitieux que les Italiens les plus superstitieux, c'étaient les explications les plus

tion, est une petite ville de 3 à 4,000 âmes; de même que Djedda, elle est entourée de déserts : on y voit cependant un jardin qu'Ibrahim-Pacha, neveu de Méhémet-Ali, est parvenu à y établir. Elle se divise, à proprement parler, en deux villes, dont l'une, bâtie en pierre, est ceinte d'une haute muraille de briques délabrée; et l'autre, qui forme comme une banlieue, n'est composée que de chaumières. La rade pourrait contenir cinquante navires de haut bord; elle est ouverte du côté de l'ouest, et les navires qui s'y arrêtent sont quelquefois obligés d'y demeurer plusieurs jours, retenus par les vents contraires qui rendent la sortie périlleuse. Hodeïda fait un commerce d'exportation assez important; les principales marchandises qui le composent sont le café, la soude brute, le séné, le tamarin, l'encens, la garance, des esclaves, des peaux. En 1838, la douane d'Hodeïda a produit 80,000 talari; elle en rapportait, il y a six ans, de 120 à 140,000. Pas plus qu'à Djedda, cette diminution de revenu n'est la conséquence du dépérissement du commerce. Le mouvement commercial d'Hodeïda peut être évalué à 15 millions de francs. »

merveilleuses et les plus absurdes qui trouvaient crédit. Il en était une surtout qui flattait le fanatisme et les cruels instincts de la populace. Il y avait alors à Hodeïda un pèlerin persan, pauvre vieillard à barbe blanche, atteint d'une ophthalmie effroyable et qui pouvait à peine se conduire. On sait que les Persans sont méprisés et haïs comme des hérétiques par les autres musulmans; aussi eut-on bientôt attribué au vieux pèlerin la responsabilité du désastre. On l'accusait de magie : il jetait, disait-on, le mauvais œil; il lui suffisait de regarder une maison pour la mettre en flammes. La population, à la fois effrayée et irritée, entoura bientôt ce vieillard : on le roua de coups. Heureusement pour lui peut-être, le chérif gouverneur de la ville le fit arrêter et mettre en prison. En passant devant la chaumière où on le gardait, je vis ce malheureux chargé de chaînes de la tête aux pieds, gisant dans le sang qui coulait de ses blessures. D'autres gens du peuple avaient trouvé une cause non moins étrange à l'incendie. A les entendre, il fallait en accuser un gros vautour blanc et noir (c'était un *percnopterus œgyptianus*) : on l'avait vu, assuraient-ils, tenant dans son bec des tisons ardents qu'il laissait tomber sur la maison qu'il voulait incendier. Mais des personnes plus dignes de foi disaient à demi-voix que le gouverneur devait être mieux instruit de la vraie cause de l'incendie et en mieux connaître les auteurs ; elles l'attribuaient aux soldats, à qui il était dû deux mois de solde, et qui avaient voulu mettre le feu à la ville pour la piller.

Au milieu de l'effervescence à laquelle Hodeïda était en proie, les étrangers, et surtout les chrétiens, n'y étaient pas en sûreté. Plusieurs fois je fus assailli par des soldats bédouins qui me poursuivirent des imprécations les plus injurieuses ; j'étais obligé de feindre de ne pas les comprendre ; je me serais perdu si j'avais essayé de châtier même les plus insolents. Quoique les progrès de l'incendie eussent été arrêtés, plusieurs maisons fumaient encore, et le vent violent qui régnait alors pouvait rallumer les flammes ; aussi l'anxiété de la population était-elle encore très-vive. Je retournai donc dans ma barque avec l'intention bin arrêtée de ne plus descendre à terre. Cependant, pendant sept jours, des vents contraires nous retinrent dans la rade d'Hodeïda. Dire l'ennui et l'impatience qui me rongèrent dans la prison battue par les vagues et brûlée par le soleil où je me voyais retenu serait impossible. Nous partîmes enfin, et nous arrivâmes, le 17, à Moka. Pour éviter le transbordement de mes effets, je proposai au *raïs* sur la barque duquel j'étais venu de Djedda de me conduire à Toujourra, qui est le port par lequel on entre dans le pays des Adels. Mais je lui offris en vain la moitié en sus du prix que l'on paye ordinairement à Moka pour cette traversée ; il me fut impossible de le persuader. Le jour même de mon arrivée à Moka, je frétai une autre barque sur laquelle je fis porter immédiatement mes marchandises (1).

Je trouvai Moka à peu près dans le même état qu'Hodeïda : on n'y était pas plus en sûreté que dans

---

(1) J'extrais les détails suivants des pages que j'ai consacrées à Moka dans ma première relation :

« Après avoir lentement côtoyé le littoral de la mer Rouge, fatigué de l'aspect de ces plages sablonneuses et brûlantes, de ces rochers tourmentés par le travail volcanique et torréfiés par les feux du soleil, de ces tristes lieux que n'anime aucune végétation, la vue de Moka vous offre un spectacle agréable et inattendu. En entrant dans la rade, vos regards s'étendent sur une immense plaine parsemée de nombreux bouquets de dattiers. Çà et là quelques jardins cultivés dans le goût oriental montrent leurs élégants massifs de verdure; puis au fond de la rade se déroule la ville, à laquelle la blancheur des maisons, les terrasses qui les couronnent, les flèches aiguës des minarets et le mouvement des affaires commerciales donnent une physionomie riante et animée.

« Moka est la clef de la mer Rouge; sa rade, plus sûre que celle d'Hodeïda, est une étape nécessaire de la navigation entre l'Inde et la partie supérieure du golfe Arabique;

cette dernière ville ; la tristesse et la crainte étaient peintes sur la figure des négociants les plus respectables. J'entendis plusieurs d'entre eux, que j'avais connus pendant les séjours que j'avais déjà faits à Moka, regretter le temps où le vice-roi d'Égypte dominait en Arabie : « Nous ne connaissions pas Méhémet-Ali, disaient-ils; ceux qui l'ont remplacé nous ont appris à l'apprécier. » L'homme qui exerce maintenant la principale influence sur l'Yemen est un chef bédouin, le chérif Husseïn, qui a délégué à ses frères le gouvernement des villes de la côte.

elle peut contenir un grand nombre de navires. C'est par ce port que les productions de l'Yemen prennent leurs débouchés. C'est Moka qui fournit le commerce de détail de cette contrée des marchandises étrangères dont elle a besoin.... On exporte de Moka le café, la gomme arabique, la myrrhe, l'ivoire, des peaux ; on y importe du riz, des épiceries, du sucre, toutes sortes d'étoffes de coton, des soieries, des cachemires, des tapis de Perse, de la quincaillerie... La valeur du commerce annuel qui se fait à Moka est d'environ 16 millions de francs... Si importante qu'elle soit, la position de Moka n'est pas sérieusement défendue par des fortifications illusoires qui font mine de protéger les ports de la mer Rouge. La première puissance européenne qui paraîtrait devant sa muraille d'enceinte crénelée, flanquée de ridicules tourelles et garnie au hasard de quelques canons inoffensifs, y entrerait presque sans coup férir. »

Celui qui commandait alors à Moka était le chérif Hamout. Cet homme pressurait le commerce avec une stupide et cruelle cupidité. Il mettait les négociants aux fers pour leur arracher des sommes qui ne lui étaient point dues. Ainsi il fit arrêter, peu de temps avant mon arrivée, un riche négociant indou, nommé Maguiet. Ce malheureux, gardé à vue par des soldats, avait des chaînes aux pieds et était tenu par une autre chaîne qui lui serrait le cou comme un carcan, dans une position douloureuse, sans pouvoir ni se coucher ni s'asseoir. Après avoir essayé quelque temps de lasser la cruauté du chérif, la douleur vint à bout de lui, et il acheta sa délivrance au prix de 10,000 talari (50,000 francs).

Le chérif Husseïn, qui est d'ailleurs un assez habile homme, aussi actif, aussi vigilant qu'énergique, doit sa puissance actuelle à la faveur dont sa famille jouissait auprès de Méhémet-Ali. Le père du chérif Husseïn avait été un auxiliaire utile pour le pacha dans ses guerres de l'Hedjaz. Le vice-roi d'Égypte ne l'oublia pas, et, lorsque les troupes égyptiennes furent forcées d'évacuer l'Yemen, il commanda à son neveu Ibrahim-Pacha de laisser le pouvoir au chérif Husseïn. On pourrait croire que Husseïn en a gardé quelque reconnaissance pour Méhémet-Ali : pas le moins du monde. A peine

Ibrahim-Pacha fut-il parti, que Husseïn dit hautement qu'il avait conquis lui-même l'Yemen par la force de son sabre, et se mit en hostilité contre le vice-roi, dont il voyait qu'il n'avait plus rien à espérer ni à redouter. Il reconnaît nominalement la suzeraineté du grand seigneur, mais il ne lui paye pas de tribut. Il est jaloux à l'excès de l'indépendance de son pouvoir : pour distinguer son gouvernement de celui des provinces immédiatement soumises au sultan, il s'est créé un pavillon particulier en ajoutant au drapeau rouge du commandeur des croyants, cette inscription en lettres blanches : *Allah el Allah, ou Mohammed el resoul Allah.* (Il n'y a de Dieu que Dieu, et Mahomet est le prophète de Dieu.)

La susceptibilité de Husseïn à l'endroit de sa souveraineté s'était bien montrée peu de temps avant mon arrivée à Moka, dans une grave insulte commise contre le pavillon anglais. Voici comment la chose eut lieu : un agent consulaire anglais avait été envoyé à Moka; il obtint du chérif Husseïn, à prix d'argent, le droit de hisser sur la maison consulaire son pavillon national. Une frégate britannique était venue stationner devant Moka, et le consul, pour faire des signaux avec elle, élevait et abaissait tour à tour son pavillon. Les soldats de Husseïn allèrent lui annoncer cette manœuvre, à laquelle ils ne comprenaient rien. Husseïn y vit, lui, une atteinte portée à son autorité ; ce drapeau, qui s'élevait sans cesse après s'être abaissé, tandis qu'il n'avait permis de le hisser qu'une fois, lui parut révéler une menaçante intention d'envahissement. Aussitôt il envoya ses soldats à la maison du consul, avec l'ordre de briser le mât et de lui rapporter le pavillon. L'ordre fut promptement exécuté. Husseïn fit étendre le pavillon anglais à la porte de son divan, d'où il ne fut retiré qu'après avoir été mis en lambeaux par les piétinements méprisants des visiteurs du chérif. Les Anglais auraient pu sans peine tirer une vengeance éclatante de cette absurde insolence. Lorsqu'on songe à la facilité avec laquelle ils pourraient briser l'autorité de tous les petits tyranneaux des côtes de la mer Rouge, qui leur fournissent à chaque instant des prétextes, on ne peut s'empêcher de louer leur longanimité.

J'étais, le 21 mai, sur la jetée de Moka, lorsque je vis débarquer deux voyageurs européens. Le spectacle était singulier : l'un conservait quelques vestiges du costume européen ; il avait une méchante blouse, un chapeau de paille en assez triste état, dont il n'eût pas cependant dédaigné l'équivalent pour sa chaussure, car il était sans souliers : l'autre était splendidement vêtu en guerrier d'Abyssinie ; il était drapé à l'antique dans un taube, dont un sabre recourbé relevait le pan, et il tenait de la main gauche un bouclier de cuir à plaques d'argent, du centre duquel jaillissait une crinière de lion. Ma curiosité fut agréablement satisfaite lorsque j'eus reconnu deux Anglais dans mes deux étrangers. L'homme au bouclier était M. Bell, qui voyageait pour son plaisir, et qui avait eu l'intention de traverser l'Afrique centrale en partant de l'Abyssinie. Heureusement pour lui, il avait été retenu dans le royaume de Gondar par des circonstances qui entravèrent son périlleux projet, et il se résignait à retourner en Europe sans rien accomplir des grandes choses qu'il avait rêvées. L'homme au chapeau de paille était M. Krapf, un missionnaire méthodiste que j'avais laissé dans le Choa à mon premier voyage : il m'apprit que M. le capitaine Harris, envoyé comme ambassadeur auprès de Sahlé-Sallassi, avait été fort bien accueilli, et qu'il avait apporté de magnifiques présents, auxquels le roi avait répondu par un traité de commerce. M. Krapf m'apprit également que la route de Toujourra au Choa était fermée aux Européens, que le capitaine Harris avait perdu six soldats de son escorte, qui avaient été assassinés, les uns près de Toujourra, les autres plus avant sur la route. Lui-même, M. Krapf, redoutant les dangers que couraient les voyageurs dans le pays des Adels, s'était décidé à venir dans la mer Rouge par Massouah, en coupant l'Abyssinie dans sa longueur; mais, arrivé dans la province d'Ouello, il avait été complétement dévalisé par un chef galla, nommé Adrabilli; et, pendant le reste de son voyage, lui et ses domestiques n'avaient dû leur vie qu'à l'hospitalité des habitants de la route. A Massouah, notre agent consulaire, M. Dégoutin, l'avait accueilli avec la plus généreuse cordialité; il l'avait hébergé avec tout son monde, lui avait procuré la barque sur laquelle il se rendait à Aden et lui avait avancé l'argent nécessaire pour ce voyage. M. Krapf ne trouvait pas de termes suffisants pour exprimer la reconnaissance que la conduite de M. Dégoutin lui avait inspirée.

A mon passage au Kaire, MM. Mathieu et Chatin, qui se rendaient dans l'Inde, s'étaient joints à moi, et nous avions fait route ensemble jusqu'à Moka; j'eus la douleur de perdre, dans cette ville, une société qui m'avait été si précieuse dans la longue et triste navigation de la mer Rouge; MM. Mathieu et Chatin s'embarquèrent pour Aden, en compagnie de M. Krapf et de M. Bell. J'allai passer la nuit sur leur barque, et nos longs et fraternels adieux ne se terminèrent qu'au moment où ils mirent à la voile. M. Krapf m'assura, en m'embrassant, qu'il viendrait encore me rejoindre au Choa ; il se rendait à Aden pour s'embarquer sur un des paquebots anglais qui remontent la mer Rouge et continuer son voyage pour l'Égypte.

Moi-même je mis à la voile de Moka le 28 mai : un léger vent du nord et une belle mer m'amenèrent en trois jours devant Toujourra (1). Je descendis à

(1) « Il est triste de rencontrer, au commencement d'un voyage aventureux, une contrée aussi désolée que celle où Toujourra est situé; je ne sais rien de plus morne que l'aspect de ce hameau et des lieux qui l'entourent. Sur le bord de la mer, une grève blanchâtre et ardente où sont jetées, adossées les unes aux autres, les huttes mesquines qui forment le misérable village de Toujourra ; au fond, se dressant à une hauteur considérable, des montagnes de production volcanique, qui s'étendent du sud-est au nord-est sur la même ligne et élèvent de l'est à l'ouest leurs gradins dépouillés : voilà le paysage uniforme qui se déroule devant vous lorsque vous abordez à Toujourra. Quelques arbustes rabougris, vainqueurs de la stérilité de cette terre, sont les seules traces de végétation qu'y rencontre la vue attristée. Il semble que toute vie se soit retirée de là...; il est impossible au voyageur, aux premiers pas d'une expédition dont toutes les chances sont couvertes encore pour lui d'un voile mystérieux, de fermer son âme aux pensées de

terre et me rendis chez le sultan. Il ne m'accueillit pas avec la même bienveillance qu'autrefois; il était embarrassé. Enfin, après cet intervalle de méditation silencieuse que l'étiquette musulmane place avec le café au début de toute conservation, Sultan-Mahamet prit courage : il me dit donc qu'il avait conclu avec les Anglais un traité de commerce, et qu'il

doute et de découragement qui lui font voir dans un tel début de sinistres présages.

« Le hameau de Toujourra n'a point de port ; il est situé au fond d'une longue baie de 32 à 34 lieues et large de 6 à 7. L'entrée de ce vaste canal est défendue, ou plutôt obstruée, par un nombre infini de petits îlots : il est parsemé de récifs qui sont à 2, 3 et même 7 pieds sous l'eau ; ce qui rend le mouillage très-difficile, et d'autant plus dangereux pour les navires d'un fort tonnage qu'ils sont obligés d'ancrer à 20 minutes du rivage, exposés aux vents qui y soufflent avec impétuosité...

« Le village de Toujourra est situé sur la rive droite de cette baie; les trois cents cabanes qui le composent, groupées sur la plage, sont construites en forme cylindrique avec des pieux en bois enfoncés dans le sable : leurs toitures, palissadées de branches et couvertes d'herbes desséchées, s'arrondissent en dôme... Une population de 5 à 600 âmes s'abrite sous ces huttes chétives.

« Les habitants de Toujourra sont musulmans, et musulmans très-orthodoxes. Le commerce est le seul mobile qui les ait réunis et les retienne sur cette plage. Ils sont les ins'était engagé, par ce traité, à interdire l'entrée du pays d'Adel à tout Européen qui voudrait aller à Éfate (la première province du royaume de Choa que l'on rencontre en venant de Toujourra). Cette inter-

termédiaires du petit commerce qui se fait entre l'Abyssinie méridionale et l'Arabie; leur unique occupation est d'aller en Abyssinie acheter des esclaves et d'autres objets de peu de valeur. Ils vendent ces esclaves à Moka et à Hodeïda, où ils achètent des toiles bleues, du vieux cuivre, du zinc, de mauvais ciseaux, des couteaux et des rasoirs ainsi que des pièces de soieries, qui sont les objets d'échange avec l'Abyssinie.....

« Lorsqu'un étranger arrive à Toujourra, on le conduit sur-le-champ auprès du sultan : je lui fus donc amené dès que j'eus mis pied à terre. Je trouvai cet important personnage accroupi dans une attitude assez peu majestueuse devant sa chaumière, pauvre masure qui n'est pas faite pour donner une haute idée de la richesse de son propriétaire. Je m'assis sans façon devant lui, et bientôt presque toute la population de Toujourra, pour laquelle l'arrivée d'un étranger de ma couleur et de ma nation était un grand événement, vint se presser en cercle autour de nous. En digne musulman, le sultan fit, avant toutes choses, apporter le café, et la conversation ne tarda pas à s'engager. Ce petit chef, dont la puissance est bien loin de répondre au titre pompeux qu'il affecte de prendre, m'accabla de questions sur le but de mon voyage et me fit mille objections... » (*Premier voyage*, p. 36-39.)

diction, assurait-il, avait été spécialement stipulée contre moi; et il prétendait qu'il s'exposerait à la vengeance des Anglais s'il osait m'en affranchir. Je répondis à Sultan-Mahamet que, en admettant même qu'il fût vrai que les Anglais eussent voulu me fermer ainsi l'entrée du pays des Adels, ils n'en avaient pas le droit; que son autorité ne dépassait pas, au surplus, la petite bourgade dont il était le chef; que le pays qui séparait Toujourra d'Éfate est habité par des tribus indépendantes qui ne reconnaissent nullement la suzeraineté du sultan de Toujourra; qu'il savait bien que les caravanes sont obligées de payer des redevances aux chefs de ces tribus; qu'ainsi ce n'était pas de lui que dépendait la possibilité de mon voyage. Enfin la péroraison de mon discours fut l'offre d'un don de 50 talari. Le sultan, hésitant, me dit qu'il déférerait la question à l'assemblée des principaux habitants, qui délibère et prononce ses décisions sur les grands intérêts de la puissante république de Toujourra.

Pendant que le sultan convoquait son parlement, j'allai voir le maître d'école de Toujourra; je l'avais connu dans mes deux séjours antérieurs : personne n'était plus à même de me donner des renseignements sur les conventions que le sultan de Toujourra assure avoir conclues avec les Anglais. Les habitants de Toujourra sont les plus effrontés menteurs du monde, de sorte que je ne sais pas jusqu'à quel point je peux garantir la véracité de mon maître d'école. Voici, d'ailleurs, ce qu'il me conta : les Anglais, disait-il, avaient acheté, moyennant 400 talari (2,000 francs), trois îles, ou plutôt trois récifs de la baie de Toujourra. Le maître d'école, sans doute comme le plus lettré de l'endroit, avait rédigé lui-même l'acte de vente. En outre, continuait-il, les Anglais avaient payé 800 talari pour obtenir un traité de commerce dont il ne voulut pas me faire connaître les termes. Le maître d'école me dit encore que deux personnes qui faisaient partie de l'expédition du capitaine Harris avaient été assassinées presque à la porte de la maison du sultan, et que trois Anglais avaient également été tués près du lac salé, situé à quelques lieues de Toujourra. Il faut avouer qu'il était difficile de comprendre comment les Anglais, que l'on assassinait ainsi, pouvaient avoir assez d'influence pour empêcher le sultan de Toujourra de laisser débarquer des étrangers sur son territoire.

J'attendais avec anxiété l'arrêt décisif du conseil. J'assistai à la délibération, dont la forme n'avait absolument rien de solennel. Figurez-vous une quinzaine de sénateurs, au teint noir, à la tête nue, drapés dans des pièces de toile qui laissent voir leurs jambes, accroupis à la turque et en cercle devant la maison du sultan. Ces grands hommes parlaient tour à tour et longuement, puisant, à chaque instant, des prises de tabac dans de sales bourses de cuir, ou roulant un petit bâton dans leur bouche, tandis que les orateurs prononçaient d'interminables discours. Les membres les plus influents de l'assemblée, et qui constituent à eux seuls le pouvoir exécutif de Toujourra, le sultan, le vizir, le cadi et le maître d'école, étaient d'avis de ne pas me laisser débarquer mes colis et de ne pas me laisser pénétrer dans le pays des Adels : ils alléguaient la raison d'État; et la raison d'État, c'était l'ordre du capitaine Haines, le gouverneur d'Aden, qui avait défendu qu'on me reçût. J'avais pourtant des amis dans l'assemblée, et qui prirent chaudement ma défense : c'étaient des Toujourris auxquels j'avais fait des cadeaux ou rendu des services dans mon premier voyage. J'en avais guéri plusieurs de ces plaies chroniques dont sont affectés si généralement les habitants de ces côtes : « Rochet, disaient ceux-là, est notre ami; nous l'avons connu avant les Anglais. » Ils ne manquaient pas non plus d'alléguer d'excellentes raisons politiques. « Rochet, ajoutaient-ils, est l'ami du roi de Choa; nous ne vivons que de notre commerce avec le Choa. Que dira Sahlé-Sallassi quand il saura que nous ne voulons pas laisser entrer Rochet? N'usera-t-il pas de représailles à notre égard? » Ces raisons parurent si puissantes, que l'assemblée se sépara sans rien décider. Le lendemain elle se réunit encore, et n'arriva encore à aucun résultat, et pendant six jours elle me laissa attendre sa décision; enfin on céda à la crainte de la puissance qui pouvait faire sentir le plus promptement l'effet de sa colère, et on me signifia que je ne pourrais ni débarquer mes effets ni prendre moi-même la route qui mène de Toujourra à Éfate.

Je ne saurais dépeindre la colère intérieure et l'amère douleur dont je fus saisi en me voyant fermer si inopinément et si cruellement une route que j'étais venu chercher de si loin et à travers de si grands dangers. Il n'y avait qu'un autre chemin de caravane depuis la mer jusqu'au Choa; c'est celui qui part de Zeyla, situé au-dessous de Toujourra. Je ne pouvais pas davantage y songer; on venait de m'apprendre que Zeyla était la proie des Bédouins les plus féroces de l'intérieur. Il fallait donc revenir sur mes pas; je m'y résignai. J'écrivis au roi de Choa pour l'instruire des obstacles qui m'empêchaient d'arriver jusqu'à lui; je l'avertissais que j'attendrais sa réponse à Moka. Je lui envoyai ma lettre par un habitant de Toujourra, auquel je promis une forte récompense lorsqu'il m'apporterait la réponse; et je remis à la voile pour Moka. Je me voyais forcé de faire maintenant un long séjour dans cette ville, et je m'épouvantais à la pensée que mes bagages ne pourraient échapper à la rapacité du chérif s'il venait à apprendre ce qu'ils contenaient. Le raïs de ma barque était un brave homme; j'avais été fort content de la chaleur avec laquelle il avait soutenu mes intérêts à Toujourra. Je lui fis part des craintes que j'avais conçues pour mes bagages; il me suggéra un moyen de les soustraire au chérif. Il me dit qu'il se chargeait de trouver pour mes effets un asile sûr : c'était un brick appartenant à un négociant de Moka, qui devait rester encore trois ou quatre mois en rade, et dans lequel je pourrais cacher mes colis, moyennant un cadeau pour le capitaine. Quelque danger qu'il y eût à se confier ainsi à la bonne foi d'un capitaine indien, j'aimai mieux encore tenter cet expédient que de m'exposer à la cupidité effrénée du chérif, et je partis avec l'intention de suivre le conseil de mon raïs.

Mais peu s'en fallut qu'un accident plus terrible me dispensât de prendre aucune mesure de précaution contre le gouverneur de Moka. Nous étions à peu près à moitié chemin entre Toujourra et le détroit de Bab-el-Mandel, lorsque nous fûmes assaillis par un des plus violents orages que j'aie jamais essuyés. Le vent soufflait avec rage; la mer était furieuse; notre frêle navire était horriblement ballotté par les vagues qui semblaient nous ouvrir, à chaque instant, des abîmes. La foudre éclata à quelques mètres de nous; elle plongea dans l'eau en serpentant et en laissant après elle une flamme bleue et jaune, et dans l'air une odeur de soufre qui faillit nous suffoquer. Une lame emporta une partie de la cabine, avec une caisse de vin, une caisse de farine et un sac de biscuits; une autre lame précipita à la mer un malheureux passager danakile. Une minute après, un coup de vent déchira la voile. Les matelots poussaient des cris, et l'épouvante les plongeait dans un engourdissement qui augmentait le péril. Le raïs et moi nous avions seuls conservé notre sang-froid; nous fûmes obligés de battre nos marins pour les réveiller de leur hébètement et leur rendre quelque énergie. Nous parvinmes à raccommoder la voile. Le raïs me dit qu'au risque de tout perdre il allait s'efforcer d'entrer parmi les récifs de la côte africaine. Le jour touchait à sa fin lorsque nous aperçûmes des écueils vers lesquels nous marchions avec une effrayante rapidité; le raïs commençait à se repentir de sa résolution, mais nous ne pouvions plus reculer. La vue du danger où nous courions nous jeta pendant quelques secondes dans une anxiété terrible; mais, un instant après, le désespoir même nous commanda d'agir : on attacha des crampons à de fortes cordes liées à la barque. Les trois matelots les plus audacieux, munis chacun d'un de ces crampons, se placèrent sur la proue; arrivés près du premier écueil, à côté duquel la barque devait passer, ils s'élancèrent dans la mer et allèrent la cramponner au roc sur lequel bondissaient des cascades d'écume; ils attachèrent leurs crampons avec une si grande solidité, que la barque s'arrêta et fut tout à coup à l'abri : s'ils n'avaient pas réussi à nous retenir, nous nous serions infailliblement brisés à quelques mètres de là contre un banc de récifs sur lesquels notre proue était tournée.

Nous employâmes la journée du lendemain à rapiécer la voile, à radouber notre barque toute disloquée et à laisser s'apaiser la mer. J'avais perdu dans la bourrasque un des deux baromètres à siphon que l'Académie des sciences m'avait donnés; et je ne sais pas comment l'autre ne fut pas brisé par les secousses qui nous tourmentèrent pendant vingt-quatre heures. — Le jour suivant, la mer était belle et le vent favorable ; nous remîmes à la voile, et, le 13 juin, nous arrivâmes à Moka sans avoir rencontré d'autres dangers.

Le raïs courut tout de suite arranger mon affaire avec le capitaine du brick. Le marché fut conclu pour 10 talari (50 francs), et, à la nuit, nous allâmes transporter nos colis à son bord. Je ne gardai avec moi qu'un fusil double, deux caisses contenant des instruments d'astronomie et de physique ; j'entrai à Moka et je repris mon ancien logement, où je m'installai pour passer le moins désagréablement possible les quelques mois pendant lesquels je devais attendre la réponse du roi de Choa.

J'eus bientôt lieu de me féliciter des précautions que j'avais prises pour mettre mes effets à l'abri de la convoitise du chérif. Les soldats qui gardaient la porte par laquelle j'étais entré dans Moka avaient longtemps contemplé, avec une jalouse admiration, mon fusil double ; ils n'avaient jamais vu d'arme si belle : ce n'était pourtant qu'un médiocre fusil qui m'avait coûté, à Paris, une centaine de francs ; j'en avais acheté huit de même qualité que je destinais au roi de Choa. Mon fusil devint promptement célèbre parmi ces Arabes ; on en parla tant que le chérif eut enfin la curiosité de le voir. Un beau jour donc, je reçois un message de ce noble seigneur ;

il m'envoyait un Bédouin pour me dire qu'il avait une grande impatience de voir mon fusil, qu'il me priait de le lui remettre et me promettait de me le renvoyer lorsqu'il l'aurait examiné. Je le confiai volontiers au messager, mais en lui recommandant de me le rapporter au plus vite. Une demi-heure après, le chérif me fit demander, et je m'empressai de me rendre auprès de lui.

Chérif Hamout habitait une assez belle maison construite moitié à l'européenne, moitié à l'orientale : elle appartenait autrefois à un négociant arabe, Abderasoul, qui était l'agent de l'Angleterre et de la France. Au moment où il attendait ma visite, le chérif était assis dans un grand divan, au plus haut étage de la maison. Le soleil allait se coucher. Appuyé sur des coussins et fumant son chiché, le chef arabe recevait à travers ses fenêtres ouvertes les bouffées rafraîchissantes des brises de mer, tandis que son regard suivait, dans la rade, les barques des pêcheurs qui venaient à la côte pour achever les travaux du jour. Avec son grand cafetan de soie rouge, sa chemise de mousseline brodée, son turban de chérif rouge et jaune, des replis duquel s'échappaient des franges de soie de toute couleur, et son djembi ou couteau-poignard attaché à sa ceinture, il aurait pu me représenter un de ces pachas sombres et majestueux, créés par les poëtes, qui rêvent, à la brune, l'œil fixé sur la haute mer, aux frayeurs de l'esclave qui entrera, ce soir, dans leur harem, ou au supplice du pirate qui s'est laissé prendre, la veille, dans son nid de roches et d'algues. Malheureusement la figure du chérif Hamout démentait la poésie de sa situation et de son rôle : sa tête est dépourvue d'intelligence et de noblesse ; elle n'exprime que la cupidité et la fourberie. Il m'accueillit avec politesse, me fit asseoir à côté de lui, me présenta son narguileh et m'offrit à plusieurs reprises la boisson favorite de Moka, le *kicher*, que l'on fait avec la pulpe du café ; il me traita, en un mot, comme un homme qu'il voulait gagner. Après ces courtois préliminaires, il arriva au point délicat. Il prit mon fusil qui était devant lui et que j'avais feint de ne pas remarquer ; puis, le caressant du regard et de la main, il me dit qu'il n'avait jamais vu une aussi belle arme. « Tu m'offrirais, continua-t-il, un morceau d'or gros comme la maison, que tu ne me ferais pas autant de plaisir qu'en me donnant ton fusil. » Je l'attendais là. Je fus enchanté de l'importance qu'il attribuait à un objet de si peu de valeur ; j'étais tout décidé à le lui laisser, puisque aussi bien il pouvait se dispenser de ma permission pour se l'approprier ; mais, afin de donner plus de prix à mon cadeau, je commençai par le refuser : j'alléguai le besoin indispensable que j'en aurais pendant mon voyage. Le rusé Bédouin essaya alors de toucher mon amour-propre national. « Je n'ai aucun objet de ton pays, me dit-il ; c'est surtout parce que ton fusil est un produit de la France que j'y tiens. » Je fis mine de ne pas me laisser vaincre par cette délicate flatterie, et je me laissai prier si longtemps, qu'il était près de minuit lorsque je quittai Hamout, en lui abandonnant mon fusil comme à regret. Le Bédouin était certes bien convaincu qu'il ne pouvait rien avoir de moi qui à mes yeux eût plus de prix.

J'étais déjà de retour à Moka depuis plus d'un mois, lorsque je reçus la visite d'un habitant d'Ambabo, village situé à 2 lieues à l'ouest de Toujourra. Cet homme avait à la jambe la plaie de l'Yemen, et, comme j'avais fait plusieurs cures de cette maladie, il venait me prier de le guérir. J'examinai sa plaie, qui était large et invétérée. « Elle laisse peu d'espoir de guérison, lui dis-je ; d'ailleurs, puisque tes compatriotes m'empêchent d'entrer chez eux et que je dois renoncer à aller au Choa, je me suis décidé à retourner dans mon pays, et je ne resterai pas ici le temps qui serait nécessaire pour soigner ton mal. » Mahamet-Chème, c'était le nom de mon malade, effrayé de voir s'évanouir avec moi ses espérances de guérison, me supplia de venir avec lui à Ambabo : « Je mettrai tous tes bagages dans la maison de mon père, me dit-il ; ils y seront en sûreté. Tu attendras chez nous le retour de l'exprès que tu as envoyé à Sahlé-Sallassi : je réponds sur ma tête qu'il ne t'arrivera aucun désagrément. Tu sais que le sultan de Toujourra n'a aucun droit sur le hameau d'Ambabo ; d'ailleurs, maintenant plus que jamais il se garderait bien d'y venir, car il y a du sang entre sa kabyle et la nôtre. » Mahamet me faisait précisément les offres auxquelles j'avais voulu l'amener ; mais, me fiant peu à ses assertions, je feignis de persister dans la résolution de retourner en France. Mahamet parla alors de me fournir pour cautions de ses promesses deux négociants résidant à Moka. J'acceptai, et j'installai mon malade chez moi : notre départ pour Ambabo devait avoir lieu dans une semaine. Je commençai immédiatement le traitement : je lavais, chaque jour, la plaie avec une dissolution d'acétate de plomb, je la saupoudrais avec du sulfate d'alumine et je l'enduisais d'une couche de cérat ; les chairs repoussèrent à vue d'œil, et, avant notre départ, la plaie était dans un parfait état de guérison.

Deux circonstances m'avaient engagé à saisir l'occasion que Mahamet-Chème m'avait offerte pour retourner au pays des Adels. D'abord le moment approchait où, suivant toutes les probabilités, le messager que j'avais envoyé à Sahlé-Sallassi devait me rapporter la réponse du roi ; et, ensuite, le brick dans lequel j'avais caché mes bagages était à la veille de mettre à la voile. Je poussai donc rapidement mes préparatifs de départ pour Ambabo ; je partis de Moka, le 1er septembre, avec Mahamet-Chème. Nous relâchâmes dans le petit port de Rahiéta, situé sur la rive occidentale de la mer Rouge, dans le pays des Adels. La crique où s'abritent les embarcations est resserrée entre deux volcans éteints ; elle est assez sûre pour de petites barques ; mais les gros navires n'y trouveraient qu'un mouillage difficile et dangereux. Le village est à plusieurs lieues de distance du port. Mahamet voulut y aller, malgré tout ce que je fis pour le retenir ; il avait hâte de montrer à ses parents et à ses amis de Rahiéta sa plaie presque guérie. Ce que j'avais prévu arriva : le lendemain matin, je le vis revenir vers la barque, suivi d'une multitude de malades. C'était une véritable cour des Miracles. Il y avait, dans cette triste troupe, des aveugles, des boiteux, des individus atteints de douleurs rhumatismales et d'autres affectés d'ophthalmies : avec un peu de bonne volonté, j'aurais pu me donner l'air d'un de ces prophètes de Judée au-devant desquels, à l'entrée des villes, on amenait les lépreux, les paralytiques et les aveugles. Tous ces malheureux me demandaient leur guérison et m'offraient en récompense un troupeau de moutons qu'ils avaient conduit avec eux. La plupart ne désiraient que des talismans; d'autres me priaient simplement de leur donner ce que je croirais devoir leur être le plus salutaire. Des aveugles me criaient : Nous savons que tu as rendu la vue à plusieurs habitants de Toujourra, qui l'avaient perdue depuis bien des années; il ne tient qu'à toi de nous faire revoir la lumière; donne-nous des talismans. — Pour me débarrasser de ces pauvres gens, je coupai de petits carrés de papier sur lesquels j'écrivis ce qui me venait à la tête; j'eus soin de les plier dans la forme sacramentelle, et je les distribuai. Je donnai à ceux qui étaient affectés d'ophthalmie deux bouteilles de dissolution de sulfate de zinc, en leur montrant la manière dont ils devaient s'en servir. Mes malades, lorsque j'eus satisfait à leurs vœux, voulaient à toute force me faire accepter les moutons qu'ils m'avaient amenés; ils me disaient que, si je les refusais, ce serait une preuve que je ne voulais pas être leur ami, que je ne voulais pas laisser leur vertu à mes ordonnances. Je n'avais que faire de leur troupeau; je choisis seulement un mouton pour l'équipage de ma barque, et la bande des incurables de Rahiéta partit en me bénissant.

Nous n'arrivâmes à Ambabo que le 6, au coucher du soleil. Je passai la nuit à bord; Mahamet seul alla à terre. Il revint au bout de quelques heures. « Quelle nouvelle m'apportes-tu? » lui criai-je avec anxiété dès que je l'aperçus.— « Des nouvelles excellentes, répliqua-t-il : mon père arrive à peine du Choa; Sahlé-Sallassi lui-même l'a dépêché pour venir te chercher. » Il m'apprit encore que mon exprès était de retour à Toujourra. Il avait apporté trois lettres, deux adressées à moi : l'une du roi, l'autre de la reine, et la troisième écrite par ordre du roi au sultan de Toujourra. Sahlé-Sallassi disait au sultan que, s'il osait s'opposer à son passage, non-seulement il retiendrait prisonniers tous les habitants de Toujourra qui se trouvaient en ce moment à Efate, mais encore qu'il les jetterait dans les fers. Je ne saurais dire l'émotion que ces nouvelles excitèrent en moi. Je m'étais préparé aux plus mauvaises chances; je désespérais presque de pouvoir forcer la barrière qui s'était fatalement dressée devant moi à l'entrée du pays des Adels; et maintenant, oubliant les dangers et les fatigues de la longue traversée qu'il me fallait encore accomplir dans cette contrée, je me croyais déjà arrivé au Choa.

Je ne pus fermer l'œil de la nuit. Je débarquai le lendemain avec tous mes effets. Le père de Mahamet, Ibrahim-Chème, me répéta tout ce que son fils m'avait dit la veille. A l'entendre, le roi de Choa et sa femme, la reine Betsabèche, m'attendaient avec impatience. Les chefs de la cour de Sahlé-Sallassi avaient chargé Ibrahim-Chème de me rappeler leur amitié et de me ramener promptement parmi eux. On avait instruit Dounna (le messager de Toujourra que j'avais envoyé à Choa) de mon arrivée à Ambabo. Il vint aussitôt dans ce village, et me remit les deux lettres du roi et de la reine ; il me dit, en me les donnant, que Sahlé-Sallassi lui avait recommandé de me ramener immédiatement et de ne pas me laisser un seul jour à Toujourra. « Je suis prêt, lui répondis-je ; je partirai à l'instant même si tu veux. »

Je lus les lettres du roi et de la reine ; Sahlé-Sallassi, sachant que je parlais l'arabe, avait eu soin de les faire écrire dans cette langue. Ces lettres portaient le sceau du roi : c'est un cachet qu'il a fait graver à la Mecque par l'entremise d'un musulman de la province d'Efate ; il le met sur toutes les lettres qu'il écrit en arabe, parce que les Arabes ne reconnaissent l'authenticité des lettres que par le cachet ; mais il ne l'appose jamais sur les actes écrits en amharra; ce serait, suivant lui, manquer au respect patriotique dû à la prééminence de la vieille langue de l'Éthiopie.

Voici ce que m'écrivait le roi :

« Mon cher Rochet, mon affection pour toi n'a fait qu'augmenter pendant ton absence. Viens vite auprès de moi : je t'aimerai comme mes fils. La route de Toujourra est ouverte pour toi ; si on te la ferme, le sultan et les habitants deviendront mes ennemis. Pars aussitôt que tu auras reçu ma lettre et viens m'embrasser.

« Sahlé-Sallassi. »

La lettre de la reine était conçue en ces termes :

« Mon cher Rochet, je ne comptais plus te revoir, car on nous avait dit que tu étais mort ; mais Dieu a écouté mes prières et celles de Sahlé-Sallassi. J'espère que tu auras avec toi les objets que je t'avais chargé de me rapporter de ton pays ; viens vite me les faire voir.

« Betsabèche. »

SOMMAIRE DE LA SECONDE PARTIE.

Ambabo. — Origine du hameau. — Ibrahim-Chème. — Difficultés pour la location des chameaux. — Cérémonie funéraire en l'honneur de la fille d'Ibrahim-Chème. — Départ. — Douloulle. — Aspect général du pays des Adels. — Le lac Salé. — Dépression de ses eaux. — Gorge de Gongonta. — Tombeaux des soldats anglais de l'expédition de M. Harris, assassinés par des Danakiles. — Récit du meurtre. — Mes précautions contre une surprise nocturne. — Crainte que les armes à feu inspirent aux Bédouins. — Gaubâde. — Rencontre de Modéitos. — Arbaïm-Loéta, chef de la kabyle Débenet, me rend visite. — Omar-Goulouf. — Des voleurs de nuit. — La kabyle des Achemalis. — Arbaïm-Amadou. — Une délibération dans une tribu danakile. — Les voleurs sont découverts et punis. — Station de Kilalou. — Réservoir de Maro-le-Petit. — Ouais-Agaïo, chef des Débenet-Buéma. — Maro-le-Grand. — Volcans d'Ayalou, Habida, Manda, Komé. — Station de Bordouda. — Omer-Bata, chef des Takahides. — Je tire sur un éléphant. — Arrivée aux bords de l'Aouache. — La caravane attaquée par des Bédouins de la kabyle Guindosso. — Arrivée à Dénémali, première station du royaume de Choa. — La Bédouine Néfiz. — Le gouverneur de la province d'Éfate, Mahamet-Abogaze, vient à ma rencontre. — Je pars pour Angolola.

SECONDE PARTIE.

LE PAYS DES ADELS.

Ambabo, le point de la côte de l'océan Indien où j'avais trouvé l'hospitalité que les habitants de Toujourra m'avaient refusée, ne mérite pas même le nom de hameau : c'est une réunion de cinq à six chaumières. Il est possible que d'autres huttes viennent grossir cet embryon de village ; car il n'y a pas longtemps que l'ancienne station de caravane qui porte le nom d'Ambabo est devenue la résidence fixe de quelques familles. Comme station, d'ailleurs, Ambabo offre plus d'avantages que Toujourra : Toujourra est, il est vrai, plus près de l'entrée du golfe; les barques qui viennent aborder dans cette partie du pays des Adels ont à faire 3 lieues de plus lorsque, laissant Toujourra sur leur droite, elles vont mouiller à Ambabo ; mais Toujourra n'a que cette supériorité. Le site d'Ambabo est un lieu de délices lorsqu'on le compare au paysage désolé de Toujourra. On y trouve au moins un peu de végétation, un peu de verdure ; la chaîne de montagnes qui se dresse à 1 lieue de la mer porte en cet endroit, sur plusieurs de ses mamelons, quelques bosquets touffus de mimosas ; les eaux que versent ces montagnes dans la saison des pluies laissent des mares sur la plage, et un gazon assez vigoureux s'étend autour de ces flaques d'eau.

Mon hôte, Ibrahim-Chème, est le fondateur de la ville future d'Ambabo. Si les annales des Adels obtiennent jamais la poétique transformation de la légende, on retrouvera, dans les commencements d'Ambabo, des circonstances analogues à celles que l'on rencontre à l'origine des villes de la Grèce primitive. Ibrahim-Chème appartient à un clan différent de celui qui fournit à Toujourra la majorité de ses habitants. La plupart des habitants de Toujourra sont de la tribu des Adâlis : Ibrahim-Chème est de celle des Asoubas. Il y a plusieurs années, il y eut du sang versé entre ces deux tribus. Or entre Danakiles le sang versé ne se pardonne pas. Un meurtre est le commencement d'une interminable série de vendette : les parents du mort doivent le venger ; puis la solidarité de la vengeance s'étend de la famille à la tribu tout entière. Cette chaîne de vendette peut se terminer cependant, soit par le sacrifice du premier coupable, soit par un marché analogue à celui que toléraient les mœurs des anciens Germains. Les deux familles s'entendent sur le prix du sang, et une valeur en toile, en bétail ou en argent efface le crime et éteint la vengeance. Il paraît pourtant qu'entre Ibrahim-Chème et les Toujourris on ne put arriver à un accord de cette nature : Ibrahim quitta Toujourra avec son fils et une quinzaine d'hommes de son clan, et vint se construire une chaumière à Ambabo.

Les lettres du roi et de la reine de Choa n'avaient pas mis fin à mes embarras ; le service que j'avais rendu à son fils ne m'avait pas non plus bien solidement conquis le cœur d'Ibrahim-Chème : je m'en aperçus lorsque je commençai à débattre avec cet avare sauvage et ses compatriotes le prix des chameaux dont j'avais besoin pour transporter tous mes bagages au Choa. Il n'y a pas au Kaire d'usurier cophte plus difficile à saisir derrière ses balances et à travers ses hypocrites lunettes, pas de revendeur juif plus habile à supputer les exactions auxquelles il peut soumettre votre impatience, qu'un Bédouin du pays des Adels à qui vous voulez louer des chameaux. Dans mon premier voyage, j'avais payé 9 talari par chameau pour le trajet de Toujourra à Efate; j'en offrais dix cette fois. Ibrahim-Chème me répondit que les bêtes étaient très-fatiguées, et qu'il n'oserait pas les exposer, dans ce moment, à un nouveau voyage. J'offris 12 talari. «Nous ne trouverons jamais, disait Ibrahim, tous les chameaux dont tu as besoin pour tes effets : il nous faudra bien du temps avant de les réunir. » J'élevais encore mon offre : « Par le tombeau du prophète ! répliquait le Bédouin en promenant son long cure-dent de racine dans sa bouche immense, je t'assure que nos chameaux sont dans l'intérieur ; c'est l'époque de l'année où nous les faisons reposer ; ils sont très-maigres ; ils paissent près d'Aoussa et de Moullou. » Or moi-même, en allant chasser dans les environs d'Ambabo, j'avais rencontré des Bédouins qui gardaient des dromadaires à 1 lieue du rivage, dans les petits bois de mimosas des montagnes. Je dis à Ibrahim que je n'étais pas dupe de ses mensonges ; je le sommai de me déclarer tout nettement son prix ; « je verrai au moins ce que j'aurai à faire, si je puis te l'accorder, ou si je dois décidément renoncer au voyage. » Après de longs pourparlers, Ibrahim, mis en demeure, me demanda 20 talari; il me fallait quarante-deux chameaux : c'était

donc une somme de 840 talari (plus de 4,500 fr.).
Il fut convenu que je payerais 600 talari (3,000 fr.)
comptant, et le reste à mon arrivée dans le Choa.

Pendant la durée de la négociation et les préparatifs du départ, Ibrahim-Chème profita de son séjour à Ambabo pour célébrer une cérémonie funéraire en commémoration de la mort de sa fille. C'est un usage imposé par les mœurs des Danakiles, auquel le Bédouin eût bien voulu se soustraire. Le plus net de la cérémonie était, en effet, un repas homérique qu'il était obligé de donner, chaque jour, à tous les Bédouins rassemblés à Ambabo. Il en coûtait à Ibrahim un bœuf par jour ; il n'eût pas été plus malheureux si on lui eût tiré le plus pur de son sang. Je ne sais si l'infortuné regrettait sa fille autant que cette partie de son troupeau dont il lui faisait une hécatombe. Pour moi, j'eus à m'applaudir de cette rencontre ; elle engagea le vieil avare à presser notre départ. « Si nous restons quelque temps encore, me disait-il, je suis un homme ruiné, je suis un homme mort : tous mes bœufs y passeront ; mais Dieu est grand ! et je dois cela à ma fille. » J'avais assurément peu de sympathie pour la douleur de l'usurier, qui m'avait lui-même si fort pressuré. La fête funèbre donnait d'ailleurs à Ambabo une animation qui m'aidait un peu à supporter l'ennui de ma halte forcée. Dès huit heures du matin, les hommes se mettaient en prière dans une cabane qui sert de mosquée ; ils restaient jusqu'à dix heures à marmotter des versets du Koran. À dix heures, on faisait un premier repas, puis on se remettait en prière jusqu'à trois, et on mangeait encore avant le soleil couché. Pendant que les Bédouins se livraient à leur insipide psalmodie, tantôt je recueillais mes observations scientifiques, tantôt je m'amusais à regarder les femmes danakiles occupées à broyer le dourah entre deux pierres pour faire le pain, ou lavant sur le rivage les vases de bois qui composent la vaisselle des Bédouins, ou préparant le repas dans d'horribles chaudrons. Je passais aussi la plus grande partie de mon temps à battre la campagne en chassant autour d'Ambabo. Je revenais toujours après avoir tué plusieurs lièvres et des francolins, qui ne formaient pas la plus méprisable portion des festins. Aussi, aux heures des repas, Ibrahim-Chème ne manquait jamais de m'envoyer ma part dans un grand vase de bois, où les viandes bouillies et rôties étaient entassées pêle-mêle avec le biscuit de dourah, au milieu d'une sauce aigre et épicée, au parfum de laquelle ces Lucullus peu raffinés se lèchent amoureusement les lèvres.

Notre départ avait été fixé au 15 septembre. Je fus obligé de diviser mes bagages en ballots plus petits, et d'en proportionner le poids et le volume à la force des chameaux. Or les chameaux du pays des Adels sont faibles, d'une race bien inférieure à celle des chameaux d'Égypte; on ne leur fait pas porter plus de 200 à 250 livres; on ne les charge pas non plus de la même manière que dans ce dernier pays. En Égypte, on place sur leur échine montueuse une sorte de coussin pour adoucir le fardeau. Dans le pays des Adels, le coussin est représenté par une simple natte de palmier. L'arrangement des marchandises sur les flancs du chameau est, du reste, fort ingénieux, et complète d'une façon très-pittoresque sa physionomie étrange. Deux pieux, longs d'un mètre et demi, de l'épaisseur du bras, fortement attachés en croix par des cordes, de manière à figurer un compas ouvert dont les branches se prolongeraient un peu au delà du sommet de l'angle, sont assis sur des bourrelets de palmier à chacune des deux extrémités de la bosse du dromadaire. Le long de ces quatre leviers qui chevauchent unis deux à deux, on lie avec de fortes cordes les sacs, les caisses, les ballots, de manière à équilibrer les poids; et la charge, ainsi fixée et, pour ainsi dire, accrochée à la bosse, retombe comme deux lourdes ailes sur les flancs de l'animal.

Dans la journée du 15, dès le matin, les Bédouins

commencèrent à partir les uns après les autres. Le rendez-vous de la caravane avait été fixé à Douloulle, station située à 3 lieues au sud d'Ambabo et où l'on trouve trois puits d'eau saumâtre. Ibrahim-Chème, qui avait organisé la caravane et devait en être le chef, le *ras el kafilet*, comme disent les Arabes, Ibrahim-Chème fut retenu jusqu'au soir à Ambabo : j'y restai avec lui. Nous nous mîmes en marche les derniers, au moment où le soleil se couchait. Les habitants du hameau vinrent nous conduire à une petite distance ; avant de se séparer d'Ibrahim, ils prièrent une dernière fois avec lui. Le vieux Bédouin, la face tournée dans la direction de la Mecque, prononça les versets sacrés au milieu de ses parents et de ses amis assis sur leurs jambes croisées. La prière terminée, il se releva, fit ses adieux à la petite troupe avec toute la gravité musulmane, et nous nous acheminâmes vers Douloulle, où nous passâmes la nuit.

Le lendemain fut vraiment le jour du départ de la caravane. Plusieurs Bédouins s'y étaient réunis et avaient élevé à soixante le nombre de nos hommes, et à cent quarante celui de nos chameaux. De ceux-ci, il n'y avait guère que les miens qui fussent chargés ; les autres devaient aller prendre sur les bords d'un grand lac salé, situé à une douzaine de lieues, du sel qu'ils comptaient transporter au Choa.

J'ai indiqué, dans la relation de mon premier voyage, toutes les étapes de la route parcourue par les caravanes qui vont de l'océan Indien au royaume de Choa. Je ne m'astreindrai pas à suivre point par point une nomenclature qu'un intérêt géographique me prescrivait de donner complétement une première fois, et qui ne serait plus ici qu'une répétition fastidieuse. On ne s'étonnera pas d'ailleurs que j'éprouve, en retraçant les circonstances de ma traversée dans le pays d'Adel, comme un arrière-goût des ennuis que j'ai subis en accomplissant ce voyage. Je crois pouvoir le dire, sans qu'on m'accuse de vouloir exagérer les difficultés de mes travaux, pour en rehausser le mérite, il y a peu de voyages plus fatigants pour l'esprit et pour le corps, plus périlleux à la fois et plus monotones que de parcourir les déserts des Adels. Le major Harris, un des hommes les plus expérimentés dans les voyages africains, en a gardé une impression semblable, et l'a rendue dans sa relation avec les couleurs les mieux senties et les plus justes. Lui-même, lorsque je le rencontrai plus tard dans le Choa, ne pouvait revenir de son étonnement lorsque je lui racontai que j'avais tenté tout seul, et pour la seconde fois, une expédition si peu attrayante. Au moins, dans d'autres pays, les magnificences de la nature sont une compensation aux périls que vous bravez, un délassement aux fatigues que vous vous imposez : c'est la nature qui fait du désert des Adels le plus affreux des séjours. Le pays des Adels, que l'on traverse en allant de l'océan Indien au Choa, et en descendant du nord-est au sud-ouest, sur une ligne de 130 lieues, que l'on met un mois à parcourir, le pays des Adels est une région montueuse, tourmentée par le travail volcanique à un point qu'on ne saurait rendre. Il n'y a nulle part dans le monde autant de cratères éteints, autant de laves répandues sur le sol. Si les anciens eussent connu cette contrée, ce n'est point en Sicile qu'ils eussent placé la guerre des Titans contre les dieux, ou les ardents fourneaux des cyclopes. Aucune eau fécondante ne parcourt les brûlants replis de cette terre ravagée en tout sens par les feux souterrains et embrasée par le soleil des tropiques. On n'y trouve même pas, sauf de très-rares exceptions, dans la structure et le groupement des masses rocheuses, ces aspects tour à tour bizarres ou majestueux, effrayants ou sublimes, mais empreints d'un caractère d'imposante grandeur ou d'originalité pittoresque, qu'offrent ordinairement les pays de montagnes. Il n'y a ici qu'une médiocrité uniforme : presque toujours des collines aux pentes peu abruptes, aux longues croupes parsemées de petits cônes, bouches éteintes de volcans d'où ont coulé d'immenses et épaisses couches de laves. Ajoutez la teinte rougeâtre et sombre qu'elles doivent à leur constitution géologique; versez sur elles la lumière tropicale qui découpe les contours avec une si âpre rigueur, et vous concevrez la tristesse de ce paysage, qui ne fait grâce au regard d'aucun détail de son aridité importune.

En quittant Douloulle, on côtoie encore pendant quelque temps le fond du golfe ; puis, abandonnant la mer, on s'engage dans une gorge qui s'ouvre entre deux coteaux taillés verticalement comme des murailles. Au débouché de la gorge, que l'on monte par une pente assez douce, le sentier viable se resserre, se replie en zigzags et se hérisse de rochers. Des mimosas tordent sur la lisière de la route leurs branches maigres que les chameaux effeuillent et emportent en passant d'un coup de tête gourmand. Après avoir traversé un petit plateau, on entre dans une gorge plus aride et plus difficile encore ; des blocs de trachyte et de basalte y heurtent à chaque instant les pieds des chameaux et leur arrachent des rugissements sourds. Bientôt les animaux ne purent plus passer qu'un à un : la pente devenait si rapide, les chameaux escaladaient ce roc avec de si pénibles efforts, que je craignais de voir au moindre faux pas dégringoler au bas de la côte celui derrière lequel je me trouvais. Je pris les devants. Nous perdîmes, en effet, en ce lieu un chameau qui se cassa la jambe. La fatalité voulut que ce fût celui sur lequel mon daguerréotype avait été placé. Les Danakiles se furent bientôt consolés de la perte du chameau en le dépeçant et en le mangeant; moi je regrettai longtemps mon daguerréotype brisé.

Nous arrivâmes sur les bords du lac Salé, que les Danakiles appellent *Mel el Assâl,* et qui est leur plus grande richesse naturelle. Ce lac, phénomène géologique extraordinaire, présente un des paysages les plus désolés que l'on rencontre dans le pays des Adels. Du haut des versants qui plongent vers lui, on voit ses eaux dormantes s'étendre en un bassin circulaire de plusieurs lieues de diamètre, autour duquel une ligne non interrompue de montagnes volcanisées forme une ceinture lugubre. C'est sur les parois de cette cuve que la chaleur solaire, pompant les eaux depuis des siècles, amène la cristallisation naturelle du sel. Le sel entoure la surface verdâtre du lac d'une frange blanche, large de près d'un kilomètre, assez solide pour porter les chameaux d'une caravane. Sur le bord de ce nouveau rivage flottent de grands dodécaèdres qui élargissent la croûte cristallisée, à laquelle ils finiront par adhérer. Une bande blanchâtre, haute de 50 pieds, qui couvre les montagnes autour du lac, indique sans doute le niveau primitif des eaux, et mesure les progrès de l'évaporation. C'est une vue affreuse au milieu du jour, sous un ciel incandescent, que le spectacle de cette véritable mer morte, qui s'engourdit, qui s'épaissit, qui se solidifie lentement; de cette mer déserte de navires, emprisonnée par une révolution volcanique, et qui se laisse impunément insulter par le sabot du dromadaire.

J'ai mesuré, au moyen du baromètre, la dépression du lac Salé par rapport au niveau de la mer : elle est de 217 mètres 700 millim. (1). Il n'est pas vrai-

---

(1) Voici les observations barométriques que j'ai faites sur le lac Salé avec un baromètre à siphon (n° 485) de Bunten; cet instrument m'avait été confié par l'Académie des sciences. Je donne ces observations ici pour l'intelligence du texte; on les retrouvera à la fin du volume dans l'ensemble de mes observations scientifiques.

Moyenne de trois observations.

BAROMÈTRE n° 485.	THERMOMÈTRE du BAROMÈTRE.	THERMOMÈTRE à AIR LIBRE.	
776,74	34,4	33,6	La cuvette inférieure étant de 0^m,500 mill. au-dessus des eaux du lac.

semblable qu'une dépression aussi considérable soit uniquement le résultat de l'évaporation. Le lac n'est évidemment que le fond d'un ancien golfe qui a été séparé de la mer et s'est trouvé intercepté à la suite du soulèvement des terrains qui s'élèvent maintenant entre ses rives et celles de l'Océan. Il n'y a qu'à examiner la croupe qui remplit l'intervalle du lac à la mer pour se convaincre de la réalité de ce soulèvement. Un ancien volcan coupe cet espace du nord au sud, et deux coulages ont répandu une lave diverse et inégale sur ses deux pentes, dont l'une descend vers la mer et l'autre aboutit au lac. Mais la tourmente qui a soulevé ce volcan et les montagnes qui

Hauteur de l'océan Indien à Ambabo. Moyenne de trois observations prises à cinq jours de distance de celles du lac Salé.

BAROMÈTRE n° 485.	THERMOMÈTRE du BAROMÈTRE.	THERMOMÈTRE à AIR LIBRE.	
758,28	33,8	33,5	La cuvette inférieure du baromètre étant de 1^m,395 mill. au-dessus du niveau moyen de l'Océan.

En soumettant ces observations au calcul, on trouve une dépression du lac de 217^m,700 $^{mill.}$ au-dessous du niveau moyen de l'océan Indien.

l'entourent comme d'immenses vagues pétrifiées a pu affaisser le lit du golfe dont elle faisait un lac ; et c'est ainsi qu'il est permis d'expliquer la dépression extraordinaire de ses eaux par rapport au niveau de l'Océan.

Les Bédouins de ma caravane restèrent deux journées interminables à charger du sel sur leurs chameaux. Nous longeâmes d'assez près le lac pendant 5 ou 6 lieues. Nous étions à l'extrémité sud de la mer de sel, lorsque nous trouvâmes une vallée où s'ouvraient trois petits cratères, et que coupent quatre coteaux dont les couches supérieures sont formées d'une lave celluleuse. Ces coteaux s'inclinent de l'est à l'ouest, et se prolongent jusqu'au lac en décrivant des angles de 18°, 16°, 13° et 12°. Je réunis dans tous ces endroits de précieux échantillons pour la collection géologique de ma route.

Notre première station, en sortant de cette vallée, fut auprès de la source d'eau saumâtre de Gongonta. C'était à l'entrée d'une gorge resserrée entre deux montagnes renversées de leur plan primitif, où un trachyte vitreux et brunâtre, la diorite schisteuse et un granit-gneiss perforé et fendillé étagent leurs couches obliques. Le voisinage de Gongonta nous avait été signalé par un plan d'ardoise haut de 2 à 3 mètres qui coupe perpendiculairement la route, et que de loin on prendrait pour une muraille élevée de main d'homme.

A l'entrée de la gorge, les Bédouins me montrèrent deux tombeaux qui renferment les corps de deux soldats de l'expédition anglaise qui ont été assassinés en ce lieu ; un peu plus loin est la sépulture d'une troisième victime qui avait survécu quelques heures à ses blessures. Ce sont de modestes pyramides formées de pierres entassées. Pour montrer aux Bédouins la sympathie que m'inspirait le sort de ces malheureux, je ramassai quelques pierres, et j'allai les déposer pieusement sur ces tristes *tumuli*. On me nomma l'auteur de ces horribles assassinats : il s'appelle Homet-Saboreyto ; il habite la montagne de Joudda, non loin d'Ambabo. Un de ses parents, Mahamet-Saboreyto, avait commis, sur deux Anglais de Toujourra, un crime semblable : ce fut son exemple qui anima Homet ; car je ne sais pas si ce n'est point une circonstance plus odieuse, ces crimes n'ont été inspirés que par une sorte de point d'honneur infernal ; ils n'avaient aucun des motifs qui mettent ordinairement le poignard à la main des meurtriers. Plus tard, à mon retour du Choa, j'ai fait moi-même connaissance avec ces deux misérables. On verra, par la suite de ce récit, en quelle occasion et comment je dus me comporter à leur égard.

M. Harris a raconté ce déplorable épisode de son expédition. Il avait campé dans la gorge de Gongonta avec sa caravane. La nature du terrain ne lui avait pas permis de prendre les précautions de défense les plus régulières contre une tentative nocturne. Il avait placé ses chevaux au centre du ravin; du côté du versant du nord dormaient les soldats de son escorte européenne; les officiers bivouaquaient au bas du versant méridional; un fort piquet de Danakiles était en avant, et une sentinelle européenne se promenait devant le front du camp. On passa une première nuit dans ces dispositions : la chaleur que le sol avait conservée, et que ne tempérait pas la moindre brise, la rendit lourde; mais elle fut assez tranquille. On s'arrangea le lendemain soir de la même manière; la journée avait été aussi brûlante. Une heure avant minuit, une longue bouffée de sirocco s'engouffra dans la gorge avec des sifflements lamentables et en soulevant des nuages de poussière; quelques lourdes gouttes de pluie tombèrent; puis tout redevint calme, et la lune se leva au milieu d'un silence de mort. Tout à coup, vers deux heures, un sauvage hurlement irlandais se fait entendre : tous les hommes s'éveillent et se mettent instinctivement sur leurs jambes; chacun prend son fusil et l'arme dans l'attente de l'ennemi invisible. Le major Harris rallie avec peine ses soldats, qui se pressaient en désordre autour des lits de l'état-major; il les ramène à l'endroit d'où le cri de détresse est parti : on y trouve un sergent et un caporal baignés dans leur sang, et en proie aux dernières convulsions de l'agonie: l'un avait l'artère carotide coupée; un coup de poignard avait frappé l'autre au cœur. A côté des deux cadavres se tordait un Portugais de la suite de l'ambassade, le ventre fendu et les entrailles pendantes.

Au moment où avait été poussé le cri d'alarme, on avait vu deux ombres se glisser au fond du ravin et disparaître dans les anfractuosités de la montagne.

Les Danakiles, qui avaient tous pris leur bouclier et leur lance, voulurent les poursuivre ; mais, quoique la lune brillât au ciel, il fut impossible de les découvrir dans les fentes des rochers où ils s'étaient ensevelis.

On fut bientôt convaincu que ces crimes n'avaient eu pour prétexte aucune tentative de vol : ils avaient été accomplis pour la gloire seule qui entoure l'homicide dans le pays des Adels. L'homme qui tue un homme conquiert parmi ces tribus sauvages le renom de guerrier; il a le droit d'attacher à sa chevelure enduite de suif une blanche plume d'autruche, de passer un bracelet de cuivre autour de son bras, d'ajouter quelques ornements d'argent à ses armes : d'ailleurs, qu'il ait plongé son poignard au cœur d'un voyageur ou qu'il ait percé son ennemi de sa lance en combattant, la gloire est la même ; et les assassins qui sont venus traîtreusement donner la mort à trois soldats anglais, au milieu de leurs camarades, doivent s'estimer et sont regardés sans doute par leurs compatriotes comme de rares et intrépides guerriers.

La vue des tombeaux des soldats anglais, les récits des Bédouins sur leur mort passée déjà à l'état de légende, me firent faire un douloureux retour sur moi-même. Les Anglais, qui étaient au nombre de trente, dont la petite troupe formidablement armée eût pu braver plusieurs kabyles d'Adels, n'avaient pas effrayé les assassins. Je me demandais avec une pénible anxiété si, jeté au milieu de ce désert et de ces sauvages, obligé de puiser en moi seul toute ma force morale et toute ma force matérielle, je pourrais pour mon salut ce que trente hommes n'avaient pas pu pour trois de leurs compagnons.

De Gongonta nous allâmes camper à Allouli, et nous y attendîmes des Bédouins retardataires qui étaient restés au lac Salé après nous. La triste catastrophe dont je venais de voir les lugubres monuments était pour moi une leçon terrible ; elle m'apprenait que c'était surtout pendant la halte, aux heures du repos, que le plus grand danger me menaçait, et que mes inquiétudes devaient devenir plus vives. En marche, je l'avoue, je n'avais aucune crainte; je sentais ma ceinture garnie de rassurants pistolets ; je portais sur mon épaule un formidable fusil à quatre coups, que j'avais acheté à Paris, chez un marchand de bric-à-brac. Les Bédouins en avaient une peur horrible; ils l'appelaient l'*afrit*, le diable. Les armes à feu ont sur eux une puissance presque magique, et j'avais su en profiter. Ils croient que l'on peut tirer avec un fusil autant de coups que l'on veut : je me suis bien gardé de leur ôter cette erreur, et j'ai bien eu soin de ne jamais charger mes armes à feu devant eux. Ils croyaient encore, lorsqu'ils me voyaient prendre mon fusil ou un pistolet, qu'en faisant tourner le canon autour de moi je pouvais imprimer à la balle une impulsion circulaire et frapper les hommes qui m'entouraient. A peine leur disais-je que j'allais faire feu, qu'ils se couchaient à terre en criant : *Allah, el chietan !* Dieu! voilà le démon! Ils restaient étendus à mes pieds et ne se relevaient que lorsque je leur disais que je ne voulais tuer personne. Mon large chapeau, mon *sombrero* de feutre gris, était pour eux le sujet d'une erreur non moins plaisante. Don Quichotte prit un plat à barbe pour l'armet de Mambrin; les Bédouins se figuraient que mon chapeau était un bouclier. « Oui, leur disais-je, je le passe à mon bras lorsque je suis attaqué ; mais, quand je n'ai rien à craindre, je m'en sers pour défendre ma tête contre les feux du soleil. »

On le voit, le jour, les moyens de me faire respecter ne me manquaient pas ; mais, la nuit, la magique puissance de mes armes s'endormait avec moi ; et, comme je n'étais protégé par aucune sentinelle, l'audace des Bédouins pouvait fort bien profiter de ce moment pour se réveiller. Je pris donc le parti de me servir à moi-même de sentinelle pendant la nuit, c'est-à-dire de ne pas dormir. Voici, en conséquence, la manière dont j'arrangeai mon temps. D'ordinaire, les caravanes se mettent en marche de fort grand matin, et s'arrêtent pour camper vers midi ou deux heures. Alors, si la nature du terrain le permet, on forme avec les marchandises déchargées un cercle dont les chameaux occupent le centre ; les Bédouins préparent leur repas, arrangent leurs ballots, donnent à manger aux animaux, se reposent, ou, assis en cercle, entament de longues conversations. Moi, je reconnaissais d'abord le terrain, j'allais recueillir des échantillons géologiques, je faisais mes observations thermométriques, barométriques, magnétiques. Revenu au camp, j'étendais un tapis sur l'endroit que j'avais choisi pour me coucher ; je plaçais au-dessus une natte en palmier que je relevais avec des pieux ou en m'aidant des inégalités du terrain, de manière à m'en former une sorte de tente, et je m'endormais avec sécurité à côté de mon fusil et de mes pistolets ; car, le jour, au milieu de toute la caravane affairée, je n'avais rien à craindre. Le Bédouin qui me servait de cuisinier, qui préparait mon riz et faisait rôtir les gazelles et les francolins que je tuais en route, avait ordre de m'éveiller au coucher du soleil. Je dînais, et je passais la nuit, au milieu des Bédouins étendus auprès de leurs marchandises, à boire du café, à fumer, et surtout à faire bonne garde (1).

(1) J'ai accompli mon premier voyage dans la saison des pluies. Je décrivais ainsi dans ma relation les arrangements que je prenais alors pour la nuit :
« Dans cette saison, des orages quotidiens éclatent tous les soirs de sept à neuf heures; ne pouvant m'en garantir, je me déshabillais pour préserver du moins mes vêtements; je choisissais des blocs de roches que j'espaçais de manière à laisser entre eux des intervalles pour l'écoulement des eaux torrentielles : c'était ma couche pour la nuit que je disposais ainsi; je la couvrais d'une peau de bœuf que je m'étais procurée à Toujourra; et je m'étendais sur ce lit improvisé qui, pour être moins chaud que celui de Guatimozin, n'était pas non plus un lit de roses. Je plaçais également sur moi une peau de bœuf, qui ne tardait pas à être imbibée d'eau. Dans cette peu voluptueuse posture, je recevais sur le corps les flots impétueux que m'envoyait le ciel,

Je n'éprouvai aucun accident jusqu'à Gaubâde : c'est le nom qu'on donne à une station où l'on trouve de l'eau en tout temps ; depuis Allouli, nous en avions souvent manqué, et nous avions parcouru 20 lieues d'un terrain affreux. Il fut résolu que l'on resterait deux jours à Gaubâde pour donner aux chameaux le temps de se reposer. Le lendemain, de bonne heure, je pris ma boussole d'inclinaison et j'entrai dans un joli bois de mimosas qui n'était pas éloigné de notre camp. J'avais deux motifs pour aller ainsi à l'écart : le voisinage du moindre objet de fer contrarie les observations magnétiques ; aussi, pour les recueillir, non-seulement je m'éloignais des Bédouins, qui ne quittent jamais leurs lances, mais je ne portais

tandis qu'au-dessous de moi de petits torrents se brisaient sur mon lit de pierres et s'enfuyaient en grondant : j'avais ordinairement une heure de supplice entre deux eaux ; à neuf heures j'étais délivré. Alors disparaissaient ces nuées épaisses et sombres, dont les flocons pressés léchaient les plateaux ou se déchiraient aux crêtes des collines ; le ciel du tropique se montrait au-dessus de nos têtes, aussi splendide et aussi doux pendant la nuit qu'il est affreux et impitoyable durant les ardeurs de la journée. L'air était rafraîchi et purifié ; et sur la terre, où l'obscurité dissimulait la misérable aridité du paysage, les ombres sévères des masses rocheuses s'harmonisaient par contraste avec la radieuse sérénité des cieux. »

sur moi aucune arme (1) ; j'étais bien aise encore de me soustraire à la curiosité défiante des Danakiles : ordinairement, lorsque je ne pouvais éviter leurs regards, je choisissais pour mes opérations les approches de la prière, et je leur faisais croire que je cherchais avec mes instruments l'heure exacte prescrite pour la cérémonie religieuse ; sans cela, ils se seraient imaginé que je combinais contre eux des sortiléges. Je fis longuement mon observation ; j'y prenais d'autant plus d'intérêt, que, à la difficulté que j'éprouvais à déterminer le plan perpendiculaire au méridien magnétique, je m'apercevais que je m'approchais de l'équateur magnétique. Plus d'un quart d'heure avant d'avoir fini, j'entendais les Bédouins de ma caravane qui, m'ayant perdu de vue depuis longtemps, ne savaient ce que j'étais devenu, et s'égosillaient à m'appeler de tous côtés. Je terminai enfin, et j'avais

(1) Je ne crois pas pouvoir parler des observations scientifiques dont j'ai pu enrichir mon voyage, sans témoigner ma reconnaissance aux personnes qui m'ont fourni les moyens de les faire. Je dois à M. Arago la boussole d'inclinaison ; à MM. Élie de Beaumont, Dufrénoy et Brongniart, les autres instruments que l'Académie des sciences m'a confiés ; et c'est grâce aux instructions de MM. Mauvais et Silbermann, qui avaient bien voulu m'en montrer l'usage, que j'ai pu m'en servir d'une manière utile.

déjà replacé l'instrument dans sa boîte. Au moment où j'allais me mettre en marche, les broussailles crient derrière moi ; je me retourne, et je vois trois Bédouins de la kabyle Modéito qui s'approchaient doucement, la lance en arrêt. Comme je l'ai dit, je n'avais pris aucune arme avec moi, pour ne pas contrarier mes observations. Je posai la caisse de l'instrument à terre, et, me tournant en plein vers les Danakiles, je les regardai les bras croisés. Je ne sais ce qu'il y eut d'effrayant dans mon œil et dans mon attitude, ou si ce fut ma caisse qui leur fit peur, mais ils décampèrent lestement et se furent bientôt dérobés dans le bois. Je revins à la station, où je pris mon fusil et mes pistolets dans l'intention de les poursuivre ; mais je les cherchai en vain, ils ne reparurent plus (1).

(1) Voici mes observations magnétiques de Gaubâde : j'y joins pour comparaison celles d'Ambabo.

J'ai déterminé à Ambabo l'inclinaison de l'aiguille aimantée avec une boussole de Lenoir que l'Académie royale des sciences de Paris m'avait confiée pour mon voyage d'Abyssinie.

Inclinaison à Ambabo : +2° 39′ 8

Latitude d'Ambabo : 11° 43′ 37″ { Déterminée avec un sextant de Gambey que l'Académie royale des sciences de Paris m'avait également confié.

Inclinaison à Gaubâde : + 1° 18′ 5″
Latitude de Gaubâde : 10° 54′ 56″

Le lendemain, je reçus la visite du chef de la kabyle sur le territoire de laquelle nous nous trouvions. Il se nomme Mahamet-Ibrahim Loéta : les Bédouins l'appellent *Arbaïm*. Arbaïm-Loéta est assurément le chef de tribu le plus remarquable du pays des Adels. C'est un homme intrépide et généreux : il doit son pouvoir à l'ascendant que lui ont donné son courage et ses faits d'armes, et il l'exerce avec intelligence. Si les relations entre le royaume de Choa et l'océan Indien sont possibles, on en est redevable à Arbaïm-Loéta : pendant trois ans les brigandages de quelques tribus les avaient interrompues ; Arbaïm, en s'emparant du pouvoir dans sa tribu, eut bientôt mis les pillards à la raison. Ce chef est très-libéral ; il partage ses richesses avec les membres de sa kabyle. Je l'avais connu dans mon premier voyage, il se souvenait de moi ; et, lorsqu'il sut que j'étais dans le pays, il vint me voir et m'apporta deux moutons et un âne chargé de lait. Il me dit, en me donnant ces présents, qu'il n'avait pas oublié ceux que je lui avais laissés à Toujourra au retour de mon premier voyage. En effet, je l'avais rencontré alors dans ce hameau ; et, quoique l'étiquette danakile ne m'obligeât pas à lui faire un cadeau, puisqu'il était hors du territoire de la kabyle Débenet qu'il commande, je lui avais donné un taube abyssin (pièce de coton dans laquelle les Danakiles se drapent), du tabac et un couteau-poignard. Loéta avait été touché de cet acte de générosité ; il ne fut pas moins content cette fois. Je fus magnifique envers lui : je lui donnai du tabac, du fil de laiton pour entourer le bois de sa lance, des rasoirs, un poignard arabe, et, pour sa femme, de la verroterie, des petits miroirs et une pièce de toile bleue. Une chose l'émerveilla surtout : ce fut un taube sorti d'une fabrique française, de la manufacture de MM. Méquillet-Noblot, d'Héricourt. Arbaïm ne pouvait se lasser d'admirer la finesse du tissu, la brillante variété des couleurs, et de me remercier de la richesse de ce présent.

L'intelligence de Loéta l'élève au-dessus des stupides préjugés de ses compatriotes. Au moment où il arriva à notre camp, je faisais une observation de latitude. Les Bédouins, effrayés de me voir braquer mon œil et mon sextant sur le soleil, croyaient que je travaillais, par un noir maléfice, à renouveler le miracle de Josué : « Il va arrêter le soleil, » disaient-ils, et une sourde rumeur s'élevait contre moi ; Loéta méprisait le motif de ces murmures, et me conseilla pourtant d'y céder par prudence. — Nous fûmes si contents l'un de l'autre, qu'il me reconduisit jusqu'à 3 lieues de Gaubâde ; il voulait m'escorter plus loin, mais je n'y consentis pas.

Le 9 octobre, nous arrivâmes à la station d'Omar-

Goulouf, à 11 lieues de Gaubâde. Une tribu campait déjà à quelques centaines de pas de l'endroit où nous nous arrêtâmes. La nuit était fort avancée. Suivant mon habitude, je veillais en fumant; j'écoutais avec un certain plaisir les roulements éloignés du tonnerre, et j'attendais l'orage avec impatience, car il n'avait pas plu encore depuis que j'avais quitté Ambabo. Tandis qu'au bruit grossissant de la foudre je mesurais la marche de l'orage, je vis, à la lumière d'un éclair, se découper auprès des chameaux accroupis six noires silhouettes : plusieurs éclairs se succédèrent sans intervalle, et je vis les six ombres se courber, puis se coucher, puis ramper sur le sol. C'étaient des Saumalis : ils venaient probablement assassiner deux Saumalis d'une autre tribu, car ils se dirigeaient vers l'endroit où ceux-ci étaient couchés. L'un des deux, au bruit qu'ils firent, se réveilla ; mais il n'eut pas le temps de pousser le cri de détresse, que je tirai en l'air un coup de pistolet. Au bruit de la détonation, tous les chameaux se levèrent en frappant le roc de leurs sabots. Les assassins prirent la fuite ; et, s'inquiétant peu maintenant de ne pas éveiller les gens de la caravane, ils foulaient aux pieds, dans leur course, les Danakiles endormis qui se trouvaient sur leur passage. Tous les Bédouins furent bientôt sur pied, prenant leur bouclier et leur lance, et se demandant à grands cris d'où venait le danger. Cependant l'orage avançait toujours et le tonnerre grondait avec violence. Les hommes et les animaux s'agitaient pêle-mêle, et la confusion augmentait l'épouvante. Je parvins pourtant à rassurer mes voisins, et, la grosse frayeur passée, chacun se mit à vérifier ses marchandises. Plusieurs effets : quatre pièces de toile bleue, six lances, quatre boucliers et deux couteaux-poignards avaient été enlevés.

Le vol touchait les Bédouins au vif. On tint conseil; on ne doutait pas qu'il n'eût été commis par des hommes de la kabyle Achemali, que nous avions rencontrés la veille campés près de là. On décida qu'on irait sur-le-champ demander raison à cette kabyle. Nos Bédouins étaient excités par les exhortations d'un guerrier nommé Addoéta. Tandis que le chef de la caravane, Ibrahim-Chème, le plus lâche des hommes, était allé se blottir tremblant sous le ventre de son chameau, Addoéta, jetant sur ses épaules sa peau de panthère, brandissant sa lance et haranguant ses compagnons, se mit à leur tête. Nos Bédouins brandirent aussi leurs lances et poussèrent le cri de guerre. On laissa à la caravane une garde dont Ibrahim-Chème voulut faire partie; puis nous marchâmes sur deux rangs, lentement et silencieusement, vers les Achemalis que l'on accusait de vol.

Ils n'étaient pas éloignés de nous de plus de dix minutes. Lorsque nous fûmes arrivés à une centaine de pas de leur camp, plusieurs d'entre eux jetèrent des cris de détresse. Nous nous arrêtâmes et nous nous rangeâmes en ligne de bataille. En un clin d'œil nos adversaires furent sortis de leurs huttes mobiles, et vinrent dérouler à dix pas de nous une ligne supérieure en nombre à la nôtre. Mais, tandis que nous étions là à nous mesurer de l'œil, un vieillard chauve, à barbe blanche, sortit de la ligne des Achemalis, c'était leur chef, Arbaïm-Amadou. Il fit cinq pas vers nous et s'arrêta, attendant, sans proférer une parole, que l'un de nous se détachât et fît les cinq pas qui nous séparaient de lui pour lui expliquer les motifs de notre visite armée. Addoéta et moi nous le comprimes, et nous nous avançâmes. Nous tendimes la main à Arbaïm en signe d'amitié. Après de longs compliments, Addoéta prit la parole ; il reprocha au vieillard, en termes énergiques, l'assassinat que des Saumalis avaient tenté sur des gens de notre caravane, il se plaignit du vol dont nous avions été victimes, et dit que, persuadés que ce vol avait été commis par des gens de sa tribu, nous venions réclamer la restitution des objets soustraits. Arbaïm écouta Addoéta avec calme et sans l'interrompre; il répondit lentement par des paroles de paix. « Je suis fâché, dit-il, que des hommes d'une tribu étrangère aient cherché à tuer des hommes de votre caravane ; si j'avais su leur projet, je serais allé vous garder moi-même. Quant aux choses qui vous ont été volées, si les coupables sont des gens de ma kabyle, je vous promets, sur ma tête, de vous les faire rendre. » Mais il nous supplia d'attendre l'aube du jour avant de prendre une détermination hostile. Nous accueillimes sa proposition, et nous retournâmes à notre camp, reconduits par la pluie qui tombait à torrents.

A peine le jour commençait-il à poindre, qu'Arbaïm-Amadou vint établir le conseil de sa tribu sur une éminence voisine. J'allai assister à la délibération ; la chose valait la peine d'être observée de près. Les Achemalis formaient un vaste cercle ; ils étaient tous accroupis, les jambes croisées, gravement assis sur leurs talons ; tous avaient le bouclier passé au bras gauche et tenaient de la main droite leur longue lance dressée. Le Nestor de la troupe, le vieux et sage Arbaïm, prit la parole ; il se plaignait du vol commis au préjudice d'une caravane qui, en venant sur le territoire des Achemalis, s'était placée sous leur protection ; puis, se tournant vers son voisin de gauche, et lui adressant la parole comme s'il eût été l'auteur du crime, il lui fit des reproches. Il le pressa de rendre les objets qui avaient disparu ; il s'efforça d'éveiller en lui la crainte et le remords, en lui peignant les désagréments et les dangers qu'il allait attirer sur la tribu, s'il s'obstinait à garder son coupable butin; il termina enfin en lui demandant où il se trouvait à l'heure où le vol avait eu lieu. Le voisin de gauche avait écouté Arbaïm avec un calme imperturbable ; au lieu de répondre au ras, il fit, lui aussi, un demi-tour à gauche, et se mit à parler à son voisin comme le ras lui avait parlé à lui-même. L'accusation faisait ainsi, d'un Bédouin à l'autre, le tour du cercle, soutenue avec plus ou moins d'énergie, suivant l'éloquence diverse des orateurs. Cependant l'animation augmentait à mesure que la parole s'avançait. Les questions se succédèrent avec une rapidité croissante ; tout le monde se mit à crier et à gesticuler à la fois ; on sommait de toutes parts les coupables de se déclarer. Au mouvement de boucliers et de lances qui accompagnait ces vociférations, on eût dit que la délibération allait finir par une scène tragique : il n'en fut rien. Un des coupables, vaincu apparemment par le remords et tout décontenancé par les clameurs de ses camarades, avoua sa faute ; il avait volé une pièce de toile bleue. Il fit connaître un de ses complices; celui-ci dénonça un troisième voleur, lequel en nomma un quatrième, qui était le dernier de la bande. Arbaïm commença par ordonner la restitution des objets soustraits; puis il condamna chaque voleur à une amende d'un bœuf, destiné à être immédiatement tué, dépecé, rôti et mangé en commun par les gens de la caravane et ceux de la tribu. Les bœufs furent amenés et sacrifiés à la paix. Cette alerte finit par un festin. Les Bédouins oublièrent joyeusement leurs alarmes de la nuit dans les préparatifs du banquet. Tous étaient affairés : les uns dépeçaient les bœufs, les autres ramassaient des broussailles; d'autres choisissaient les blocs de pierre sur lesquels les viandes allaient être rôties. Moi, mon briquet à la main, je courais d'un foyer à l'autre, donnant le feu qui devait allumer ces sauvages cuisines.

Nous nous remîmes en route le 12 octobre, et nous n'eûmes aucun désagrément avant notre arrivée à Kilalou, point de halte situé à une quinzaine de lieues d'Omar-Goulouf. Mais là, nous apprîmes une nouvelle peu agréable. Des Bédouins que nous rencontrâmes nous dirent qu'il n'y avait plus d'eau sur la route depuis Kilalou jusqu'à Maro-le-Petit, c'est-à-dire que nous avions à faire 24 lieues et à passer plusieurs journées sans eau, et cela par une chaleur accablante. Ces Bédouins nous racontèrent que l'expédition anglaise avait été obligée de demeurer huit jours à Maro-le-Petit ; elle y avait été inquiétée par plusieurs chefs de tribus. Le major Harris avait essayé en vain de les gagner par des présents extraordinaires ; il ne s'en débarrassa et ne s'ouvrit un libre passage qu'en faisant tirer un coup de canon. Les Bédouins entendaient pour la première fois cette formidable détonation ; ils s'enfuirent effrayés.

Nous demeurâmes un jour à Kilalou pour donner du repos aux chameaux et les laisser boire tout à leur aise (1). Les eaux de la petite rivière de Kilalou, la première que l'on rencontre depuis la mer, étaient à leur plus haut point d'élévation ; j'attribuai leur exhaussement plutôt au débordement du lac d'Aoussa,

(1) *Moyenne de trois observations barométriques faites aux sources de la rivière de Kilalou.*

BAROMÈTRE n° 485.	THERMOMÈTRE du BAROMÈTRE.	THERMOMÈTRE à AIR LIBRE.	
716.36	+ 34° 9	+ 35° 2	La cuvette inférieure du baromètre étant à 0^m,500 au-dessus des sources.

Hauteur de Kilalou = 521 mètres au-dessus du niveau moyen de l'océan Indien.

où cette rivière va se jeter, qu'aux pluies locales. Un fait confirmerait cette supposition : les eaux de la rivière se retirent à mesure que celles du lac diminuent. Nous remplimes, à Kilalou, nos outres, et nous partîmes à six heures du soir. Nous marchions la nuit, et nous nous reposions pendant le jour, à cause de la chaleur. Ce ne fut qu'au matin de la quatrième journée que nous arrivâmes à Maro-le-Petit.

J'étais loin de m'attendre à l'aspect que ce lieu présentait alors; je n'avais rien vu de plus animé depuis mon séjour dans le pays des Adels, et rien néanmoins de plus attristant. Le réservoir de Maro-le-Petit est un immense bassin d'une demi-lieue de circonférence, une mare formée de la réunion de toutes les eaux pluviales des vallées voisines. Au moment où nous arrivâmes, plusieurs centaines d'Adels, venus de toutes parts de 8 lieues à la ronde, y abreuvaient d'immenses troupeaux et s'approvisionnaient d'eau eux-mêmes. Il y avait là plus de cinquante mille têtes de bétail : une cohue de chameaux, de bœufs, de moutons et de chèvres. Les animaux altérés entraient dans la mare, à peine profonde d'un pied et demi; les femmes des Bédouins y couraient aussi, et disputaient avec jalousie cette eau bourbeuse, verdâtre, croupissante, toute troublée par les pieds des animaux et corrompue par leurs excréments. Les Bédouins luttaient de la voix, du geste, la lance levée, pour faire arriver les premiers leurs bêtes au fétide abreuvoir. L'eau, absorbée par cette immense consommation et par une évaporation continuelle, diminuait avec une rapidité qui jetait le désespoir dans l'âme de ces sauvages. Au milieu de la mare s'élèvent quelques arbres d'une belle verdure, chargés d'oiseaux magnifiques qui, voletant çà et là, mêlaient leurs chants bizarres aux mille cris des Bédouins, comme s'ils prenaient part à leurs querelles.

Je reçus à cette halte la visite du chef le plus cupide du pays des Adels; il commande à la kabyle Débenet-Buéma, et se nomme Ouais-Agaïo. Le motif de sa démarche n'était pas malaisé à deviner : il venait m'extorquer des cadeaux. Je lui offris deux taubes de la fabrique de MM. Méquillet-Noblot, qui avaient voulu concourir au succès de mon voyage en me donnant plusieurs pièces d'étoffe. Agaïo mania et regarda longtemps les pièces de toile; il les trouvait magnifiques, mais il me les rendit. « Ce sont des talari qu'il me faut, me dit-il ; les Anglais m'en ont donné 100 pour obtenir la permission de passer sur mon territoire; je veux que tu m'en donnes autant.

— Tu n'auras pas d'argent de moi, lui répondis-je;

je ne te donnerai pas même les taubes que tu m'as rendus. Cherche à t'opposer à mon passage, je saurai bien me frayer un chemin. » Le ras partit sans mot dire.

Quand il eut disparu, je rassemblai les gens de la caravane; je leur racontai les prétentions exorbitantes d'Ouais-Agaïo; je leur représentai qu'en lui résistant j'avais aussi bien servi leurs intérêts que les miens. « Nous ne pouvons pas tolérer, leur dis-je, que les ras qui occupent la route de Toujourra à Éfate introduisent de pareils abus. Si vous leur laissez prendre ces habitudes d'exactions, vous en serez punis vous-mêmes ; elles retomberont sur vous plus tard : puis les Européens n'oseront pas entreprendre le commerce avec le Choa, vous perdrez le bénéfice que vous pourriez recueillir en transportant leurs marchandises. » Les gens de la caravane goûtèrent ces raisons; ils furent unanimes à m'approuver. « Ne donne pas même le taube au ras, me dirent-ils ; s'il revient, nous forcerons le passage s'il le faut. »

Le jour suivant, les Bédouins chargèrent les chameaux avant le jour. Au moment où la caravane s'ébranlait, nous voyons reparaître Agaïo tout radouci ; c'était lui-même qui venait, cette fois, me faire un cadeau. Il m'amenait un chameau chargé de lait : j'acceptai l'hommage avec un plaisir infini, et je distribuai le lait à mes compagnons de route. Pendant ce temps, Agaïo s'entretenait avec le chef de la caravane. Ibrahim-Chème lui conseilla sans doute de ne pas renouveler sa demande d'argent ; car, lorsque je lui rendis ses outres vides, il me supplia de lui rendre le taube abyssin. J'eus l'air de lui faire une excessive faveur en consentant à le lui céder, et nous nous séparâmes assez bons amis.

Nous vînmes nous arrêter, le même jour, à Maro-le-Grand ; un bassin naturel y a été formé par une éruption volcanique ; il se remplit à la saison des pluies et devient un petit lac ; les habitants du tertoire voisin y trouvent, jusqu'aux pluies prochaines, un abreuvoir suffisant pour leurs troupeaux ; aussi rencontre-t-on toujours des Bédouins alentour. La nature du terrain présente en ce lieu beaucoup d'intérêt au géologue : on y voit un grand nombre de volcans éteints. Le plus élevé, situé à 2 lieues au nord, se nomme *Ayalou ;* il a à peu près la hauteur et la stucture du Vésuve. On en voit un second près de là, appelé *Habida*, dont l'affaissement a été amené par des éruptions plus fréquentes. Au pied de cette montagne, s'il faut en croire les Bédouins, il y a des ruines qui mériteraient d'être visitées :

ce sont les restes des bâtiments cyclopéens, des fondations d'édifices construits avec d'énormes pierres taillées, et des citernes également construites en pierre. J'ai pris encore le nom de deux volcans peu éloignés des précédents, celui de Mandda et celui de Komé, qui n'a qu'un cratère d'où a coulé une masse prodigieuse de lave ferrifère qui a formé sur le sol une surface unie. Il y aurait malheureusement trop de danger à s'aventurer dans ces montagnes bien dignes d'être explorées; car elles appartiennent aux Modéitos ou Hassen-Maras, qui passent pour la peuplade la plus féroce du pays des Adels.

Nous allâmes camper le surlendemain à Bordouda, dans le territoire de la kabyle Takahide. Plusieurs chefs de tribus y attendaient notre passage : la renommée du taube que j'avais donné à Agaïo les avait attirés; ils désiraient tous être traités par moi avec autant de munificence. Omar-Bata, le chef des Takahides, me fit présent le premier de deux bœufs et d'une grande quantité de laitage : je lui donnai en échange trois taubes dont deux de France, deux pièces de toile bleue, plusieurs petits miroirs, des couteaux, des ciseaux et un peu de tabac. Ce présent était pour Omar-Bata une petite fortune; aussi se garda-t-il d'en parler aux autres ras. Je donnai pourtant à chacun de ceux-ci un taube d'Héricourt, et ils m'en témoignèrent longtemps leur gratitude avec des marques de naïve admiration. Plusieurs de ces chefs voulurent me reconduire lorsque je quittai Bordouda ; comme leur escorte m'était inutile, je les remerciai. Ils se séparèrent de la caravane en me disant qu'ils garderaient un long souvenir de ma générosité.

Déjà cependant nous approchions des confins du pays des Adels ; nous n'étions plus qu'à trois jours de marche de l'Aouache, le grand fleuve qui parcourt le royaume de Choa du sud-ouest au nord-est, et forme sa frontière avancée du côté des Adels. Bientôt, après avoir traversé les derniers mamelons de la région des volcans et des vallons où sont entassées plus de laves que je n'en ai vu autour des volcans réunis de l'Italie et de la Sicile, nous entrâmes dans une immense plaine tapissée d'une végétation vierge, et que les Bédouins pourraient changer en une des terres les plus riches du monde si leur incorrigible indolence ne les rivait pas à la vie oisive et nomade. Déjà au fond de l'horizon, à l'ouest, en face de nous, la haute chaîne de montagnes qui forme la rampe du plateau du Choa dessinait sur l'azur profond du ciel des lignes bleuâtres. Après un séjour au désert qui avait duré plus d'un mois, les voir, c'était presque y toucher. Mon impatience redoublait cependant à mesure que nous approchions. J'éprouvais ce sentiment d'irritation fébrile qui nous saisit au moment de toucher au but après de longs efforts. Lorsque je ne fus plus qu'à une distance de quatre heures de l'Aouache, sautant sur une mule, je me détachai de la caravane pour arriver le premier sur les bords du fleuve. Un habitant de Toujourra m'accompagnait.

Nous étions assez avancés sur la route, lorsque je remarquai de grosses traces d'éléphant ; je les montrai à mon compagnon : il descendit de sa mule pour les observer de plus près. Les Bédouins, à la vue d'une trace d'homme ou d'animal, reconnaissent avec une merveilleuse sûreté depuis combien de temps l'empreinte a été laissée. Le mien me dit que les pas étaient de la matinée, et que nous rencontrerions très-probablement l'éléphant sur les bords du fleuve, où sans doute il était allé boire. Mon fusil et mes pistolets étaient chargés à balle ; je remplaçai les vieilles capsules par de nouvelles, et nous marchâmes en suivant la piste. Le Bédouin ne s'était pas trompé : nous vîmes l'éléphant non loin du fleuve. Il était d'une hauteur et d'une grosseur monstrueuses ; il nous tournait le dos, et mangeait les bourgeons d'un arbrisseau qu'il effeuillait délicatement avec sa trompe. Quand nous n'en fûmes plus éloignés que d'une cinquantaine de pas, je mis pied à terre, et, donnant ma mule à garder au Toujourri, qui jugea, lui, plus prudent de rester sur la sienne, je m'approchai aussi légèrement que je pus de l'énorme animal. Mon intention était de lui tirer dans l'oreille, s'il m'eût permis d'arriver près de lui. Je n'étais plus séparé de lui que par une distance de vingt pas, lorsque mon poltron de Toujourri fit tourner bride aux mules pour se mettre en position de fuir dès que le danger le commanderait. Je ne sais si ce fut le mouvement des mules, ou si l'éléphant entendit mes pas : il se retourna, et le Toujourri, épouvanté, se sauva à toute bride, emmenant ma mule avec la sienne. Heureusement, à ce bruit ou à ma vue, l'éléphant prit peur lui-même, et s'enfuit de toute sa vitesse, en levant sa trompe et sa queue. Pour le faire aller plus vite, je lui lançai mes deux balles : il fit deux bonds énormes, et je le perdis bientôt de vue. Au bruit des deux coups de feu, le Toujourri, persuadé que j'avais tué l'éléphant, revint sur ses pas. Il me demanda où il était tombé : « Pas loin d'ici, lui dis-je, et je le conduisis à l'endroit où l'animal avait fait ces deux bonds gigantesques : nous y vîmes effectivement des traces de sang. Le Bédouin, tout émerveillé, me dit alors d'un ton assuré : « Il est mort; » et il repartit au galop, mais en me laissant ma mule, pour aller annoncer aux gens de la caravane mon prétendu exploit. Pour moi, je remontai sur ma mule et j'allai tranquillement sur les bords du fleuve attendre la caravane. Je ne fus pas peu surpris lorsque je vis arriver une cinquantaine de Bédouins haletants, qui m'entourèrent et entonnèrent un chant sauvage où ils me nommaient le guerrier des guerriers, le héros des chasseurs : ils joignaient à cette musique des trépignements de pieds, des sauts et des contorsions qui les mirent bientôt en nage. Lorsqu'ils eurent le gosier déchiré et les jambes rompues, ils me demandèrent de les conduire au lieu où se trouvait l'éléphant. Je m'excusai en alléguant ma lassitude; mais je leur dis que celui qui leur avait porté la nouvelle pouvait aussi bien que moi être leur guide. Le Toujourri poltron à leur tête, ils allèrent à la recherche de l'éléphant, et revinrent au milieu de la nuit sans l'avoir vu ni vivant ni mort (1).

(1) Les Danakiles et les Abyssins attachent tant de gloire à tuer un éléphant, qu'ils considèrent le guerrier qui a eu

Les eaux de l'Aouache étaient très-hautes (1), et le passage du fleuve nous prit plusieurs jours. Les marchandises furent transportées de l'un à l'autre bord sur des radeaux (2) ; ces radeaux étaient liés à de longues cordes, par lesquelles, les retenant sur les deux rives, on les empêchait de dériver.

cette bonne fortune à l'égal de celui qui a tué quarante hommes à la guerre.

(1) « L'Aouache, disais-je dans ma première relation, prend sa source à plus de 100 lieues au sud; il coule du sud au nord-est et va se jeter dans le lac d'Aoussa; son courant est très-rapide; la largeur de son lit est de 50 à 60 mètres. Dans les grandes pluies, il déborde et prend en quelques endroits un développement considérable; ses rives sont couvertes d'une végétation touffue et d'arbres magnifiques... En présence de cette riche nature, je me sentis enfin délivré du désert et de l'esprit de mort qui plane sur lui : la vie reparaissait ici sous ses faces les plus brillantes. Les forêts que l'Aouache arrose sont peuplées de lions, de léopards, de panthères, d'éléphants, d'hippopotames, de zèbres, d'antilopes, de daims, de gazelles, et de milliers d'oiseaux aux plumages éclatants, aux chants singuliers..... »

(2) Je décrivais ainsi le passage du fleuve dans mon premier voyage :

« Dès notre arrivée sur les bords de l'Aouache, nous nous étions mis en devoir de le passer: nous avions employé la

Des nageurs les escortaient et en accéléraient la marche ; arrivés sur le bord opposé, ils débarquaient les effets ; d'autres faisaient passer le fleuve aux animaux. Tout le monde était occupé. L'opération s'accomplit au milieu de la plus grande gaieté imaginable que n'interrompit aucun accident. Je

journée du 26 à construire de petits radeaux avec des branches de bois sec liées en carré, sous lesquelles nous placions des outres enflées, qui les faisaient surnager très-haut au-dessus de l'eau et nous permettaient de les couvrir de nos bagages. Le lendemain nous passâmes sur ces embarcations les marchandises de la caravane..... Après avoir transporté nos bagages, restaient les femmes qui ne savaient pas nager : les conduire sur l'autre rive était difficile; mais les Bédouins ont résolu hardiment et heureusement le problème. Pour les soutenir, nous leur attachions sous chaque aisselle une outre enflée, et, nouant à leur ceinture une corde que nous serrions autour de nos reins, nous les faisions avancer à notre suite, comme on remorque des'navires. Sous ce ciel splendide, entre ces vertes rives, ces femmes, dont les belles poitrines nues paraissaient au-dessus des flots, dont les longs cheveux nattés sillonnaient l'onde, et qui s'abandonnaient, comme en se jouant, aux efforts de leurs remorqueurs, composaient un tableau plein de poésie. Pour peu que vous eussiez eu l'imagination mythologique, vous les auriez prises pour les nymphes du fleuve enlevées par les faunes des forêts voisines..... »

mesurai barométriquement en cet endroit, nommé Malkakouyou, la hauteur de l'Aouache (1).

Peu de temps après avoir traversé le fleuve, on rencontre de petits lacs nommés Léado. Les crocodiles et les hippopotames y abondent. J'espérais en tirer plusieurs. Malheureusement les derniers débordements de l'Aouache avaient rempli ces lacs ; l'abondance des eaux protégeait les amphibies. Je tirai, sur des hippopotames qui montraient à peine au loin leur mufle horrible, quelques coups de fusil inutiles. Je me serais obstiné à cette chasse infructueuse si deux Bédouins n'étaient venus me chercher. Ils accouraient tout effrayés pour me dire que les gens de notre caravane allaient se battre avec des Bédouins de la tribu Guindosso, qui voulaient la piller. Je volai sur les lieux. Les deux troupes, celle de nos gens et celle des ennemis, n'avaient fait encore qu'étendre leurs deux lignes, et se lancer

(1) *Moyenne de cinq observations.*

BAROMÈTRE n° 485.	THERMOMÈTRE du BAROMÈTRE.	TEMPÉRATURE à AIR LIBRE.	La cuvette inférieure du baromètre étant à $0^m,500$ mill. au-dessus des plus fortes eaux.
699.90	+ 32° 3	+ 32° 8	

Hauteur de l'Aouache à Malkakouyou = $725^m,600$ au-dessus du niveau de l'océan Indien.

les défis injurieux par lesquels les guerriers de ces contrées préludent au combat. En arrivant sur le champ de bataille, je tirai un coup de pistolet en l'air. Les deux hordes, comme par un mouvement électrique, se précipitèrent sur le sol avec la même terreur. Je ne pus m'empêcher d'éclater de rire en voyant que je tenais ainsi au bout de mon pistolet le courage et la férocité de plusieurs centaines de Bédouins. Je dis aux gens de la caravane de se relever ; les ennemis suivirent leur exemple. Revenant peu à peu de leur surprise, ils commençaient encore à nous menacer, lorsque je tirai en l'air un second coup de pistolet : l'effet fut le même ; au bout d'un instant, ils se relevèrent encore ; ils étaient silencieux et immobiles, mais ne faisaient pas mine de se retirer : je déchargeai alors, toujours en l'air, les quatre canons de mon fusil à quatre coups. Cette fois, ils n'y tinrent plus et s'enfuirent à toutes jambes. Lorsqu'ils eurent disparu, on m'expliqua le motif de leur attaque. Un parent d'Addoéta, le premier guerrier de notre caravane, avait tué autrefois un Bédouin de cette kabyle. Lorsque les Guindossos apprirent l'arrivée, près de leur territoire, d'un parent du meurtrier, ils résolurent de prendre sur lui la *vendetta*. Ibrahim-Chème, avec sa poltronnerie habituelle, avait couru se cacher dans la futaie dès le commencement du combat; le danger passé, il revint sournoisement, croyant qu'on ne s'était pas aperçu de sa fuite. Addoéta l'avait remarquée; il s'approcha de lui, et l'apostrophant avec mépris : « Tu es un *neghis*, lui dit-il (un lâche); mais je n'avais pas besoin de toi pour me défendre. Rochet et moi, nous étions assez forts pour exterminer cette bande de voleurs. Si nous avions tous fait comme toi, où seraient maintenant ton sel et tes chameaux ? » Telle fut notre dernière aventure du désert. Nous quittâmes les bords de l'Aouache, et, quatre jours après, nous arrivâmes à la frontière administrative du Choa, à Dénémali (1).

(1) 2 lieues avant Dénémali, nous nous arrêtâmes à une station nommée Asbouti, où commencent les premiers mamelons du versant oriental du plateau du Choa; il y a une rivière qui porte le nom de Zambelli; je mesurai la hauteur barométrique de ce lieu.

Moyenne de trois observations.

BAROMÈTRE n° 485.	THERMOMÈTRE du BAROMÈTRE.	TEMPÉRATURE à AIR LIBRE.	La cuvette inférieure du barom. étant à 0ᵐ,500 au-dessus des eaux de la rivière.
680.58	+ 29° 50	+ 31° 30	

Hauteur d'Asbouti = 972 mètres au-dessus du niveau moyen de l'océan Indien.

Dénémali est, en effet, la porte douanière du royaume de Sahlé-Sallassi. C'est là que les caravanes qui arrivent du pays des Adels voient leurs marchandises visitées, et acquittent un droit en nature de 10 pour 100 prélevé sur tout, même sur les talari. Je passai deux jours à Dénémali, et, le 30 octobre, un mois et demi juste après mon départ d'Ambabo, je me rendis à Farré, qui est le premier village de la province d'Éfate (1).

Là se termina, à vrai dire, mon voyage parmi les Adels ; car notre caravane se dispersa, et mes compagnons de route me quittèrent. On présume bien que ces séparations ne firent à mon cœur aucune blessure ; il y en eut une cependant que quelques circonstances singulières m'obligèrent à remarquer.

Il y avait, parmi les femmes qui suivaient la caravane, une jeune Bédouine nommée Néfiz, qui

(1) *Moyenne de cinq observations barométriques.*

BAROMÈTRE n° 485.	THERMOMÈTRE du BAROMÈTRE.	TEMPÉRATURE à AIR LIBRE.	
658.50	+ 33° 32	+ 34° 10	La cuvette inférieure du barom. étant à 0^m,500 au-dessus du sol.

Hauteur de Farré = 1,372 mètres au-dessus du niveau de l'océan Indien.

accompagnait son frère au royaume de Choa : elle devait y trouver un Danakile à qui elle était fiancée ; il était convenu qu'elle l'épouserait à son arrivée. Les femmes jouissent d'une assez grande liberté dans le pays des Adels ; mais elles n'y sont l'objet d'aucune sorte de prévenance, ni même de ménagement. Les relations entre les femmes et les hommes, jugées avec les idées européennes, y semblent interverties. Ce sont les femmes qui sont chargées des travaux les plus rudes ; les hommes ont usurpé les fonctions sédentaires, et, par exemple, les travaux à l'aiguille font partie des occupations qui leur sont réservées. Il n'était donc pas étonnant que Mahamet-Soullé, le frère de Néfiz, laissât à sa sœur le soin de conduire ses deux plus mauvais chameaux. Ces bêtes étaient si rétives, elles donnaient tant de mal à Néfiz, que je ne pus m'empêcher de prendre intérêt à la position de la malheureuse jeune fille. Un jour que je me trouvais à l'arrière-garde de la caravane, c'était la place à laquelle Néfiz était presque toujours reléguée, nous étions engagés dans une des gorges les plus difficiles de la route d'Omar-Goulouf à Kilalou. Un des chameaux de la jeune Bédouine s'abattit ; les Bédouins passaient à côté d'elle sans songer à la secourir. Je posai mon fusil à terre et l'aidai à relever la bête. Le lendemain, le même chameau s'abattit encore; je voulus lui rendre le même service, mais elle me regarda avec colère : « N'approche pas, me dit-elle, tu as jeté le mauvais œil sur mes chameaux. » Je m'approchai cependant, et je parvins à remettre l'animal sur ses jambes. Mon succès ne me justifia pas dans l'esprit de Néfiz. « *Iah ! Iah !* s'écriait-elle lorsque je m'avançais, *debio ! debio ! el Ferenghi !* tiens, tiens, voilà encore le Franc ! j'ai dans l'idée que c'est lui qui empêche mes chameaux de marcher. » Je voulus vaincre sa défiance superstitieuse; je fus plusieurs jours avant d'y réussir. Elle comprit à la fin que je cherchais à diminuer ses fatigues, bien loin de vouloir lui en susciter. « Je vois, me dit-elle, que tu as de la puissance même sur les bêtes; tu n'es donc pas aussi à craindre que mes compatriotes le disent, puisque les animaux obéissent à ta voix. » Depuis ce moment, elle devint moins farouche. Je lui fis un cadeau de verroterie qui excita l'envie de ses compagnes, auxquelles elle courut le montrer : elle ne me regardait plus comme un ennemi. Après que nous eûmes traversé l'Aouache, je vis encore un de ses chameaux exténué se coucher à terre : les gens de la caravane la laissaient en arrière avec une indifférence cruelle ; j'allai de nouveau à son secours. « Tu ferais mieux, me dit-elle, de laisser là mon chameau ; j'arriverais plus tard chez mon fiancé, et peut-être je n'y arriverais pas du tout. » Je voulus la consoler. « Vois-tu, me dit-elle, si tu voulais te marier avec moi, tu es un guerrier comme mon frère, nous serions les plus considérables de la tribu. » Le sentiment d'humanité qui m'avait intéressé aux fatigues de Néfiz n'allait pas jusqu'à me faire souhaiter de devenir le Chactas de cette noire Atala. « Demande à ton frère s'il consenti-rait au mariage, » lui répondis-je. J'étais bien sûr d'éluder ainsi la difficulté. Je savais que les usages da-nakiles obligeaient Mahamet-Soullé à ne pas donner sa sœur à un autre homme qu'à son fiancé. Néfiz fut désolée de ne pas pouvoir fléchir son frère. « Quand tu retourneras dans mon pays, me dit-elle lorsque je la quittai à Farré, je serai mariée, mais tu verras que je me souviendrai de toi. »

Le gouverneur de la province d'Éfate, Mahamet-Abogaze, vint me trouver à Farré. Il mit à ma dispo-sition tous les hommes dont j'avais besoin pour trans-porter mes bagages; j'en employai neuf cents. Je les fis partir un peu avant moi pour Angolola, où Sahlé-Sallassi était alors. Je me mis en route, moi aussi, pour cette ville, accompagné de Mahamet-Abogaze. Ce malheureux gouverneur, qui s'enivre d'hydromel depuis le commencement jusqu'à la fin de l'année, voulut s'arrêter à Gontchio, où est son habitation ; il y tomba dans un tel état d'ivresse, qu'il me fit perdre deux jours. Cependant le roi, qui avait appris mon arrivée, impatient de me voir, me dépêcha plusieurs courriers. Je montai le cheval d'un de ses messagers, et je partis au galop avec un guide pour me rendre à Angolola.

SOMMAIRE DE LA TROISIÈME PARTIE.

Aspect du Choa. — Montagne de Métatite. — Chaumières, costumes des Abyssins.— Mon arrivée à Angolola.— Sahlé-Sallassi. — Ma réception. —Présentation de mes cadeaux au roi ; à la reine Betsabèche.—Le festin royal. — Le capitaine Harris, chef de l'ambassade anglaise. — MM. Harris et Graham me rendent visite. — But et situation de l'ambassade anglaise dans le Choa. — Mon stratagème pour me procurer un fœtus d'hippopotame. — Je vais à la chasse. — La rivière Tchia-Tchia. — La chasse aux hippopotames. — Retour à Angolola. — Je revois la reine Betsabèche. — Départ de l'ambassade anglaise.— Arrivée de MM. Lefebvre et Petit dans le Choa.

TROISIÈME PARTIE.

LE CHOA.

Il est difficile de passer par une transition plus brusque à un plus ravissant contraste que lorsqu'on entre dans le Choa après avoir parcouru le pays des Adels. Ce changement de scène tient du merveilleux; on n'en imaginerait pas de plus complet. La température, la configuration du sol, l'aspect même des hommes, quelques lieues de distance ont tout métamorphosé. Au pied des montagnes qui forment les riches plateaux du Choa, vous êtes à moins de 1,000 mètres au-dessus du niveau de l'océan Indien : le plus haut sommet de la chaîne qui échelonne devant vous ses étages escarpés, la montagne de Métatite, est élevé de 3,278 mètres au-dessus du niveau de la mer, et la hauteur du plateau qu'elle domine se soutient encore à plus de 1,500 mètres (1). On devine les changements qu'amène un exhaussement aussi prodigieux, s'accomplissant sur une étendue d'une quinzaine de lieues. On escalade cette pente par une route, à chaque instant coupée de rochers, qui se déroule en mille replis, qui rase souvent le bord d'effrayants précipices, et que l'on ne traverserait pas quelquefois sans péril si l'on n'était protégé par l'adresse miraculeuse des mules d'Abyssinie. On monte jusqu'à Métatite par de véritables gradins; chaque coteau que l'on gravit se couronne d'un petit plateau, dominé lui-même par une colline supérieure. On avance à travers des sentiers

(1) *Moyenne de cinq observations barométriques faites par moi à Métatite.*

BAROMÈTRE n° 485.	THERMOMÈTRE du BAROMÈTRE.	THERMOMÈTRE à AIR LIBRE.	
518,98	12,1	11,6	Hauteur de Métatite : 3,278 m. au-dessus du niveau moyen de l'océan Indien.

Si on prend pour la hauteur du désert celle d'Asbouti qui est de 972 mètres, on a pour la hauteur de Métatite, au-dessus de la plaine des Adels, 2,306 mètres.

embaumés, bordés de haies de jasmin toujours en fleur; à chaque pas, des ruisseaux rapides emportent bruyamment devant vous les belles eaux des montagnes, que les accidents du terrain brisent en petites cascades. Partout, aux flancs et au sommet des collines, une culture soignée entretient une somptueuse végétation. Sur les pentes, de vertes oasis sont enchâssées au milieu des roches; dans les plateaux, les cultures s'étendent en grands carrés symétriques divisés par des haies vives. A cette époque de l'année, tout était vert encore : le blé, le *thèfle*, les fèves, les pois, le coton. Les champs de dourah pâlissaient déjà cependant; à l'approche de la maturité, les hautes tiges, au milieu desquelles l'homme le plus grand aurait disparu, s'inclinaient légèrement sous leur tête; le vent y faisait courir, aux reflets du soleil, des vagues argentées, au-dessus desquelles des troupes de cardinaux, aux plumes écarlates, tachetées de bleu ou de noir, voltigeaient comme de petits nuages de flamme.

Ordinairement les crêtes des collines sont couronnées de huttes groupées en hameau. Les chaumières des Abyssins sont circulaires et surmontées d'un grand toit conique; plongées dans des fouillis de verdure, on n'en découvre de loin que cette toiture en chapeau chinois, couverte d'herbes sèches et coiffée elle-même, au sommet, d'un pot de terre par lequel s'échappe la fumée du foyer. Lorsqu'on passe devant ces chaumières, on peut y voir les femmes broyant le blé, le thèfle ou le dourah sur un banc de pierre pour faire la farine nécessaire au repas du jour. Mais les femmes amharras vous évitent la peine d'aller les chercher au sein de leurs travaux domestiques. Si au milieu du jour on rencontre sur son chemin un bosquet d'acacias, on est à peu près sûr d'y voir sous l'ombre une Abyssinienne qui file entourée de ses enfants. Dans la province d'Éfate, que je traversais, où il y a beaucoup de musulmans, on distingue les femmes chrétiennes à leur costume : elles ont les cheveux courts et bouclés, elles portent une longue tunique blanche, fermée au cou, descendant jusqu'aux pieds, serrée par un cordon autour de leur ceinture, et à laquelle sont attachées de longues manches. Les musulmanes ont la tunique d'un rouge sombre et laissent croître leurs cheveux qu'elles tressent et dont elles rejettent les nattes derrière leur tête. Les unes et les autres ont pour principale parure des pendants d'oreilles, on dirait de petites grappes de groseilles d'argent; ces grappes s'enchâssent l'une dans l'autre à travers la chair, la relèvent, et empruntent un lustre plus vif aux teints cuivrés sur lesquels elles se détachent. Le matin, par le silence de ces lieux, où l'air est aussi sonore que limpide, on entend les femmes abyssiniennes causer du sommet d'une colline à l'autre, et s'adresser d'une voix amicale des questions affectueuses. Si un Abyssin travaille au champ près duquel vous passez, il s'approche avec curiosité de la route au bruit des grelots de votre mule et vous salue avec cordialité. Un curieux spectacle, surtout lorsqu'on arrive pour la première fois dans le pays, c'est de voir paraître sur la crête d'une colline voisine un amharra à cheval, entourant sa monture des larges bouffants de sa culotte de coton qui s'arrête au genou, le sabre recourbé passé au travers de sa large ceinture blanche, et de ses bras cuivrés que le taube, rejeté en arrière, laisse nus, tenant le bouclier, la lance et les rênes jaunes, vertes et rouges de sa mule.

Quant à moi, je rencontrais sur ma route des voyageurs inaccoutumés : c'étaient les hommes qui portaient mes effets et qui m'avaient précédé. Ils étaient échelonnés par petites troupes qui se relayaient, s'avançant plus ou moins vite, suivant le poids ou le volume des objets qu'ils transportaient. Je les laissais bientôt derrière moi, lorsque je les avais atteints, et ils me poursuivaient de leurs cris : « Ayto-Rochet (seigneur

Rochet), ne va pas si vite ; donne-nous le temps d'entrer avec toi à Angolola. » Je passai à une lieue et demie d'Angobar sans m'y arrêter. Avant de quitter le versant oriental de la montagne de Métatite, j'admirai pendant quelques instants le magnifique panorama qui se déroulait à mes pieds. La vue courait jusqu'à plus de 40 lieues de distance et allait se perdre dans l'infini du désert. Je suivais le cours de l'Aouache et ses circuits au bas de cet immense pâté de montagnes ; c'était à peine s'il traçait sur la verdure sauvage de la vaste plaine de Moullou une ligne que l'on voyait par intervalles scintiller sous le soleil comme les écailles reluisantes d'un long serpent qui ramperait dans une forêt d'herbes. Sur le sommet de Métatite, l'air, raréfié, rend la respiration difficile; quoique l'on ne soit qu'à 9° de l'équateur, on s'aperçoit aussi, par la fraîcheur de la température, de la hauteur à laquelle on se trouve. Sur le versant occidental, le terrain ne s'incline plus que par des ondulations douces et des pentes peu sensibles. La végétation est aussi vigoureuse ; seulement on ne trouve plus le dourah ; la température n'est plus assez chaude pour cette céréale.

Il n'y a que 6 à 7 lieues du sommet de Métatite à Angolola, où j'allais chercher Sahlé-Sallassi. Je n'étais plus qu'à 2 ou 3 lieues du terme de mon voyage, lorsque je rencontrai deux jeunes Abyssins, Begnet et Thirfé, qui m'avaient servi comme domestiques pendant mon premier séjour au Choa : ils avaient appris mon arrivée et venaient au-devant de moi pour rentrer à mon service. J'étais à cheval; le petit Begnet vint embrasser mes pieds en me complimentant et en se félicitant lui-même, avec toutes sortes de démonstrations, de mon heureux retour. Je rencontrai aussi deux courriers que le roi m'envoyait encore pour me presser d'arriver : je n'étais pas moins impatient que lui. J'entrai enfin à Angolola; il y avait deux jours et demi que j'avais quitté Farré.

Les villes, dans le royaume de Choa, n'ont d'autre supériorité sur les villages que de former une agglomération plus considérable de chaumières, qui n'ont pas une architecture plus remarquable que celle dont j'ai essayé tout à l'heure de donner une idée. Or Angolola est une ville toute récente : c'est Sahlé-Sallassi qui l'a fondée, afin de se rapprocher des Gallas, auxquels il fait, chaque année, la guerre. Angolola ne compte donc pas jusqu'à présent un nombre considérable de chaumières, et les huttes n'ont pas eu encore le temps de s'entourer de ces ombrages touffus qui sont l'unique parure des édifices d'Abyssinie; elle est, d'ailleurs, bien située, au confluent des deux rivières, dont l'une, la rivière Tchia-Tchia, est un cours d'eau important. La ville couvre deux hauteurs : le roi s'est exclusivement réservé la plus élevée; il y a fait construire, pour lui et ceux de ses officiers qui ne le quittent pas, plus de cent cinquante chaumières entourées d'une enceinte. C'est là que je me rendis immédiatement en arrivant à Angolola.

Après avoir traversé les palissades par lesquelles Sahlé-Sallassi se croit protégé contre un coup de main, je me trouvai dans une première cour remplie d'Amharras; elle était fermée devant moi par un mur palissadé, semblable à celui de l'enceinte; une muraille assez épaisse, haute de 8 pieds environ et surmontée de pieux de même hauteur, entrelacés de branches flexibles, forme cette fortification. Je passai dans la première cour, au milieu des groupes curieux, je franchis la porte, et je me trouvai dans une seconde cour remplie d'officiers de rang supérieur et fermée par une muraille semblable. Ce ne fut qu'en entrant dans la troisième cour que j'aperçus Sahlé-Sallassi.

Au fond de cette cour s'élève une grande chaumière que le roi destine aux réceptions solennelles : elle a cette différence avec la plupart des chaumières d'Abyssinie, qu'elle est divisée en deux étages : une porte basse, à fleur de terre, indique le rez-de-chaussée, et ce rez-de-chaussée sert d'écurie. Une autre porte s'ouvre au-dessus; c'est celle du premier étage, de l'appartement de Sahlé-Sallassi : on y arrive par des degrés de bois, comme on monterait sur un perron. Sous cette porte, dans le corridor qui entoure la chaumière, était le roi. Sahlé-Sallassi est un homme de plus de cinquante ans, au teint cuivré, et dont la physionomie a conservé son caractère à la fois noble, spirituel et bienveillant, malgré l'infirmité qui a terni un de ses yeux; comme tous les Abyssins, il garde la tête nue, et ses cheveux sont frisés en mille boucles. Au moment où je parus devant lui, il était assis sur un pliant de cuir que l'on appelle en Abyssinie un sérir, couvert d'un matelas de velours cramoisi. Il avait sa petite croix d'or suspendue au cou par un cordon de soie bleue. Le taube, bordé de broderies de plusieurs couleurs, dans lequel il était drapé, laissait voir sur sa poitrine une veste de brocart d'or des Indes, et à ses poignets, deux épais bracelets d'or massif. Lorsque je fus près de lui, il me tendit la main d'un air riant. Moi, sans me conformer aux usages du pays, qui forcent ses sujets à lui parler à genoux, je l'embrassai rondement et affectueusement, et, sans plus de façon, je pris place à côté de lui sur le sérir. «Bonjour, Rochet, me dit-il; bonjour, mon ami! bonjour, mon fils! Tu as surmonté le danger par ton courage; j'ai été souvent bien inquiet sur ton compte. Les Danakiles t'ont-ils maltraité? J'avais écrit à tous les ras; s'ils t'avaient chagriné, je t'aurais bien vengé. » Et il continua en me faisant de longues questions sur mon voyage; puis, voyant que je succombais à la fatigue de ma marche forcée, il me congédia. Il m'avait fait préparer une chaumière que j'avais déjà habitée pendant mon premier séjour : j'y trouvai une table copieusement servie de viandes rôties, de légumes bouillis et d'hydromel. Je mangeai, tandis que l'intérieur de ma chaumière était éclairé par des hommes qui tenaient dans leurs mains des torches formées d'épais rouleaux de toile de coton trempée dans de la cire : les bougies étaient aussi primitives que les flambeaux. Puis je me couchai sur un sérir que l'on avait recouvert de moelleuses étoffes de coton, et je m'endormis avec l'indicible bien-être qu'éprouve tout voyageur la nuit de son arrivée.

Le lendemain, Sahlé-Sallassi, qui, la veille, avait sacrifié sa curiosité à sa bienveillance, crut pouvoir se dédommager sans scrupule. Il me fit appeler de bonne heure; il me reçut, cette fois, dans l'intérieur de sa chaumière, auprès d'un brasier dont la fraîcheur de la température faisait apprécier le voisinage. Lorsque je me fus assis, il me demanda si la lettre qu'il m'avait chargé de remettre de sa part au roi des Français avait été bien accueillie, si j'avais fait ses commissions, si je lui avais apporté de bons remèdes. Je lui répondis que le roi des Français avait reçu sa lettre avec beaucoup de plaisir, et que la meilleure preuve que je pusse lui en donner était dans les cadeaux que j'étais chargé de lui présenter. Il me questionna alors sur les objets que je lui apportais : sa curiosité redoublait à mesure qu'il les voyait arriver dans la cour; ils n'y furent pas réunis avant la fin du jour; et, comme il était trop tard pour les déballer, je demandai au roi la permission de me retirer, afin de mettre tous les ballots en ordre et de me préparer à lui en faire le lendemain l'exhibition complète.

Sahlé-Sallassi me dit qu'il me permettait de sortir; mais, avant de me laisser aller, il me prit une main et la porta sur une de ses épaules et sur une de ses cuisses, en me disant que, de temps à autre, il y ressentait de violentes douleurs. Le pauvre monarque me faisait assez entendre qu'il était périodiquement visité par des rhumatismes. « N'as-tu pas apporté de remède qui puisse guérir ce mal? me dit-il. » Ces paroles firent jaillir dans mon esprit une idée qui paraîtra peut-être plaisante, mais dont je m'applaudis singulièrement au moment où je l'entrevis. En quittant Paris, j'avais fait une promesse que j'avais fort à cœur de tenir : un de nos premiers naturalistes, un professeur du collége de France, M. Duvernoy, m'avait prié de lui rapporter, de mes pérégrinations excentriques, un fœtus d'hippopotame. Un souvenir ineffaçable, le souvenir des soins que M. Duvernoy a donnés à mon père dans sa dernière maladie, me faisait presque regarder comme un ordre sacré le désir du savant professeur. La pensée de me procurer un fœtus d'hippopotame était devenue pour moi une idée fixe dès que j'eus mis le pied dans le royaume de Choa. Cette fois, je crus avoir trouvé un moyen infaillible de m'assurer de ce précieux trésor scientifique. « Non, dis-je sur-le-champ à Sahlé-Sallassi, je n'ai pas de remède pour le mal dont tu te plains; il aurait fallu que je fusse bien ignorant pour m'en embarrasser, puisque ce remède tu l'as dans ton pays. — Dans mon pays? s'écria le roi; que me dis-tu là? je n'en ai jamais entendu parler. — Oui, dans ton pays, repris-je. — Mais dis-moi donc quel est ce remède. — C'est de la graisse d'hippopotame; il faut frictionner l'endroit où tu ressens la douleur avec de la graisse d'hippopotame. — Rien n'est plus facile; et me voilà guéri, dit Sahlé-Sallassi tout joyeux; je vais ordonner une chasse aux hippopotames sur la rivière Tchia-Tchia. — Malheureusement, repris-je, ce n'est pas aussi simple que cela : il faut d'abord que la graisse soit prise sur un hippopotame femelle; et, qui plus est, il faut que ce soit une femelle pleine.— C'est égal, répondit Sahlé-Sallassi, il y a beaucoup d'hippopotames dans les environs d'Angolola; quand tu m'auras montré les objets que tu m'apportes, et lorsque tu te seras reposé, tu iras toi-même à la chasse, et je te donnerai une troupe de mes gens pour te seconder. » — Je dis à Sahlé-Sallassi que j'étais à ses ordres, et je me retirai en me croyant aussi maître de mon fœtus que le roi pouvait se croire assuré de sa guérison.

Le lendemain fut un grand jour pour Sahlé-Sallassi, pour ses officiers et pour les habitants d'Angolola. Le roi m'attendait dès le matin avec une curiosité inquiète. La troisième cour, la cour d'honneur, fut choisie pour le théâtre de la fête : j'y avais fait transporter les cadeaux, et je les avais disposés de manière à les montrer dans l'ordre dans lequel je supposais qu'ils devaient exciter un intérêt progressif chez mes spectateurs. Je commençai par les armes grossières : 100 fusils de munition parurent d'abord, puis 50 carabines, 8 carabines à percussion, 50 paires de pistolets, 50 sabres de cavalerie, 50 sabres d'infanterie; des pièces de drap rouge, des tapis de laine, des étoffes de soie aux couleurs vives et variées. Je mis entre les mains du roi, qui estima particulièrement ce cadeau, parce qu'il est un excellent tireur, un fusil double, de prix, orné de dorures, qui lui était particulièrement offert par le roi Louis-Philippe. Je lui montrai ensuite des casques de cuirassier et des cuirasses brillantes ; il me les fit essayer tout de suite, car les Abyssins ne connaissent pas ces armes défensives, et il fut enchanté de l'aspect martial de cette parure guerrière. Je déballai les deux canons que j'avais apportés, et je les montai sur leurs affûts de bois peint en rouge. Le roi de Choa a déjà plusieurs canons : l'ambassade anglaise lui en a donné deux de même que moi ; il ne s'en sert pas encore comme instrument de guerre, mais, les jours de grande fête, la bruyante détonation de ces armes lui paraît ajouter aux cérémonies solennelles un caractère de grandeur dont il est singulièrement flatté. Il était fort curieux de savoir si mes canons feraient plus de bruit que ceux qu'il avait déjà, et il me dit d'en tirer quelques coups ; je le priai d'attendre encore quelque temps, et je lui annonçai que nous allions bientôt trouver l'occasion la plus opportune de faire entendre les détonations formidables.

Je ménageai alors à la curiosité de Sahlé-Sallassi une diversion qui éloigna sans peine les canons de sa pensée. Sur mes ordres, on amena devant lui quatre caisses. A l'air de mystère et d'importance que Sahlé-Sallassi me vit prendre, il comprit qu'il s'agissait de quelque chose d'extraordinaire. « Qu'y a-t-il donc là-dedans? » me demanda-t-il avec anxiété. Je ne réponds pas, et je continuai à dépouiller mes caisses de leur emballage : de l'une sortit le coffre d'un orgue de Barbarie ; les autres contenaient trois cylindres qui donnaient à l'orgue un répertoire de trente airs. J'installai un des cylindres dans l'orgue. Le roi jetait, sur le mécanisme, les regards les plus scrutateurs ; il se torturait inutilement l'esprit pour deviner où tout cela aboutirait. Qu'avait-il devant lui? était-ce une arme d'une nature inconnue? était-ce un instrument utile? un moulin à poudre ou un moulin à farine? Je crois qu'il s'était arrêté à l'une de ces deux suppositions, lorsque l'arrangement de mon orgue étant terminé, je réclamai toute l'attention du roi et des assistants; et, au milieu du plus profond silence, tout à coup, d'un tour de main, je donnai la voix à la caisse mystérieuse, qui se mit à chanter, avec sa plus mélodieuse souplesse, la *Sicilienne* du premier acte de *Robert-le-Diable*. Le plaisir et la surprise faisaient, sur la physionomie de Sahlé-Sallassi et des assistants, un dialogue muet de l'expression la plus vive et la plus singulière. Sahlé-Sallassi aurait bien voulu m'arrêter et me demander l'explication de l'étrange miracle qui se passait sous ses yeux ; mais le charme des sons qu'il entendait pour la première fois tenait sa curiosité en suspens, et il craignait d'interrompre la voix métallique et sonore. Je m'arrêtai de moi-même après la *Sicilienne*, afin de jouir de mon succès comme un artiste qui coupe son jeu pour donner le signal des applaudissements. Ce fut alors que les questions plurent sur moi : il me fallut ouvrir la caisse de l'orgue et expliquer de mon mieux au roi ébahi le mécanisme de cet instrument. Lorsque Sahlé-Sallassi crut avoir compris, il me pria de recommencer : je reconnus, aux premières notes, la *Marseillaise*, et je l'avertis qu'il allait entendre notre chant de guerre. La *Marseillaise* le mit tellement en goût de musique, qu'il voulut que tous les airs fussent exécutés. Comme j'étais fatigué moi-même de tourner la poignée de l'orgue, il me fit remplacer par plusieurs de ses officiers, qui se succédèrent à tour de rôle.

Sahlé-Sallassi était au comble de l'enchantement; il m'exprimait, par mille témoignages, la plus vive reconnaissance pour le roi des Français, qui lui avait envoyé ces magnifiques cadeaux. Je choisis le moment où son enthousiasme me parut le plus vif pour lui annoncer un présent qui devait le toucher davantage encore. « Je ne t'ai montré, lui dis-je, que des objets de notre pays ; mais notre roi, pour répondre à ton amitié, t'envoie une chose plus flatteuse et plus précieuse que tout ce que tu as vu; il t'envoie son portrait. En regardant cette peinture de mon souverain, tu croiras le voir vivant; c'est comme une partie de lui-même que tu auras auprès de toi. » Je lui montrai alors le portrait du roi. Ce fut pour Sahlé-Sallassi une surprise presque égale à celle qu'il venait d'éprouver. Les grossières peintures que l'on voit sur les murs des églises d'Abyssinie n'avaient jamais pu lui donner une idée de la puissance que l'art a conquise, de faire descendre la vie dans ses imitations de la nature. Le relief de la figure, qui lui semblait sortir du tableau, dérouta longtemps sa raison : il voulut prendre le portrait sur ses genoux, et, doutant du témoignage de ses yeux, qui tantôt lui montraient une surface plane et tantôt lui faisaient voir une figure humaine dans sa forme et ses dimensions naturelles, il cherchait à saisir, sur la toile, des saillies apparentes qui s'évanouissaient sous sa main, avec l'impatiente surprise d'un enfant qui voudrait atteindre son image dans l'eau; puis il retournait le tableau et cherchait derrière la toile le secret du phénomène. Ses investigations maladroites mettaient le portrait en danger; je l'en prévins; je lui dis qu'il détruirait cette belle peinture s'il la touchait ainsi. Il la fit circuler alors parmi ses officiers en leur recommandant bien de ne pas approcher de la toile leurs mains indiscrètes. Lorsque les officiers l'eurent examinée, il l'envoya à la reine Betsabèche avec la même recommandation. Le portrait revint au bout d'une demi-heure. Sahlé-Sallassi le plaça sur son sérir avec les plus grandes marques de respect. « Tu as raison, me dit-il, de tous les cadeaux que ton roi m'envoie, celui-là est le plus précieux : c'est celui qui parle le plus à mon cœur; j'y vois, pour ma personne, une marque flatteuse de considération et d'amitié. » — « Eh bien, lui dis-je, c'est maintenant, pour saluer l'image de mon souverain, qu'il faut tirer le canon. »

J'étais, je l'avoue, assez embarrassé pour m'acquitter moi-même de cette tâche : c'était la première fois de ma vie que j'allais faire l'artilleur. Je ne sais comment je serais sorti de là sans le secours d'un soi-disant canonnier de Choa; mais, à nous deux, nous en vînmes à bout. L'important était d'obtenir les plus fortes détonations possibles. Je fis mettre, dans les pièces, une charge énorme; je tirai deux coups sans accident; mais au troisième, la charge avait été si forte, que l'affût recula violemment, et qu'une des roues heurtant une pierre, le canon et l'affût se renversèrent. Sahlé-Sallassi me fit prier de ne pas tirer davantage; il craignait que les chaumières ne s'écroulassent. J'étais moi-même tout assourdi, et je n'étais pas fâché de cesser le feu. Je retournai auprès du roi, qui me dit : « Tes canons sont admirables;

ceux des Anglais à côté ne font pas plus de bruit que des fusils. »

Aux présents du roi des Français, je fis succéder des cadeaux plus modestes que je devais à mes compatriotes d'Héricourt; c'étaient une tabatière d'or à musique qui m'avait été remise par le maire d'Héricourt, M. Macler; des pièces de coton que de grands manufacturiers de la Franche-Comté, MM. Méquillet-Noblot, m'avaient données pour que le roi de Choa prît une idée de nos tissus; deux charmantes bourses brodées d'or pour la reine. J'avais gardé aussi en réserve trois caisses qui renfermaient les objets que Sahlé-Sallassi m'avait chargé de lui rapporter de France pour son compte et pour celui de la reine. Ces caisses contenaient huit fusils doubles, vingt-cinq pièces de soie de diverses couleurs, six parapluies, dont un était orné de franges d'or, trois ombrelles, une chaîne d'or et des boucles d'oreilles. « Ces objets, dis-je au roi, ne font pas partie des cadeaux que t'envoie mon souverain; ce sont ceux que la reine et toi vous m'avez chargé de vous acheter. » Sahlé-Sallassi se mit à rire, et me dit qu'il m'indemniserait de mes avances.

Je voulais terminer, dans cette journée, l'exhibition de tous les effets que j'avais apportés. Je priai donc Sahlé-Sallassi de me permettre d'aller présenter moi-même à la reine les objets qui lui étaient destinés. Il y consentit. Le chef des ennuques alla prévenir la reine de ma visite : un moment après il m'introduisait dans la chaumière occupée par la reine Betsabèche.

Rien dans cette chaumière n'annonçait l'appareil de la royauté. On y entrait dans une grande pièce dont le mur, crépi à la chaux, n'était relevé d'aucun ornement. Un tapis de Perse, acheté à Moka, était le seul objet de luxe qu'offrît l'ameublement de la royale demeure de Betsabèche. La reine, au moment où je parus sur le seuil, était assise sur un sérir; elle était entourée de ses filles et de ses deux fils, dont l'aîné, Betcho-Ouarep, est un jeune homme d'une vingtaine d'années, et dont le cadet, Sef-Michael, est au début de l'adolescence. La reine elle-même peut avoir quarante ans. C'est une femme d'une constitution robuste, d'un embonpoint remarquable; sa figure expressive annonce la vivacité de son intelligence ; elle passe dans le pays pour être très-instruite. Sahlé-Sallassi a une grande confiance dans son jugement, et ne prend aucune détermination importante sans la consulter. C'est elle qui a tout le soin de l'administration intérieure des maisons du roi. Elle m'accordait, du reste, une haute faveur en me recevant ; car un trèspetit nombre de personnes sont admises à pénétrer jusqu'à elle, et la plupart de ses sujets ne l'ont jamais vue que voilée lorsqu'elle sort ou lorsqu'elle voyage. Elle n'avait pas, ce jour-là, une toilette différente de celle des femmes d'Abyssinie, si ce n'est que les petites grappes entre lesquelles ses oreilles étaient pressées étaient d'or, et que des bandes rouges, enrichies de quelques passementeries de plusieurs couleurs, brodaient le pan de sa tunique blanche. Je l'abordai avec la rondeur dont je me suis conquis le privilége dans le Choa, et à laquelle j'attribue les affections que j'y ai gagnées. Je l'embrassai, et j'embrassai après elle ses filles et ses enfants. Elle me fit à peu près les mêmes compliments et les mêmes questions que le roi. Elle fut enchantée des objets que je lui apportais; parmi les soieries, elle préféra cependant les étoffes aux couleurs unies et vives à des étoffes plus riches et ornées de dessins. « Nous sommes bien heureux de te revoir, me dit-elle. D'abord, on m'avait dit que tu étais mort; plus tard, Krapf (missionnaire méthodiste) répandit dans le pays que ton roi avait été mécontent de toi et qu'il t'avait fait jeter dans les fers. Je suis contente de voir qu'il n'a pas dit vrai. » Elle me demanda ensuite si la lettre que Sahlé-Sallassi avait écrite au roi des Français avait été bien accueillie. « J'ai bien reconnu, me dit-elle en faisant allusion au portrait du roi, que ton souverain est un grand homme et un puissant roi. — C'est le plus puissant du monde, lui répondis-je ; il gouverne le plus ancien royaume de l'Europe. Il est le protecteur des chrétiens et de Jérusalem. » Pendant que j'étais avec elle, elle envoya demander l'orgue à Sahlé-Sallassi. Ses fils et ses filles émerveillés voulurent tous mettre la main à la magique manivelle, qui semblait tirer de la boîte des chants si beaux et si nouveaux pour eux. Je quittai la reine Betsabèche après être resté une heure avec elle.

Cette journée, qui avait été pour moi très-laborieuse, se termina par un festin immense. J'y assistai, quoique l'on eût préparé pour moi des mets à part, car ceux des Abyssins sont tellement saupoudrés de piment rouge, que je n'ai jamais pu m'y accoutumer. Les grands repas que donne le roi sont une des scènes les plus curieuses qu'il soit possible de voir dans le Choa. Le roi y assiste; mais sa dignité lui interdit d'y prendre part, il ne mange jamais en public. Assis sur une estrade, entouré de quelques officiers, il ne participe que des yeux à ces galas pantagruéliques; il cause d'un ton affable ou s'amuse des plaisanteries de son bouffon. Le repas est servi sur deux grandes tables en osier, hautes de 2 pieds et jointes ensemble, de manière à former une croix à trois branches. Six ou huit vases énormes, remplis de viandes, sont échelonnés sur la table, et de grandes piles de larges galettes, faites avec de la farine de blé ou de thèfle, sont entassées entre les vases. Les mets se composent ordinairement de petits morceaux de bœuf plongés dans une sauce épaisse préparée avec du piment réduit en farine ; des gigots de moutons dont les chairs taillées sont retenues à l'os comme les lanières d'un martinet. Ces viandes sont peu cuites ; on y joint même souvent de gros quartiers de bœuf cru, dont les chairs encore palpitantes sont dévorées avec délices par les convives. Les Abyssins ne prennent jamais, en mangeant, d'eau pure ou mélangée ; ils ne connaissent à table d'autre boisson que l'hydromel, liqueur excellente, qui pétille comme du champagne. A la table royale, on le verse, aux convives les plus distingués, dans de petits vases de verre qu'on nomme des *bérillés*, et aux invités de rang inférieur, dans des gobelets de corne qui ressemblent à ceux de nos escamoteurs. La terre battue qui sert de parquet aux chaumières éthiopiennes est recouverte, à l'heure du repas, d'herbe fraîche. Les convives s'accroupissent sur ce tapis végétal, les jambes croisées à la manière des Turcs. Les plats sont apportés par des femmes esclaves du roi, qui les remettent aux hommes chargés d'en faire la distribution. Chaque invité reçoit sa portion sur un gâteau de pain qui lui sert d'assiette ;

il la coupe avec un petit couteau, prend les morceaux avec les doigts et les trempe dans la sauce pimentée avant de les porter à la bouche. Ordinairement un orchestre indigène, composé de trompettes et de chalumeaux, et soutenu par des chanteurs et des chanteuses, exécute des mélodies monotones ou discordantes pendant la durée de la bruyante bombance. Cette fois, l'orchestre fut complétement effacé par mon orgue, que le roi fit tourner, pendant plusieurs jours de suite, par ses officiers, qui se relayaient dans cette importante fonction. Ces festins, dans leur physionomie animée et grossière, avec l'abondance qui y règne, avec leur mouvement, avec les clameurs qui s'y entre-croisent, avec les explosions d'hilarité qui répondent, en ébranlant la salle, aux facéties du bouffon, rappellent l'hospitalité féodale telle qu'elle s'exerçait au moyen âge, telle qu'on pouvait la voir pratiquée encore au siècle dernier, par les chefs de clans d'Écosse. A la table du seigneur féodal, on sait que les invités et les vassaux venaient se ranger selon leur condition. Un usage analogue se retrouve au Choa. Les festins royaux, qui durent de trois à quatre heures, comprennent trois séries qui ne s'assoient que l'une après l'autre, suivant une hiérarchie consacrée. La musique marque l'introduction de chaque série dans la salle. La première est composée des principaux officiers et des gouverneurs de province : ils entrent et, se formant sur une seule ligne, saluent ensemble le roi en s'inclinant légèrement. C'est aux invités de cette série que l'on verse l'hydromel dans des bérillés. Leur repas terminé, ils se lèvent et vont se ranger autour de la salle. Les plats sont de nouveau remplis; de nouvelles piles de pain sont placées sur la table, et la musique appelle la seconde série, qui comprend les officiers subalternes. Ceux-ci entrent, saluent le roi, et vont, comme les premiers, s'accroupir autour de la table. On leur sert l'hydromel dans des gobelets de corne. Lorsqu'ils ont fini, ils se lèvent, saluent de nouveau le roi et se retirent. Alors entre la troisième série. Les derniers invités sont de simples soldats, des ouvriers, des gens du peuple. Les mets et l'hydromel leur sont prodigués comme aux précédents, et ce ne sont pas ceux qui font le moins honneur au festin. Après le banquet, le roi demeure encore quelque temps au milieu des grands de sa cour; et le fou, qui en vrai bouffon féodal est le roi de la fête, lance ses dernières fusées. Lorsqu'il a montré beaucoup d'esprit, lorsque ses bouffonneries ont eu le bonheur de plaire au roi, le prince le récompense par un cadeau aux acclamations de l'assemblée.

L'ambassade anglaise avait accompagné Sahlé-Sallassi à Angolola. Le lendemain du jour où j'avais présenté les cadeaux au roi, j'allai rendre visite au capitaine Harris et à ses compagnons. Ces messieurs avaient dressé leur tente sur une butte, au sud d'Angolola, qui dominait les vertes prairies qu'on voit s'étendre jusqu'au lit du Tchia-Tchia. Le capitaine Harris et le capitaine Graham me reçurent avec cordialité ; et, pour mon compte, j'éprouvai une joie sincère à les voir et à m'entretenir avec eux : au cœur de l'Afrique, isolés au milieu d'une nation à demi barbare, il suffit d'être Européens pour se croire compatriotes. Une chose empoisonna le plaisir de cette entrevue : M. Harris, qui avait reçu des journaux d'Europe, m'apprit la mort cruelle du duc d'Orléans. Les Anglais partagèrent le saisissement douloureux qui me serra le cœur à la nouvelle de cet affreux malheur. Je ne les quittai pas sans leur donner un avertissement qui devait leur être utile : je les prévins que Mahamet-Abogaze, le gouverneur d'Éfate, avait arrêté au passage leurs dernières dépêches.

En rentrant dans ma chaumière, j'y trouvai un des pages du roi, nommé Berrou, jeune homme fort intelligent et espiègle, que Sahlé-Sallassi m'avait donné, lors de mon premier séjour, comme une sorte d'aide de camp par l'intermédiaire duquel je correspondais avec lui. Berrou me parut enchanté d'avoir à remplir encore la même fonction. « Je suis ton ami, me dit-il, et d'ailleurs je ne suis pas fâché de demeurer avec toi pour manger de la viande crue à mon aise et aller me divertir à la chasse. »

Le jour suivant, le capitaine Harris et le capitaine Graham me rendirent ma visite. Le capitaine Harris avait cru devoir revêtir, comme pour une solennité, son grand costume d'ambassadeur. Sur son uniforme de capitaine du génie de l'armée de la compagnie des Indes, il portait un manteau de velours cramoisi, garni de riches broderies d'or et doublé d'hermine. La croix de l'ordre des Templiers pendait à son cou ; son chapeau était ombragé d'un panache blanc et rouge ; il montait un cheval arabe caparaçonné d'or. La conversation vint bientôt sur les voyages que nous avions entrepris dans une pensée analogue ; nous nous racontâmes les difficultés que nous avions éprouvées dans la traversée du pays des Adels. Nous parlâmes ensuite du Choa, de son climat, de ses richesses naturelles, de la manière dont il est gouverné. Je remarquai, dans la conversation de M. Harris, qu'il n'était pas très-satisfait des procédés de Sahlé-Sallassi. « Le roi, me dit-il, est un homme très-fin ; nous nous en sommes aperçus un peu tard. »

Les détails que je recueillis plus tard chez les habitants mêmes du Choa sur l'expédition anglaise étaient, en effet, de nature à justifier le mécontentement peu dissimulé du capitaine Harris. La mission à la tête de laquelle M. Harris était placé avait été organisée et envoyée au Choa dans un but commercial et politique par la compagnie des Indes et le gouvernement britannique. La direction de l'expédition avait été donnée à M. Harris, qui s'était déjà fait connaître par de curieuses excursions dans le midi de l'Afrique, dont il a publié le récit sous le titre de *Wild sports in southern Africa*. Outre M. Harris, l'état-major de la mission comptait le capitaine Douglas Graham, les lieutenants Sydney Horton et Barker, les chirurgiens Kirk et Impey, un naturaliste, M. Roth, un peintre, M. Bernatz, un arpenteur, M. Robert Scott, et M. Hatchatoor, agent anglais à Toujourra. Quinze soldats et deux sergents du 6ᵉ régiment d'infanterie anglaise et du corps des artilleurs de Bombay s'étaient engagés comme volontaires pour escorter l'expédition, qui comptait encore sept hommes de service parmi lesquels un charpentier et un forgeron. La mission, munie d'une forte somme d'argent et d'un grand nombre de cadeaux, partit de Bombay au mois d'avril 1841, au moment où je publiais, à Paris, la relation de mon premier séjour au Choa; elle rencontra de nombreuses difficultés dans le pays des Adels : on peut s'en faire une idée par le triste épisode que j'ai raconté. Ses peines ne furent pas même terminées par son arrivée au Choa. Ceux qui conçurent le projet de cette expédition n'avaient apparemment aucune connaissance de la jalousie défiante avec laquelle les Abyssins regardent les étrangers qui affichent en venant chez eux un caractère politique ; c'est un inquiet préjugé qui leur est resté des invasions musulmanes qui fondirent sur eux au seizième siècle et des troubles civils que suscita parmi eux à cette époque la présence des Portugais et des missionnaires catholiques.

Les Anglais, en venant dans le royaume de Choa en si grand nombre, avec un appareil imposant, au lieu de gagner de l'influence, n'ont fait, au contraire, que réveiller contre eux de vieux soupçons. Instinctivement la population tout entière leur fut hostile : à leur arrivée dans la province d'Efate, le gouverneur Mahamet-Abogaze commença par leur refuser le passage. L'expédition fut obligée d'attendre pendant plus de deux semaines, dans le misérable village de Farré, que Sahlé-Sallassi fît connaitre sa décision ; elle eut à souffrir cruellement, dans cette halte forcée, de la difficulté de se procurer des vivres. Pendant ce temps, les courriers se croisaient sans cesse entre Farré et Angolola, où était Sahlé-Sallassi, pour informer le roi des moindres détails de la conduite de l'expédition et lui donner des renseignements sur les objets qu'elle avait apportés. Enfin, après plus de quinze jours d'hésitation, la curiosité ou peut-être la bienveillance naturelle de Sahlé-Sallassi l'emporta sur les répugnances de ses officiers et surtout des prêtres. Le roi envoya à l'ambassadeur plusieurs de ses hauts fonctionnaires; il lui faisait dire qu'il le recevrait volontiers. Les Anglais se rendirent alors à Mal-Ouanze, où le roi était allé les attendre. Sahlé-Sallassi les reçut, couché sur un sérir recouvert de draperies de soie; les membres de l'état-major s'assirent devant lui sur des chaises qu'ils avaient apportées avec eux. Le capitaine Harris s'annonça comme ambassadeur de la reine d'Angleterre, et présenta ses compagnons de voyage; puis il offrit au roi les cadeaux dont le gouvernement anglais lui faisait hommage; c'étaient deux petits canons de bronze, trois cents fusils de munition, cinquante pistolets avec une grande quantité de cartouches, une fort jolie tente doublée à l'intérieur de serge rouge, de riches pièces d'étoffes de soie, de laine et de coton des Indes, deux tabatières d'écaille à musique, des miroirs, des couteaux de fantaisie et deux moulins à bras propres à moudre toute sorte de graines. Le capitaine Harris charma le roi en faisant faire à ses soldats l'exercice du canon et de la mousqueterie. M. Evain, voyageur français qui se trouvait alors au Choa, où il était venu de l'Abyssinie septentrionale, assista à cette cérémonie. M. Krapf y était aussi ; il servit d'interprète à l'ambassade. Cinq jours se passèrent ainsi, après quoi Sahlé-Sallassi envoya la petite troupe anglaise à Angobar, et retourna lui-même à Angolola. Mais, soit par oubli, soit à dessein, il manqua en cette circonstance à ses habitudes de généreuse hospitalité; il négligea d'ordonner que l'on délivrât des vivres aux Anglais. Or aucun habitant du Choa ne peut rien acheter ou rien vendre à des étrangers sans la permission du roi ; de sorte que, pendant deux mois, les Anglais eurent la plus grande peine, malgré leur argent, à se procurer les aliments les plus nécessaires.

Cependant Sahlé-Sallassi n'avait pas oublié le miraculeux remède que je lui avais indiqué contre les douleurs rhumatismales, ni la promesse que je lui avais faite d'aller diriger moi-même la chasse aux hippopotames. Il me crut bientôt assez reposé pour pouvoir tenir ma parole : je fis mes préparatifs de départ; je distillai de l'hydromel afin de me procurer l'alcool qui pouvait m'être nécessaire dans le cas où je serais assez heureux pour atteindre le fœtus après lequel je courais. De son côté, le roi fit venir à Angolola le gouverneur de la province où j'allais chercher des hippopotames; il lui donna l'ordre de m'accompagner sur le lieu de la chasse, et de tenir à ma disposition tous les hommes et toutes les choses dont je pourrais avoir besoin.

Je partis d'Angolola suivi d'une nombreuse escorte. Nous nous éloignâmes dans la direction du nord-ouest ; c'était à 18 lieues environ d'Angolola que nous devions trouver l'endroit où les hippopotames abondent ; c'est dans la rivière Tchia - Tchia que nous allions les chercher, et nous ne nous écartâmes jamais des bords de cette rivière. Je traversai ainsi une partie du royaume de Choa qui m'était entièrement inconnue ; c'est peut-être la plus pittoresque : partout je retrouvais ce même luxe de végétation, cette vigueur et cette variété de verdure qui m'avaient frappé jusque-là ; je retrouvais aussi sur ces belles plaines la même profusion de chaumières et de villages qui annoncent que l'une des plus grandes richesses de cette féconde nature est une population nombreuse et prospère. Mais ce qui donnait à chaque instant à la route que je suivais un intérêt nouveau, c'était le cours de la Tchia-Tchia.

Cette rivière, contrairement aux renseignements que l'on m'avait donnés dans mon premier voyage, après avoir coulé quelque temps vers le nord-ouest, comme pour rejoindre l'Aouache, revient directement à l'ouest en décrivant un grand arc de cercle dans la province de Choa-Méda, et va se jeter dans l'*Abay;* c'est le nom que donnent au Nil les habitants du Choa. Depuis le village de Tchia-Tchia, aux environs d'Angolola, jusqu'à la montagne Moguère, située à une longue distance, cette rivière a le cours le plus accidenté et le plus étrange. Elle coule dans le creux d'un ravin d'une profondeur extraordinaire, qui coupe le plateau du Choa comme une hachure. On dirait que, pendant le travail plutonien qui a donné à ce pays sa configuration et son exhaussement, le plateau s'est un jour fendu par le milieu et a ouvert un long abîme au fond duquel se précipitent maintenant, avec toutes sortes d'aventures, les eaux fougueuses de la Tchia-Tchia. A 1 lieue d'Angolola, avant de se jeter dans cette fente gigantesque, le lit de la Tchia-Tchia est élevé de 2,700 mètres au-dessus du niveau de la mer; 12 lieues plus loin, vers le nord-ouest, à Got, le lit de la rivière n'est plus qu'à 1,406 mètres. On devine les sauts, les cascades par lesquelles elle descend sur une pente si rapide. A la grande saison des pluies, lorsqu'elle couvre le fond tout entier du ravin, c'est-à-dire un espace d'une demi-lieue, il ne doit pas y avoir au monde de spectacle plus grandiose, plus terrible que les emportements de ce torrent énorme dans la gorge de Titan, où il s'engouffre. On pourra se faire une idée de l'aspect de ce phénomène par les mesures de hauteur barométrique que j'ai prises au fond du ravin et sur le bord des versants qui forment, à leur extrémité supérieure, une ouverture de 2 à 3 lieues. A Got, comme je l'ai dit, la rivière est élevée de 1,406 mètres au-dessus du niveau de la mer; à Pétas, village situé au bord du ravin, au-dessus de Got, la hauteur barométrique est de 2,670 mètres : la différence qui donne la profondeur de la gorge est donc de 1,254 mètres, c'est-à-dire de près de 4,000 pieds (1).

A l'époque où je parcourais ces lieux, la pensée seule pouvait évoquer l'aspect effrayant qu'ils doivent prendre au temps des pluies. Maintenant la beauté de la saison faisait resplendir ce site étrange : partout où la terre végétale a pu se cramponner aux rochers, jaillissaient des touffes de verdure, au sein

---

(1) Voici mes observations :

A Tchia-Tchia, par une température de 20°, le baromètre descendait à 556^m,005; ce qui donne environ 270 m. de hauteur au-dessus de l'océan Indien.

A Got, par 27° de température, le baromètre est remonté à 649 m.; ce qui donne 1,406 m. de hauteur.

A Pétas, par une température de 20° 7′, il redescendait à 561 m.; ce qui donne 2,670 m. au-dessus de l'océan Indien.

desquelles on voyait disparaître les singes railleurs et poltrons qui venaient nous narguer sur le bord des rochers et s'enfuyaient à notre approche. Le ravin offre un moyen unique d'étudier l'assiette et la composition géologique du plateau du Choa : j'en profitai. Les deux coteaux dont l'écartement a ouvert cette fente ont pour base l'élément primitif sur lequel repose le tuf volcanique, qui forme, en beaucoup d'endroits, la couche supérieure du plateau. Dans un lieu nommé Morot, où je m'arrêtai parce que c'était là que nous devions entrer en chasse, le pied des coteaux est formé d'un grès ferrugineux, rougeâtre, friable, à gros grains ; cette roche est fort élevée, et se continue assez longtemps, de l'est à l'ouest, sur un plan horizontal ; sur elle repose un grès blanchâtre, compacte, à cassure luisante ; puis vient une roche de jaspe grisâtre, à l'état schisteux, décomposée en partie par l'action du feu : elle est recouverte d'une roche de serpentine, également à l'état schisteux ; le trapp et le basalte alternent ensuite et forment les couches supérieures. En remontant la rivière vers l'est, on voit tour à tour, à la base des coteaux, le gneiss, le granit et les siénites porphyriques. Ces roches ont conservé leur plan primitif, et leur couleur n'a pas subi d'altération ; des roches schisteuses les recouvrent ordinairement, et le trapp et ses composés forment les dernières couches ; on rencontre parfois des filons de cuivre carbonaté qui paraissent assez riches pour fournir à une exploitation fructueuse. Une chose remarquable, c'est que l'action du feu ne s'observe qu'à partir du milieu des coteaux jusqu'au sommet du plateau : quoique ayant conservé leur assise naturelle, les couches ne laissent pas que d'avoir subi de très-grandes altérations volcaniques. Telle est, au reste, à peu de chose près, la composition du sol depuis Farré jusqu'à Angolola.

Morot, où je m'arrêtai, est à environ 18 lieues de cette ville : c'est là que notre chasse allait commencer. Le cours de la Tchia-Tchia se ralentit en cet endroit, et les hippopotames y abondent. Je me reposai un jour avant de descendre sur le bord de la rivière. Le page Berrou, qui m'avait accompagné, prit toutes les mesures nécessaires pour que les vivres ne vinssent pas à nous manquer au fond du vallon, tandis que j'allais étudier la construction géologique des montagnes et admirer les beautés de végétation ou de structure qui y frappent les yeux à chaque pas : la pente qui conduit à la rivière est si rapide, que la vue plonge jusqu'au fond du vallon en glissant sur les roches empanachées d'arbustes et de fleurs magnifiques.

Ce ne fut pas chose facile de descendre ces pentes escarpées. Notre troupe comptait deux cents hommes, la plupart montés sur des mules : il faut avoir une grande confiance dans l'adresse de ces animaux pour ne pas craindre, à chaque pas, d'être jeté dans les effroyables précipices qui bordent les étroits sentiers. Malgré les difficultés du chemin, le départ fut plein de gaieté. Les Amharras, lorsqu'ils sont réunis, improvisent des chansons avec beaucoup de facilité et d'entrain. Notre troupe se mit en marche en entonnant un chant de chasse dont le refrain, peu poétique du reste, était : « Ayto-Rochet nous mène à la chasse aux hippopotames, avec son aide nous prendrons un grand nombre de monstres. » Les chansons, les cris, l'allégresse de toute la bande semblaient se redoubler dans les échos multipliés de la vallée. Nous suivions un sentier rapide, tortueux, rocailleux, si étroit que deux hommes n'y pouvaient marcher de front. De l'arrière-garde, où j'étais resté, je voyais serpenter devant moi la longue ligne de nos compagnons, dont les taubes blancs flottaient au vent, dont les longues lances reluisaient au soleil. La première chose que firent mes hommes en arrivant sur le bord de la rivière fut de rouler des joncs secs autour du bois de leurs lances pour les retenir sur l'eau après les avoir jetées aux hippopotames. Nous côtoyâmes quelque temps la rivière avec la même gaieté bruyante, nous attendant à chaque instant à voir paraître à la surface du fleuve le museau d'un hippopotame et la gerbe d'eau qu'il lance en respirant. Nous en aperçûmes bientôt deux dans un bas-fond où ils nageaient lentement entre deux eaux : de temps en temps, ils élevaient la tête, poussaient des cris rauques, lançaient l'eau de leurs narines, et replongeaient aussitôt ; nous pûmes les approcher jusqu'à vingt pas de distance. Les chasseurs s'étaient rangés en ligne de chaque côté de la rivière. Nous suivîmes les deux animaux, qui s'abandonnaient au courant, et dont les mouvements faisaient moutonner l'eau à la surface. Chaque homme épiait le moment favorable pour leur jeter sa lance ; et à peine montraient-ils leur mufle et leur dos qu'une pluie de lances fondait sur eux. Les hippopotames légèrement piqués plongeaient avec colère. Souvent les lances avaient pénétré dans le cuir épais qui protége cet amphibie. Les chasseurs s'applaudissaient et s'encourageaient alors par des cris de joie. Mais, un moment après, l'animal qu'on espérait avoir blessé montrait encore sa tête monstrueuse et poussait ses beuglements ordinaires comme s'il n'eût pas été touché. De nouvelles lances fondaient sur lui : il replongeait avec plus de furie, et les mêmes acclamations le poursuivaient de notre côté. Le gouverneur de la province, Ayto-Bissaour, le page Berrou et mon interprète avaient des fusils : moi, j'étais armé de ma carabine. Ayto-Bissaour et Berrou avaient tiré deux balles sans succès. Je suivais celui des deux hippopotames qui me paraissait être le plus gros. Il sortit une fois entièrement sa tête ; je l'ajustai, et je l'atteignis derrière l'oreille, j'avais frappé au point faible. Il plongea en se débattant, puis il revint à la surface, la tête rouge de rage, et fit des bonds énormes dans lesquels son corps immense parut tout entier hors de l'eau. Un jet de sang coulait de sa blessure ; il poussait des beuglements lamentables, auxquels répondaient les hurlements victorieux des chasseurs. Les habitants des bords du plateau, attirés par nos clameurs que les échos portaient jusqu'à eux, accouraient pour s'informer de la cause de tout ce bruit. L'hippopotame blessé essaya plusieurs fois de quitter le lit de la rivière. Ayto-Bissaour, Berrou et mes domestiques déchargeaient alors leurs fusils, et toutes les lances tournées contre lui le forçaient à regagner le large. Je lui tirai un second coup, et la balle alla le frapper près de l'endroit où je l'avais déjà blessé. Depuis ce moment on eût dit qu'il se résignait à son sort, ou que nous ne lui avions fait que d'impuissantes blessures. Il se mit à nager tranquillement, levant encore de temps en temps sa tête pour lancer l'eau de ses narines. J'éprouvais, je l'avoue, un grand désappointement; parmi mes compagnons de chasse les uns riaient aux éclats de ma déception, les autres cherchaient en jurant l'invulnérable animal, qui ne paraissait plus qu'à des intervalles éloignés, et ne montrait le bout de son museau à la surface de l'eau que pour le retirer sur-le-champ avec une rapidité surprenante. Il y avait trois heures que nous le poursuivions; je parvins enfin à lui envoyer une troisième balle dans la tête; ce fut le coup décisif. L'animal agita sa lourde masse dans d'horribles convulsions. Il se débattit encore pendant une demi-heure, puis il alla au fond de l'eau, et il ne parut plus à la surface qu'une heure après. Il était mort, mais chacun de nos chasseurs voulut avoir le plaisir de le percer de sa lance, comme pour l'achever.

Ce fut un long et pénible travail de tirer de l'eau ce corps gigantesque, qui pesait au moins 30 quintaux. Il fallut les efforts de toute la troupe pour y réussir. Le cadavre de l'hippopotame était affreux : rien n'est difforme comme ce corps épais, rond et lourd, long de 10 pieds, avec des jambes si courtes qu'il semble devoir les écraser; et sa tête, colossale et stupide, percée de petits yeux ronds, fendue par une bouche d'où sortent, à travers un monceau de chair, des défenses longues de 8 à 10 pouces. La gueule de celui que je venais de tuer répandait une eau verdâtre, fétide, avec une forte odeur de soufre. Je vis au lait qui coulait de ses mamelles que c'était une femelle, mais qui nourrissait un petit; quelques-uns des chasseurs prétendaient, au contraire, qu'elle était sur le point de mettre bas. Je la fis ouvrir; malheureusement j'avais deviné juste, et le principal but de ma chasse était manqué. La chair de cet hippopotame était d'un rouge foncé, et coupée de bandes de graisse d'une blancheur éblouissante. Pour me consoler je me fis préparer sur-le-champ, par un de mes domestiques, des beefsteaks d'hippopotame, pendant que les chasseurs le dépouillaient de sa carapace, qu'ils se partagèrent pour faire des korbaches (des espèces de cravaches). La couleur du cuir est d'un gris de fer; il était sur le dos épais de 3 pouces : aussi un petit nombre de lames avaient pu y pénétrer; on y retrouva six balles qui n'étaient pas arrivées jusqu'à la chair.

Les beefsteaks d'hippopotame me furent servis sur le sable, à l'ombre des acacias en fleur. Nous avions pour notre repas des moutons rôtis, des paniers de pain, de l'hydromel et de gros cédrats d'un parfum exquis. Mes compagnons n'étaient pas moins affamés que moi : la bonne tournure de mes beefsteaks mit leur gourmandise à une rude épreuve. Je leur en offris, mais aucun d'eux ne voulut y toucher; on me dit qu'il était défendu par les prêtres de manger cette chair et celle de plusieurs autres animaux impurs, tels que l'antilope, la gazelle, le sanglier, le lièvre, l'oie, le canard. Au surplus, mes Abyssins n'eurent pas à se repentir d'avoir résisté à la tentation. Les beefsteaks, quoique tendres, avaient une saveur musquée peu agréable au goût.

Il était quatre heures lorsque notre dîner se termina. Ayto-Bissaour m'invita à remonter, pour passer la nuit, jusqu'à mi-chemin du plateau; il me dit qu'il serait dangereux de coucher au bord de la rivière, et que l'on était exposé à y prendre les fièvres. Je lui répondis qu'entre deux dangers j'aimais mieux choisir le moindre, que je préférais la triste chance de prendre les fièvres à la chance encore plus triste de me casser le cou en escaladant les rocs abrupts qui pendaient sur nos têtes. Je l'engageai à aller se coucher où il voudrait avec ses gens, et je lui annonçai qu'il me retrouverait le lendemain à l'endroit où j'étais, prêt à recommencer notre chasse. Ayto-Bissaour pesait les deux périls dans des balances différentes; il partit en me laissant une garde assez nombreuse.

Au moment où les étoiles commencèrent à scintiller dans le ruban d'azur que l'échancrure du ravin découpait sur le ciel, mes compagnons m'entourèrent comme tourmentés par une crainte mystérieuse. Ils me prièrent de leur distribuer de la poudre pour noircir leur visage. Je leur demandai la raison de l'étrange idée qui leur traversait l'esprit.—C'est, me dirent-ils, un excellent moyen pour effrayer le diable et l'empêcher de nous communiquer le mal pendant notre sommeil. Ils me prièrent aussi de tirer quelques coups de fusil afin de chasser le malin.—Mais, leur répondis-je, il est bien possible que le diable ne soit pas parmi nous ; si nous tirons des coups de fusil, il est à craindre que la détonation ne lui indique l'endroit où nous sommes, et qu'il ne vienne fondre sur nous en colère. Ma raison fut goûtée par quelques fortes têtes de la bande, qui essayaient d'en faire comprendre aux autres toute la justesse, lorsque malheureusement je partis d'un éclat de rire qui fit tomber mon argument en pièces. Les supplications recommencèrent et furent unanimes. Je contentai mes gens, et je leur procurai un sommeil paisible en tirant deux coups de carabine. En effet, le diable ne nous donna pas de ses nouvelles de la nuit ; en revanche, nous entendimes des rugissements de léopard. Ceux de mes gardes qu'éveillèrent les cris de la bête féroce me dirent que ces animaux abondaient dans la vallée où nous étions.

Le lendemain matin je me mis encore à la recherche des hippopotames; nous en avions blessé deux mortellement avant qu'Ayto-Bissaour ne nous eût rejoints; c'étaient encore deux femelles. Je fis enlever la peau de la plus grosse avec toutes les precautions nécessaires pour qu'elle pût servir d'exemplaire à un cabinet d'histoire naturelle, et je l'envoyai au roi, pensant bien qu'il m'en ferait cadeau quand je serais de retour auprès de lui. Mais, lorsqu'on ouvrit les deux bêtes, j'éprouvai le même désappointement que la veille; aucune n'était pleine. Je me sentais trop fatigué pour continuer plus longtemps cette chasse laborieuse. Un petit accident ajouté à l'insuccès de mes efforts acheva de m'en dégoûter. Je perdis un souvenir de famille, un portecrayon avec lequel j'avais pris des notes la veille encore. Pour qui ne s'est pas trouvé dans la situation où j'étais, il est difficile de comprendre le prix qu'acquièrent les moindres objets qui nous rappellent nos plus chères affections. Je fis chercher mon portecrayon, mais ce fut peine perdue; j'offris un talaro de récompense à celui qui me le rapporterait, et je ne fus pas plus heureux.

Quoique le but de mon expédition fût manqué,

Sahlé-Sallassi me fit des compliments sur mes exploits de chasseur. Comme je lui témoignais mes regrets : « Une autre fois, me dit-il, tu seras plus heureux et tu me procureras le remède dont j'ai un si grand besoin. » La reine Betsabèche me fit appeler dès qu'elle connut mon retour. Elle me demanda si son pays m'avait plu ; elle m'apprit, en effet, que les provinces de Marabité, de Choa-Méda et de Morot, que je venais de parcourir, avaient appartenu autrefois à son père, et que c'était depuis son mariage avec Sahlé-Sallassi qu'elles étaient réunies au royaume de Choa. Je vantai beaucoup à la reine les magnifiques paysages que j'y avais admirés. Je lui racontai les épisodes de notre chssse. Elle me témoigna à son tour combien elle était contente des objets que je lui avais apportés de France; elle avait à son cou la chaîne d'or, elle me la montra en me disant qu'elle en trouvait le travail merveilleux. Elle finit par amener la conversation sur la politique : je vis qu'elle partageait les défiances populaires à l'égard de l'ambassade anglaise. Elle me demanda ce que je pensais du long séjour de l'ambassade au Choa. « Rochet, me dit-elle, les gens de Toujourra nous répètent sans cesse que les Anglais sont venus pour explorer notre pays et s'en emparer plus tard. Ils ont apporté à Sahlé-Sallassi de riches présents; mais, si le roi m'eût écouté, il n'aurait rien accepté. — Il n'y a donc pas de pauvres en Angleterre? reprit-elle. — Je lui répondis qu'il y en avait peut-être plus que dans aucun autre pays. — Eh bien, ils auraient mieux fait de vendre ces cadeaux et d'en donner l'argent à leurs pauvres, que de les apporter à Sahlé-Sallassi, à qui ils sont inutiles. Mais c'est Krapf qui est l'auteur de tout cela, c'est lui qui a appelé les Anglais ; aussi, de mon vivant, il ne rentrera plus au Choa. » La reine Betsabèche a été si obstinée dans ses préjugés contre l'ambassade anglaise, que, malgré toutes les instances de M. Harris, elle n'a jamais voulu le recevoir.

Sahlé-Sallassi avait fait cadeau au capitaine Harris de la peau d'hippopotame que je lui avais envoyée et dont j'avais soigné la préparation en croyant travailler pour moi-même. Je n'en eus pas la moindre rancune contre le capitaine; j'allai le voir, et je le fis beaucoup rire en lui racontant l'innocent stratagème au moyen duquel j'avais amené Sahlé-Sallassi à m'aider de tout son pouvoir dans ma recherche du fœtus introuvable. Le capitaine Harris avait tué lui aussi plusieurs hippopotames pendant ses voyages au sud de l'Afrique ; il me dit qu'effectivement les naturels de cette partie de l'Afrique employaient la graisse de ces animaux comme remède.

Je conservai d'ailleurs avec les membres de l'expédition anglaise les plus excellentes relations jusqu'à leur départ, qui ne fut pas longtemps retardé après le retour de Sahlé-Sallassi à Angobar, où nous le suivimes. M. Harris célébra par un grand dîner l'anniversaire de la naissance de la reine Victoria; il m'y invita. Nous portâmes des toasts en l'honneur de la reine Victoria et du roi Louis-Philippe, à la prospérité de la France et de l'Angleterre, à la santé et au succès des voyageurs qui parcourent l'Afrique, et nous passâmes la plus grande partie de la nuit à évoquer les souvenirs de l'Europe que nous brûlions tous de revoir.

L'expédition anglaise éprouvait une grande difficulté pour sortir de Choa; elle était à court d'argent. M. Harris eut la pensée de s'adresser à Sahlé-Sallassi : il lui demanda 2,000 talari (10,000 fr.), comme prêt; le roi les refusa. J'offris alors à M. Harris de lui avancer les deux tiers de cette somme. Je fis demander à Sahlé-Sallassi 1,400 talari, prix des objets que j'avais achetés pour lui en France; je les envoyai à M. Harris, qui m'en fit un reçu payable à Aden ou à Alexandrie. Au moment où les Anglais pressaient leurs préparatifs, les fièvres me prirent; une pluie prématurée et incessante tombait depuis un mois. Il y avait longtemps que l'on n'avait vu une saison aussi mauvaise ; les Abyssins, mêlant leurs antipathies à leur superstition, l'imputaient au séjour des Anglais. Le roi craignait un éboulement de terrain et avait quitté la chaumière élevée qu'il habite sur une butte qui domine Angobar. La mienne était placée au bas de cette colline, dans l'enceinte des maisons royales ; ce fut l'humidité dont elle s'était imprégnée qui me donna les fièvres. Je fis dire à Sahlé-Sallassi que je n'avais pas plus que lui envie de disparaitre dans un éboulement, et je le priai de me procurer un logement meilleur ; il me donna une autre chaumière où je me fis transporter sur mon sérir, car je n'avais pas la force de marcher. Je reçus là les adieux du capitaine Harris ; il prenait les devants sur ses compagnons pour aller louer à Farré les chameaux qui devaient transporter leurs bagages dans le désert. Je n'étais pas remis encore lorsque, quelques jours après, le capitaine Graham, M. Roth et le docteur Impey entrèrent dans ma chaumière en habit de voyage et me donnèrent une dernière poignée de main. L'ambassade anglaise a pu exciter la défiance des Amharras par l'appareil dont elle a cru devoir s'entourer; mais ses chefs, par leur conduite, par l'ordre qu'ils ont maintenu parmi leurs soldats, ont donné à Sahlé-Sallassi l'idée d'une grande nation civilisée. Je ressentis une émotion bien douloureuse en les voyant s'éloigner. Je retombais dans un isolement absolu ; j'étais le seul Européen qui restât au Choa.

Mais cet isolement ne dura pas aussi longtemps que je l'aurais craint. Quelques jours après je reçus, en effet, les lettres suivantes :

« Jassin (pays de Guemza), le 1er février 1843.

« MON CHER MONSIEUR ROCHET,

« Je pense que vous n'avez pas oublié un voyageur français que vous rencontrâtes, il y a trois ans, à Alexandrie, et qui traduisit la lettre que Sahlé-Sallassi écrivait par votre entremise au roi Louis-Philippe; vous me dites alors que peut-être vous viendriez me trouver au Tigré pour me mener au Choa : je ne prétends pas vous faire venir si loin, mais je vous prie, en vous regardant comme une vieille connaissance, et surtout à cause de votre qualité de compatriote, de vouloir bien faire savoir au roi de Choa que, venant pour le voir avant de retourner dans notre patrie, suivant l'invitation qu'il nous avait autrefois adressée par écrit,—nous avons été arrêtés à la frontière du pays de Guemza (choumat de Badelou). Priez-le de faire donner sur-le-champ des ordres pour qu'on nous laisse passer, et que nous n'ayons pas le déplaisir de partir d'Abyssinie sans avoir vu le seul vrai roi de cette contrée.

« Nous avons appris, M. le docteur Petit et moi, que la commission anglaise était à Angobar et qu'elle explorait le Choa. Elle a trouvé en vous un concurrent pour la partie géologique : veillez à ce qu'elle ne cherche par à nous entraver, nous qui venons pour l'astronomie et l'histoire naturelle.

« Recevez, etc.

« C. F. Lefebvre. »

« Je ne peux, comme je le désirerais et comme j'espère le faire bientôt, causer longtemps avec vous ; je me bornerai seulement à vous remercier de votre obligeance pour les lettres que vous avez bien voulu prendre pour moi à Paris et m'envoyer de Djedda, jusqu'à ce que dans peu je puisse vous remercier de nouveau. Recevez, etc.

« Ant. Petit,
« docteur-médecin, voyageur naturaliste du muséum. »

« Pays d'Ayto-Badelou, le 4 février 1843.

« Mon cher monsieur Rochet,

« Il y a quelques jours, nous vous écrivîmes en même temps qu'au roi, en vous priant de vouloir bien user de votre influence pour faire donner l'ordre de nous laisser passer à la frontière; mais il paraît qu'on a arrêté la lettre de même qu'on l'a fait de nos personnes, et nous envoyons un deuxième messager qui sera peut-être plus heureux ou mieux disposé que le premier. J'ai eu le plaisir de vous rencontrer à Alexandrie, et vous n'êtes pas sans avoir entendu parler du docteur Petit. Nous sommes venus tous deux pour achever nos travaux en passant au Choa sans y séjourner : veuillez donc être notre interprète et faire savoir à Sahlé-Sallassi que, dans le temps, il nous avait écrit, en nous engageant à venir, par l'entremise du messager Joanne (Indien que vous connaissez peut-être). Maintenant nous avons fait une longue route et sommes malades l'un et l'autre; les pays que nous avons laissés derrière nous sont en guerre; il nous serait pénible de partir avec nos nombreux bagages scientifiques sans avoir au moins quelques jours pour nous reposer. Nous comptons donc sur votre amitié et votre qualité de compatriote.

« C. F. Lefebvre,
« lieutenant de vaisseau de la marine française. »

J'étais encore très-faible lorsque je reçus ces lettres; et Sahlé-Sallassi était à Angolola, où il préparait une grande expédition contre les Gallas de l'ouest. Cependant je partis sur-le-champ, et je fus assez heureux pour obtenir du roi qu'il reçût mes deux compatriotes, contre lesquels des rapports calomnieux l'avaient prévenu. Sahlé-Sallassi me conseilla de soigner ma convalescence afin de me mettre à même de l'accompagner dans la guerre contre les Gallas.

SOMMAIRE DE LA QUATRIÈME PARTIE.

Je retourne sur la Tchia-Tchia pour chasser aux hippopotames. — Une comète.— Départ de Sahlé-Sallassi pour la guerre. — Les Gallas, leur origine. — Digression historique. — Les expéditions annuelles du roi de Choa.—Résultats politiques de ces expéditions.—Réunion, départ et marche de l'armée du Choa. — Je vais rejoindre Sahlé-Sallassi à Fine-Fini.—Les tentes du roi.—Nous traversons l'Aouache. — Les costumes de bataille.— Les Gallas abandonnent leurs vieillards, leurs femmes, leurs enfants et leurs troupeaux. — Affreuse cruauté des Amharras.— Trophées guerriers des Abyssins. — Je parcours le champ de bataille. — Mon cheval Débrabrame. — Je défends contre les Abyssins des femmes et des enfants gallas. — J'entre dans un village abandonné. — Je fais trois Gallas prisonniers. — Je rejoins le roi. — L'armée entre dans les montagnes des Gallas-Soddos. — Retraite de l'armée. — Butin de la guerre. — Le roi rend la liberté aux prisonniers. — L'armée se disperse, retour à Angolola. — Chansons guerrières des prêtres d'Angobar. — Départ de MM. Petit et Lefebvre.

QUATRIÈME PARTIE.

LA GUERRE AUX GALLAS.

Cependant, comme le départ de l'expédition fut différé de quelques jours, Sahlé-Sallassi, tourmenté du désir de posséder le merveilleux spécifique que je lui avais indiqué, me pria d'aller tenter une nouvelle chasse aux hippopotames. M. Lefebvre voulut me suivre; c'était pour lui une occasion de voir une des parties les plus curieuses du Choa : il désirait aussi prendre un dessin exact des animaux que nous allions tuer. Je partis donc avec lui ; le page Berrou m'accompagna encore, et le roi joignit à mon escorte dix fusiliers.

Nous descendîmes dans le ravin de la Tchia-Tchia, à quelques lieues de l'endroit où nous nous étions arrêtés la première fois. J'eus affaire à un gouverneur nommé Ayto-Horganet, qui se mit entièrement à mon service. Dans cette partie du cours de la Tchia-Tchia, l'angle que forme le ravin s'élargit davantage. La pente par laquelle on descend vers la rivière est moins rapide; elle s'étage en une série de gradins irréguliers, supportés par d'énormes roches, dans les échancrures desquelles des ruisseaux se précipitent, et dont les sommets, couverts de terre végétale, étaient tapissés alors de blé, de dourah, de thèfle, de cotonniers; nous passâmes deux journées à chercher inutilement des hippopotames. M. Lefebvre, qui ne s'était point encore remis des fatigues de son voyage et qui redoutait l'*aria cattiva* qu'exhalaient les eaux de la rivière si étroitement encaissées au fond du ravin, remonta impatienté sur le plateau. Pour moi, je continuai mes recherches. Je fus plus heureux le troisième jour. Dans un endroit où les eaux étaient profondes, j'aperçus de loin le museau d'un hippopotame, que d'abord je pris pour la tête d'un crocodile. Je laissai ma mule à mon domestique et j'approchai avec précaution du bord. L'animal disparut sans agiter l'eau dormante où il s'enfonçait. Je l'épiai; il montra bientôt toute la tête et se mit à nager nonchalamment; je fis feu, et ma balle le frappa mortellement. Un jet de sang jaillit de sa tête.

Furieux, il courut vers le rivage, et, sortant de la rivière, il vint se placer à trois pas de moi. Il demeura là pendant une minute, fixant sur moi ses yeux furieux et stupides, immobile et comme hésitant à se venger. J'avoue qu'en face de ce terrible ennemi je me sentais mal à l'aise : je me hâtai de faire descendre une nouvelle balle dans ma carabine. Cependant, soit que le mouvement de bras avec lequel j'enfonçais la balle lui fît peur, soit qu'il s'effrayât des chasseurs qui accouraient en poussant des cris derrière moi, le monstre s'enfuit de toute sa vitesse, et alla plonger, dix minutes plus loin, dans un endroit profond de la rivière. Nous le suivîmes : il lutta longtemps avec fureur contre la mort; il bondissait sur l'eau, puis il replongeait en tordant sa masse énorme. Enfin il coula au fond; et, au bout d'une demi-heure, son cadavre vint flotter à la surface. Nous le ramenâmes à terre, c'était un mâle; je lui fis couper la tête, que j'envoyai à M. Lefebvre.

Je recommençai le lendemain. Nous vîmes encore deux hippopotames dans un de ces bassins que la rivière forme de temps en temps entre deux gués. Les gens de mon escorte les criblèrent de coups de lance toutes les fois qu'ils firent mine de vouloir s'échapper de l'espèce de réservoir où nous les avions pour ainsi dire cernés. Les malheureuses bêtes revenaient se blottir sous plusieurs pieds d'eau, toutes les fois qu'une nouvelle blessure les atteignait. Nous leur envoyâmes plus de cinquante balles sans pouvoir les frapper à mort ; il était six heures du soir que nous n'étions pas plus avancés. Cependant nous ne voulions pas laisser échapper une proie si belle que nous pensions tenir entre nos mains ; nous résolûmes de passer la nuit sur les rives. Notre troupe se composait de plus de cent hommes : on alluma un grand nombre de feux, et, pour éviter les accidents, j'ordonnai aux fusiliers de ne pas tirer lors même que les hippopotames chercheraient à se sauver.

Dans cette même soirée, la soirée du lundi 6 mars 1843, à 6 heures 33 minutes, j'aperçus une comète dont la queue se dirigeait de l'ouest à l'est. D'abord elle parut comme une lueur blanchâtre et diffuse : elle mit 17 minutes à prendre sa forme ; il était 7 heures lorsqu'elle atteignit toute sa longueur. Elle offrait l'aspect d'une aigrette brillante et très-allongée qui venait toucher à la constellation d'Orion. Elle resta ainsi pendant 7 minutes ; puis elle se raccourcit et pâlit pendant 5 minutes, après quoi elle brilla d'un éclat plus lumineux. Du fond du ravin, qui ne me laissait voir qu'une zone resserrée dans le ciel, je ne l'aperçus que jusqu'à 8 heures 53 minutes. Elle disparut alors, et je ne pus préciser le temps qu'elle demeura encore sur l'horizon.

La nuit était belle, la lune versait dans le ravin une lumière resplendissante ; nous n'entendions, dans ce poétique silence, que les cris rauques des hippopotames, les gémissements des flots qu'ils faisaient clapoter en nageant, et de temps en temps le bruit de ces gerbes d'eau qu'ils lançaient de leurs narines, et qui retombaient dans la rivière avec le son argentin et mélancolique que prennent pendant la nuit les eaux jaillissantes. Au moment où je savourais avec le plus de délices les sereines harmonies de cette belle nuit, le plus gros de nos hippopotames se mit à trotter dans le gué ; tous mes hommes se levèrent pour le suivre : quoique couvert de blessures et perdant beaucoup de sang, il nous échappa. Tandis que nous nous acharnions inutilement contre lui, le second, délivré de la surveillance qui l'avait tenu emprisonné, s'échappa du côté opposé. Cet échec me découragea ; harassé, j'allai, le lendemain, rejoindre M. Lefebvre, et nous retournâmes à Angolola. Le roi parut surpris et piqué des difficultés que je rencontrais pour lui procurer son remède; il n'y renonçait pas pourtant : « Une autre fois, me dit-il, je te donnerai cinquante fusiliers, et tu seras plus heureux. »

Cependant le jour fixé pour le départ de l'expédition était arrivé : c'était le 20 mars. Je ne partis pas avec le roi, parce que je tenais à faire les observations météorologiques horaires de l'équinoxe du printemps. Je le priai de me laisser une garde pour aller le rejoindre à Fine-Fini, lieu de rendez-vous où devait se rallier toute l'armée. M. Lefebvre suivit Sahlé-Sallassi ; le docteur Petit alla soigner une sœur du roi, qui était malade à Tègoulet.

Sahlé-Sallassi allait soumettre les Gallas-Soddo et Betchio-Ouereppe. Chaque année, le roi de Choa entreprend des expéditions de ce genre : on ne saurait leur donner le nom de guerre, car les tribus divisées que Sahlé-Sallassi subjugue ainsi ne sont pas de force à lui opposer une résistance sérieuse. Il n'est pas difficile de trouver des prétextes à ces agressions ; les Gallas, par des vols, par des attaques sanglantes contre des sujets ou des alliés du roi de Choa, en fournissent toujours de suffisants : d'ailleurs les Abyssins ne font que reprendre contre eux une vieille et juste revanche.

C'est une des questions ethnographiques les plus difficiles à résoudre que celle que soulèvent l'origine et l'histoire primitive de la race des Gallas. Les Gallas sont une des plus belles et des plus vigoureuses races de l'Afrique ; ils diffèrent des Abyssins par la religion, leur culte est un paganisme mêlé de fétichisme; leurs mœurs sont plus violentes, plus rudes que celles de leurs voisins chrétiens, qui ont sur eux la supériorité d'une civilisation relative et des souvenirs d'une nationalité antique. D'ailleurs, pour les caractères physiques, pour le costume, pour les habitudes de la vie domestique, il y a peu de différence entre les deux peuples. Les Gallas sont en même temps cultivateurs et guerriers. Ils ont peut-être à un plus haut degré que les Amharras la passion de la guerre, l'amour de la gloire qui se gagne dans les combats. Malheureusement pour eux, ils sont divisés en un grand nombre de tribus qui sont presque toujours en lutte; et ceux qui habitent au sud et à l'ouest du royaume de Choa ne peuvent pas opposer à leurs vieux ennemis de religion et de race cette force qui naît de l'unité de pouvoir et qui est le principal avantage des sujets de Sahlé-Sallassi.

Si les annales de l'Abyssinie étaient plus connues, on y trouverait des événements et un intérêt historique analogues à ceux que présentent les premiers siècles de l'Europe moderne. L'empire d'Abyssinie, qui ne faisait pas remonter son antiquité moins haut qu'à la reine de Saba et à Salomon, dont les empereurs se prétendaient les descendants,— l'empire d'Abyssinie fut travaillé d'une lente décomposition intérieure après que l'occupation de l'Égypte par les musulmans eut coupé toutes ses communications avec l'Europe et l'eut emprisonné au cœur de l'Afrique. Au seizième siècle, quoiqu'un empereur résidant à Gondar conservât encore une suzeraineté nominale, l'Abyssinie s'était divisée en plusieurs États indépendants, dont quelques-uns, celui de Choa entre autres, avaient à leur tête des rejetons de la dynastie de Salomon. Le Choa avait encore alors une étendue bien plus vaste qu'aujourd'hui ; ses souverains avaient leur capitale sur la montagne d'Indotto, à 60 lieues sud-ouest d'Angobar. Mais au seizième siècle, au moment où l'affaiblissement intérieur de l'Abyssinie était arrivé à sa période la plus critique, deux invasions terribles vinrent fondre sur les Amharras. Ce fut, à l'est, celle des Adels et des Saumalis, conduits par une sorte d'Attila nommé Mahamet-Gragne, et, à l'ouest, celle des Gallas. Resserré et submergé par ces deux débordements de peuples conquérants, le royaume de Choa fut un instant sur le point de disparaître. Dans ces malheurs de l'Abyssinie, la mère de l'empereur David n'entrevit d'espoir de salut que dans le secours d'un peuple d'Europe dont le nom était alors si grand en Afrique qu'il était parvenu jusqu'aux chrétiens perdus de ce continent. Cette reine envoya à la cour de Portugal un Arménien qui atteignit, après mille aventures, l'objet de sa mission. Cinq cents Portugais arrivèrent en Abyssinie, en tournant l'Afrique, par la route du cap des Tempêtes, que Vasco de Gama venait d'ouvrir. Ces chevaleresques aventuriers de l'Europe chrétienne sauvèrent l'Abyssinie de l'invasion musulmane, dont les coups avaient été les plus terribles : un soldat portugais tua dans une bataille cet affreux Mahamet-Gragne ; et la figure de l'infidèle est demeurée si effrayante dans la lointaine perspective où trois siècles l'ont reculée, que les Amharras racontent encore aujourd'hui, d'après un récit légendaire, qu'il fallut cinq cents guerriers d'Europe montés sur cinq cents chevaux et faisant feu de leurs cinq cents mousquets pour donner la mort au Goliath africain. Les Adels et les Saumalis, privés de leur chef, se dispersèrent et retournèrent à la vie nomade du désert. Mais, pendant que l'Abyssinie portait à l'est tout l'effort de sa résistance, les Gallas l'avaient coupée au sud par le milieu : leurs tribus, introduites au cœur du Choa, s'accumulèrent et s'avancèrent vers le nord et vers l'est comme par une alluvion lente, mais irrésistible; elles prirent racine sur le sol qu'elles couvrirent de leurs hameaux et de leurs cultures. Ce n'était pas par le sort d'une bataille qu'on pouvait regagner sur eux tout ce qu'on avait perdu : on ne pouvait pas les chasser, il fallait les soumettre ; il ne suffisait pas de tuer un de leurs chefs, de disperser une de leurs troupes, il fallait conquérir leur territoire : c'est l'œuvre à la fois religieuse et nationale à laquelle ont travaillé les ancêtres de Sahlé-Sallassi, l'œuvre que Sahlé-Sallassi continue chaque jour et a plus avancée qu'aucun de ses prédécesseurs.

Les Gallas s'étendent aujourd'hui, entre les deux tropiques, sur l'Afrique orientale. D'où sont-ils venus en Afrique? De confuses traditions qu'ils conservent les représentent comme venus d'au delà de la mer; c'est au chef de leur race, Oullabou, qui vivait du temps de Mahomet, qu'ils attribuent leur migration en Afrique. Galla, dans leur langue, signifie envahisseur : les musulmans donnent une autre origine à leur nom. Suivant eux, Mahomet envoya un messager à Oullabou pour l'engager à se joindre à l'œuvre du mahométisme; Oullabou refusa. « Il a dit non (*ga la*) » dit le messager au prophète. « Eh bien, aurait répondu Mahomet, que ces mots soient désormais le nom de toute cette race qui n'a pas voulu croire aux révélations de l'ange Gabriel. »

Les expéditions actuelles contre les Gallas ne méritent plus, je le répète, d'être appelées des guerres. Lorsque Sahlé-Sallassi veut réduire une tribu, il n'a que la peine de se rendre sur son territoire, accompagné d'un nombre immense de cavaliers contre lesquels toute résistance est impossible à la tribu isolée. La tribu fuit ; ses moissons sont ravagées, ses hameaux brûlés, ses troupeaux pris ; et la tribu aux abois vient faire sa soumission, dont une redevance annuelle est le signe, et elle est obligée d'envoyer au roi un contingent de guerriers pour ses expéditions subséquentes.

Quelque faciles que soient des coups de main de ce genre, Sahlé-Sallassi s'entoure toujours du plus grand appareil de force pour les accomplir. Il réunit, pour réduire une tribu de quelques milliers d'hommes, un nombre de cavaliers qui suffirait à la conquête de l'Afrique entière. Ces réunions de presque tous les hommes du Choa qui sont en état de porter les armes sont évidemment un des points les plus habiles de sa politique : à ses voisins elles donnent une idée de sa puissance, qui prévient toute pensée de rivalité ; elles ont un effet analogue sur ses sujets, qu'elles accoutument à son pouvoir absolu, et chez lesquels ces manifestations doivent éteindre entièrement les habitudes de révolte qui entretiennent encore l'anarchie dans d'autres parties de l'Abyssinie. La marche des armées que Sahlé-Sallassi conduit ainsi aux frontières de son royaume a un caractère imposant à la fois et pittoresque dont les voyageurs européens subissent eux-mêmes l'influence et que les Anglais ont senti comme moi. On ne voit jamais en Europe un concours de cavaliers aussi considérable; on n'en voit pas d'aussi varié et d'aussi animé. Jusqu'au lieu du rendez-vous général, chaque vallée, chaque hameau, chaque tribu verse, comme un affluent, dans le corps d'armée en marche, sa troupe d'hommes à cheval; mais l'armée, réunie à Angolola au moment du départ du roi, forme déjà un des plus curieux rassemblements auxquels il soit possible d'assister de notre temps : vingt, trente mille cavaliers, tous armés du bouclier de cuir, du sabre, de la lance aiguë et enveloppés de leurs taubes blancs, déroulent dans la plaine une ligne qui semble toucher aux deux bouts de l'horizon : c'est surtout au moment du départ, au moment où cette masse s'ébranle, où toutes les lances s'inclinent comme des épis et brillent au soleil comme une traînée de feu ; au moment où les pelotons se croisent, où les cris se mêlent, où toute cette multitude armée s'élance dans la campagne que la scène atteint à son plus haut degré de confusion grandiose. Le roi donne le signal du départ avec une solennité religieuse. Dans ces occasions, Sahlé-Sallassi revêt ses plus beaux costumes; il sort de sa chaumière principale, et monte sur un cheval ou sur une mule richement caparaçonnée, au milieu d'une haie de fantassins armés de fusils qu'ils tiennent la crosse en l'air sur son passage. Suivi de cette troupe et de sa musique, il va se placer au centre du vaste front que déploie sa cavalerie. A côté de lui marchent deux soldats qui tiennent au-dessus de sa tête un dais en velours cramoisi surmonté d'une pomme d'argent qui supporte une petite croix. Des écuyers à cheval marchent ensuite, chacun tenant un bouclier couvert d'ornements d'argent et deux lances. Puis viennent huit ou dix prêtres, parmi lesquels se trouve le confesseur du roi : on les reconnaît au turban blanc qui ceint leur tête et à la croix de fer qu'ils portent à la main. Aux prêtres succèdent les femmes chargées de faire la cuisine du roi ; des eunuques les conduisent. A la droite de Sahlé-Sallassi marchent des chanteurs et des chanteuses, des trompettes dont les instruments aux sons criards ont la forme de clarinettes qui seraient longues de 4 pieds. A gauche, quarante hommes vêtus de serge rouge s'apprêtent à battre la marche sur de petits tambours, sorte de timbales, fixés aux deux côtés de leurs mules. Enfin, 300 pas en avant du roi, on amène, sous l'escorte d'un peloton de fusiliers, un petit cheval qui porte, dans un panier recouvert de drap rouge, les livres saints des églises d'Angobar. A peine les livres saints qui doivent protéger l'armée, comme l'arche sainte conduisait les Juifs au combat, sont-ils arrivés, que Sahlé-Sallassi donne le signal : les tambours font entendre leurs battements précipités, et toute l'armée se met en marche, suivie d'assez près par les mules qui transportent les provisions et les tentes du roi et de ses officiers.

Je quittai Angolola après avoir terminé mes observations. Trois officiers du roi m'accompagnèrent. J'emmenai avec moi mes quatre domestiques, Bégnet, Thirfé, Déjorgis et Battassa. Nous marchâmes toute la nuit du 23, et le 24, à 5 heures du soir, nous arrivâmes à Fine-Fini, où était Sahlé-Sallassi. Au camp, comme dans les capitales d'Angobar et d'Angolola, la résidence du roi est séparée de celle de ses sujets par une enceinte. Lorsque Sahlé-Sallassi campe, cette enceinte circulaire est formée par des pièces de toile fixées à des pieux. Les tentes du roi, en laine, sont dans l'intérieur; il y en a huit ou dix. Le roi m'en donna une à côté de la sienne; les autres étaient occupées par les prêtres qui avaient suivi l'armée, par les pages qui veillent toute la nuit pendant le sommeil du roi, par le général en chef Ayto-Chichougou et le chef des fusiliers Ayto-Katama. J'étais sans doute infiniment flatté de l'honneur que me faisait le roi en me plaçant si près de lui ; mais je payais cher cet honneur. Les prêtres célébraient leurs offices de minuit à trois heures du matin, avec toute sorte de chants ou plutôt de cris ; et, dans l'impossibilité où ils me mettaient de dormir, j'enviai souvent la liberté qu'avait eue M. Lefebvre d'aller camper loin de cet horrible concert.

L'armée maintenant réunie à Fine-Fini comptait au moins 45,000 cavaliers campés par troupes, suivant leur tribu ou leur province, sur l'immense plaine au bord de laquelle est Fine-Fini. Sahlé-Sallassi s'y arrêta deux jours encore après mon arrivée, afin de donner aux hommes et aux chevaux le temps de se reposer. Le jour même où nous nous mimes en marche, nous arrivâmes sur les bords de l'Aouache, à 4 ou 5 lieues seulement de ses sources. Le fleuve coule, en cet endroit, de l'ouest à l'est, au milieu d'une prairie sans fin, entre deux rives unies, et c'est à peine s'il a plus de 10 mèt. de largeur : on dirait un canal creusé de main d'homme. Une partie de l'armée le traversa, il n'avait pas plus de 1 mètre de profondeur, et alla bivouaquer sur l'autre rive ; le roi resta sur la rive gauche. Nous étions sur le territoire de la tribu galla que Sahlé-Sallassi venait soumettre ; mais nous étions si rassurés par l'exagération même de nos forces, que nous ne prîmes aucune précaution pour nous mettre pendant la nuit à l'abri d'un coup de main.

J'étais à peine entré dans ma tente que Sahlé-Sallassi m'envoya le page Berrou pour m'avertir que je devais me tenir prêt à monter à cheval le lendemain avant le jour, car il avait résolu d'aller chercher promptement les Gallas de la Kabyle Betchio-Ouereppe, qui s'étaient enfin retirés à 8 lieues plus loin au sud, et il me priait de l'accompagner. Je fis répondre à Sahlé-Sallassi que j'étais prêt à le suivre à l'instant même. Je m'empressai d'aller avertir M. Lefebvre des dispositions du roi. Malheureusement il avait un accès de fièvre qui ne lui permettait pas de songer à nous accompagner. Je retournai dans ma tente, et je pris la hauteur barométrique de l'Aouache. Il était une heure du matin lorsque je me jetai sur une peau étendue sur le gazon ; mais, au milieu du bruit des cavaliers qui traversaient à chaque instant le fleuve, il me fut impossible de fermer l'œil. A trois heures je renonçai à dormir et je me levai. Un moment après, Sahlé-Sallassi m'envoya dire de monter à cheval.

Je laissai deux domestiques dans ma tente : je confiai à Bégnet, le plus intelligent, la garde de mes instruments ; l'autre devait veiller aux vivres et aux effets. J'emmenai avec moi les deux autres. Déjorgis portait mon fusil. Pour ménager mon cheval et l'avoir le plus frais possible au moment où j'en aurais besoin, je le fis conduire au licou par Thirfé, qui lui-même était à cheval et armé d'un sabre et d'une carabine. Je pris pour moi deux paires de pistolets ; j'en plaçai une dans les fontes de ma selle, j'attachai l'autre avec mon sabre à ma ceinture, et je montai sur ma mule. Le roi sortit en ce moment de sa tente, monté également sur une mule. Je le saluai, et nous passâmes l'Aouache avec le reste de l'armée, qui, réunie, s'étendit et marcha dans la plaine en ligne de bataille sur un front qui occupait au moins 2 lieues.

Jusqu'à sept heures, nous n'avançâmes qu'au petit trot dans la direction du sud-ouest. Nous traversions des champs qui paraissaient cultivés avec le plus grand soin : les uns nouvellement ensemencés, d'autres que le blé naissant couvrait d'un frêle gazon, et des carrés où les fèves, les pois, les lentilles semblaient prêts à être récoltés. Cette campagne est arrosée par une petite rivière qui porte le nom de Ouatira-Ouanze ; elle prend sa source dans la chaîne des Soddo-Gallas, dont nous voyions, à notre gauche, les hautes cimes éclairées par le soleil levant se découper sur l'azur foncé du ciel, et va se jeter dans l'Aouache.

Le roi était occupé à donner des ordres, et des troupes d'éclaireurs s'éparpillaient, en tous sens, dans la plaine pour aller à la recherche des Gallas. Bientôt Sahlé-Sallassi et ses grands officiers s'arrêtèrent pour faire leur toilette de bataille. Le roi revêtit de larges culottes de brocart d'or des Indes ; il s'enveloppa d'un taube bordé d'une bande rouge et de broderies de soie ; il agrafa sur son taube une magnifique peau de panthère noire. Un de ses écuyers lui amena un superbe cheval ; il prit des mains d'un autre son bouclier et sa lance, et fit caracoler son cheval de l'air du monde le plus martial. Ses officiers, à son exemple, se couvrirent de leurs plus beaux costumes. On les vit bientôt, les plus élevés avec des culottes et des vestes de soie chamarrées de couleurs, les autres avec des culottes de serge rouge et des vestes de coton où le bariolage des nuances les plus vives rachetait la grossièreté du tissu. Après tout, quoique je n'eusse rien changé à mon costume, du moins pour l'éclat des couleurs il ne le cédait à aucun autre. J'étais drapé dans une robe de chambre rouge et j'avais sur la tête un bonnet de drap rouge cerclé d'un galon d'or, qui produisaient un très-grand effet sur mes compagnons d'armes. Je montai aussi à cheval et donnai ma mule à Déjorgis, qui me suivit avec Thirfé.

Nous rencontrâmes sur notre route un gros village récemment abandonné : tout nous annonçait le voisinage des Gallas. Nous traversâmes une seconde rivière qui porte le nom de Tadji-Ouanze et qui, comme la précédente, prend aussi sa source dans les montagnes des Soddo-Gallas et va se jeter dans l'Aouache. Cette rivière baigne un vallon formé par deux coteaux plutoniens où je vis des mimosas d'une espèce qui ne m'était point connue. Au delà de ce vallon s'ouvrit une nouvelle plaine ; ce fut là que nous trouvâmes, sinon les Gallas, du moins leurs familles et leurs troupeaux. Les malheureux que nous poursuivions s'étaient trouvés dans une situation affreuse : exposés à la colère de Sahlé-Sallassi, ils étaient aussi en guerre avec leurs voisins. Se voyant acculés sur la limite du territoire de la tribu ennemie, les guerriers avaient abandonné leurs troupeaux, leurs femmes, leurs vieillards, leurs enfants, et, forcés d'affronter ou l'armée des Amharras ou l'hostilité de leurs voisins, avaient préféré pour eux-mêmes la seconde alternative, et avaient mieux aimé exposer leurs familles sans défense à la première. Mais la vue de l'innombrable quantité de bœufs, de moutons, de chèvres qui couvraient la plaine enivra les Amharras. En apercevant ce facile butin, Sahlé-Sallassi fit arrêter son armée pendant quelques minutes, puis il l'envoya à la curée, en criant à trois reprises à ses soldats : *Exar, Ifta yédou!* Allez, que Dieu vous conduise ! L'armée se précipita alors au pillage ; toutes les troupes de nos cavaliers fondirent sur l'immense butin livré à leur cupidité.

Le roi, de son côté, monta sur une éminence, et se mit à parcourir du regard, à l'aide d'une longue-vue, les scènes de désolation qui se passaient dans la plaine. Pour moi, j'aimai mieux descendre sur ce théâtre de vol et de carnage, qu'on ne pouvait appeler un champ de bataille; j'y fus bientôt, ému d'horreur et de pitié. Les Amharras ne se contentaient pas de s'emparer des troupeaux, ils poursuivaient avec la plus lâche férocité les vieillards, les femmes et les enfants. Une des idées les plus perverses qu'ait jamais enfantées la barbarie a porté les Abyssins à se procurer, par la plus odieuse des atrocités, le trophée qui est à leurs yeux la plus grande preuve de la bravoure militaire; d'autres peuples barbares, sur le champ de bataille, ont mis ce point d'honneur guerrier à emporter les têtes des ennemis morts. Pour un Abyssin, le signe de la victoire, c'est d'arracher à l'ennemi qu'il a vaincu les organes de la virilité; aussi cherche-t-il moins à ôter la vie à son ennemi qu'à lui enlever cet affreux trophée. C'est par le nombre de ces dépouilles, qu'il conserve dans sa chaumière, qu'un Abyssin fait ses preuves de bravoure et obtient les récompenses données aux guerriers renommés. Cette fureur est poussée si loin, qu'on voit quelquefois des Abyssins tuer un de leurs compatriotes, dans le seul but d'étaler frauduleusement ce signe des exploits guerriers. Envers leurs ennemis, on pense donc si ce point d'honneur connaît quelque pitié; l'âge ne lui est de rien : il n'épargne ni le vieillard, ni l'enfant dans les bras de sa mère.

Je n'avais pas fait un quart de lieue sur le champ de bataille que déjà j'avais vu des vieillards expirants, des femmes massacrées avec les enfants qu'elles allaitaient; mon sang bouillonnait, lorsque je vis deux cavaliers se précipiter à toute bride sur une Galla qui courait éplorée. Je tirai mon sabre et je m'élançai au secours de cette malheureuse. J'arrivai auprès d'elle en même temps que les deux cavaliers. Je leur ordonnai du geste de se retirer : l'un d'eux brandit sa lance contre moi; je lui assenai un grand coup de plat de sabre sur le visage. Son camarade se sauva, et il s'enfuit lui-même lorsqu'il fut revenu de son étourdissement. Je m'avançai vers la femme, elle se jeta à genoux et croisa les bras sur sa poitrine en plaçant alternativement l'un devant l'autre ses poings fermés; c'est, chez les Gallas, l'attitude de la supplication. Je lui fis comprendre que j'étais venu la défendre et qu'elle n'avait rien à craindre. Mes deux domestiques me rejoignirent. Je fis descendre celui qui était sur ma mule, où je plaçai la Galla à moitié morte de frayeur. J'ordonnai à Déjorgis, à qui je laissai mon fusil, de la conduire dans ma tente.

Cette petite aventure m'encouragea. J'en voulais à mes domestiques de ne m'avoir suivi que de loin. Thirfé rejeta la faute sur son cheval, qui ne pouvait, disait-il, courir aussi vite que le mien. Mon cheval faisait effectivement plus d'un envieux dans l'armée : je l'avais acheté, en passant à Débrabrame (et je lui donnai ce nom-là), d'un chef galla qui me le vendit pour ne pas être obligé de le donner au favori intime de Sahlé-Sallassi, le général en chef de l'armée, Ayto-Chichougou. Ayto-Chichougou avait plus d'une fois pressé ce chef galla de le lui vendre; mais, comme les gens de son rang ne payent jamais, demander à l'acheter était dans sa bouche une formule polie pour le demander en cadeau. Débrabrame semblait tout fier du service que sa rapidité venait de me rendre : j'avais peine à le contenir. Il n'en était pas d'ailleurs à sa première campagne; il avait fait vaincre déjà à son ancien maître huit Gallas.

J'avais détourné un instant les yeux des scènes de confusion, de cruauté, de pillage qui se passaient dans la plaine. Je m'éloignai de cette mêlée sans grandeur dans laquelle, au milieu de troupeaux immenses, se croisaient et tourbillonnaient nos avides cavaliers. Je m'étais tourné vers une chaîne de montagnes où commence le vaste plateau qui forme une des plus riches provinces de l'ancienne Abyssinie et qui est aujourd'hui occupé par les Gallas, le plateau d'Anaria ; j'en regardais les croupes bleuâtres qui courent de l'occident au midi, lorsque j'aperçus un chef amharra, que je reconnus à la peau de lion jetée sur son épaule, qui courait sur un malheureux enfant âgé de deux ans, tout au plus, qui gémissait abandonné sur l'herbe. Je devinai le dessein du chef et je lançai mon cheval sur lui afin de le prévenir. Débrabrame ne put arriver à temps. Le lâche bourreau avait déjà mutilé la pauvre petite créature d'un tour de son sabre recourbé. Les cavaliers qu'il commandait, me voyant fondre sur lui, criaient au chef de se sauver, que je venais le tuer. Il s'enfuit ; mais furieux je le suivais de près, et je l'aurais atteint s'il ne s'était jeté à la nage dans un vaste fossé plein d'eau que Débrabrame ne pouvait franchir. Je tirai deux coups de pistolet au bandit ; heureusement pour lui, je le manquai. Je courus ensuite porter secours à l'enfant mutilé, qui se traînait tout sanglant sur le gazon et de temps en temps se levait, faisait quelques pas et retombait épuisé de douleur. Je faillis me trouver mal moi-même ; je descendis de cheval et je m'approchai du malheureux enfant, qui me tendait les bras. L'hémorragie venait de s'arrêter et l'innocente victime paraissait devoir survivre à l'horrible opération qu'elle venait de subir. Je déchirai ma chemise pour lui faire un bandage, je lui donnai du pain et j'allai le confier à une vieille femme qui avait échappé au massacre. Celle-ci croisait ses bras sur sa poitrine pour me demander grâce; et, lorsque je l'eus rassurée, elle me demanda, par signes, du pain : je lui donnai celui qui me restait.

Les mêmes horreurs s'étaient accomplies partout où des guerriers amharras avaient rencontré des vieillards et des enfants gallas. Je vis une multitude de ces pauvres enfants, qui, mutilés, criaient et se tordaient sur le gazon. Je me hâtai de quitter ce lieu de douleur. Tous les cavaliers que je rencontrais redoublaient ma colère impuissante; ils se paraient tous, comme au retour d'une victoire, de leurs infâmes trophées : les uns les tenaient à leur ceinture ensanglantée, d'autres les attachaient au pommeau de leur selle, d'autres s'en étaient fait d'horribles colliers. Pénétré d'horreur et de dégoût, je cherchai la solitude et m'enfonçai dans la campagne déserte; je marchai longtemps; je n'apercevais plus de cadavres; je n'entendais plus d'autre bruit que celui des lièvres et des gazelles que je faisais lever devant moi. Thirfé, qui ne comprenait rien à ma course folle, et qui tremblait en se voyant en pays ennemi, isolé et si loin de l'armée, me supplia de revenir sur mes pas. Il prétendait que nous nous étions éloignés de plus de 4 lieues de l'armée ; il me représentait que, si les Gallas nous apercevaient, nous étions perdus sans ressource. Je lui dis en lui montrant un hameau que je voyais à une demi-lieue de nous sur un des premiers gradins de la chaîne de montagnes vers laquelle je m'étais dirigé : « Je veux aller jusqu'à ce village ; quant à toi, je te laisse libre de t'en retourner ou de me suivre. » Je continuai à m'avancer vers le village, que j'atteignis en un quart d'heure. Sur le point d'y entrer, Thirfé me fit de nouvelles supplications ; il ne voulait ni me suivre ni me quitter. Nous étions trop éloignés de l'armée pour qu'il osât s'en retourner tout seul ; mais il refusa d'entrer dans le village : il me dit qu'il m'attendrait dehors, et, pour effrayer les Gallas qu'il croyait voir cachés derrière tous les buissons et toutes les cabanes, il agitait tour à tour son sabre et sa carabine avec mille contorsions ridicules. J'entrai seul dans le village : il était ombragé de genévriers gros comme nos sapins d'Europe, dans lesquels on voyait se jouer les magnifiques singes à la robe blanche et noire qu'on appelle des gourezas ; ses habitants l'avaient abandonné. Je fis, sans voir une âme, le tour de plusieurs chaumières barricadées avec des branches épineuses. Je me cachai un instant derrière une de ces cabanes pour observer les grimaces de Thirfé. Le malheureux avait eu la précaution de tourner son cheval du côté par lequel il se proposait de fuir au premier danger, il se démenait comme une âme en peine ; une fois il leva ensemble, au-dessus de sa tête, son sabre et sa carabine, son cheval se mit à hennir, et ce fut alors que le pauvre diable ne sut plus lequel était le plus périlleux de s'enfuir ou de rester : il fit quelques pas en avant, puis il s'arrêta. Il était temps que je vinsse le rassurer. Je le rejoignis et nous redescendîmes dans la plaine. Le village que nous quittions s'appelle Touthé ; il appartient, ainsi que les montagnes qui l'entourent, à la tribu des Gallas-Metta-Mârous, qui sont en guerre avec Sahlé-Sallassi, et qui sont renommés pour leur courage et leur adresse à lancer les flèches.

Je m'orientai pour retourner au camp ; je suivis une autre ligne que celle par laquelle j'étais venu à Touthé. Je traversai une petite rivière dont la source est près de ce village et qui s'appelle, en galla, Laga-Lintchia ou rivière des Lions : on dit, en effet, que les environs sont peuplés de lions. Laga-Lintchia se perd dans Tadji-Ouanze. Les Abyssins avaient passé par là. Je vis, en effet, cachée dans les roseaux, sur le bord de la rivière, une jeune femme galla avec deux petits enfants mutilés ; elle tenait l'aîné par la main et berçait le plus jeune entre ses bras en murmurant un chant mélancolique. Je donnai à cette malheureuse le foulard que j'avais au cou, afin que, si de nouveaux détachements d'Amharras passaient par là, ils vissent qu'elle était protégée par moi. J'étais depuis une heure dans la plaine, lorsque je vis au loin trois femmes qui se sauvaient. Je courus à elles : elles implorèrent ma pitié, les bras croisés sur leur poitrine. Je leur fis comprendre que je ne venais que pour les défendre, que je ne voulais pas leur enlever la liberté. Il y avait parmi elles une jeune fille de treize à quatorze ans qui avait surtout excité la convoitise des Amharras. Pendant que j'étais avec ces femmes, le chef qui les poursuivait arriva sur nous accompagné de plus de deux cents cavaliers. Il me demanda de lui livrer la jeune fille : « Elle est ma prisonnière, lui dis-je ; si tu la veux, tire ton sabre. » Et, en lui parlant ainsi, j'avançai vers lui, et je fis tourner mon sabre autour de ma tête. Effrayé de mon moulinet, il m'appela par mon nom et se retira en disant à ses soldats que j'étais un diable et que j'étais bien homme à les tuer tous. Il fit arrêter sa troupe sur une petite hauteur, à dix minutes de là. Les femmes gallas s'étaient aperçues que je les avais défendues ; elles me nommaient leur maître, me baisaient les pieds et embrassaient la tête de Débrabrame. Je leur dis que, si elles voulaient se sauver et échapper aux Amharras, qui semblaient attendre mon départ pour fondre sur elles, elles n'avaient qu'à venir avec moi. Elles y consentirent en redoublant les naïfs témoignages de leur reconnaissance.

Je marchai tranquillement, précédé de ces femmes, lorsque je vis sur une butte un petit Galla qui regardait de tous côtés. Thirfé crut avoir trouvé une occasion de signaler à peu de frais sa bienveillance problématique. Il me demanda la permission d'aller prendre l'enfant. Je la lui donnai, à condition qu'il ne le maltraiterait pas. Il partit au galop, tenant sa carabine d'une main, son sabre et les rênes de l'autre. Je l'attendais, lorsque je le vis revenir, bien plus vite qu'il n'était parti, me criant, d'aussi loin qu'il put, d'abandonner les femmes et de me sauver, qu'une troupe de Gallas était cachée derrière la butte et que nous étions perdus. Je lui demandai combien il en avait vu. — Une dizaine, me répondit-il. — Je veux les voir, lui dis-je. — Je partis au petit galop : arrivé au sommet de la butte, je ne trouvai que cinq Gallas au lieu de dix que l'imagination épouvantée de Thirfé avait cru découvrir. Ils étaient cachés dans un pli de terrain et protégés par un petit ruisseau ; trois étaient à cheval et deux à pied. Je lançai mon cheval sur eux et je franchis le ruisseau derrière lequel ils m'attendaient. J'étais à peine en face d'eux, que deux des cavaliers me jetèrent leurs lances : l'une s'abattit aux pieds de mon cheval ; l'autre m'aurait atteint si je ne l'eusse amortie d'un coup de sabre et si le fer n'était pas venu s'émousser sur la poignée de ma lame. Je me jetai sur un de ces cavaliers, et j'étais prêt à le sabrer avant qu'il eût eu le temps de fuir : il me demanda merci et m'appela *kophta* (son maître) ; je lui fis mettre pied à terre, et son cheval courut rejoindre les autres Gallas, qui s'étaient enfuis au galop. Les Gallas à pied se rendirent tout de suite sans résistance.

Lorsque Thirfé me vit reparaître amenant trois Gallas prisonniers, il fut stupéfait d'admiration : il allait entonner un chant de triomphe, mais je lui imposai silence. Nous nous remîmes en route en nous hâtant pour arriver au camp avant la nuit. Le courageux Thirfé m'adressa en chemin une pressante prière : « Je serais trop heureux, me dit-il, si je pouvais présenter au roi un de ces Gallas comme mon prisonnier, cela me ferait un grand honneur auprès des guerriers. — Choisis celui que tu voudras, lui dis-je ; mais tu me le rendras dans quelques jours. » — Thirfé prit sans hésitation le Galla qui m'avait jeté sa lance et qui était aussi le père du petit enfant que nous avions vu sur la butte. Il était six heures du soir lorsque nous rejoignîmes Sahlé-Sallassi, qui se trouvait encore à une demi-lieue du camp.

Le roi avait des inquiétudes sur mon compte; il m'avait fait chercher sur le champ de bataille; et, sauf l'officier à qui j'avais tiré deux coups de pistolet et qui était allé se plaindre, personne n'avait pu lui donner de mes nouvelles. Je lui racontai mes aventures et l'indignation qui m'avait éloigné de l'armée. A la fin de notre conversation, Thirfé vint présenter son prétendu prisonnier. Le roi questionna le Galla : il se nommait Djilo-Ramo, et était chef de plusieurs villages; sa réputation de courage lui avait donné un très-grand ascendant sur ses compatriotes. Il comptait parmi ses exploits la mort d'un éléphant, qui, dans l'estimation que ces peuples ont établie pour la bravoure, équivaut à la mort de quarante guerriers tués au combat. Il avait aussi tué un grand nombre de Gallas-Mârous, avec lesquels sa tribu était en guerre. Le roi était enchanté de l'avoir en son pouvoir; il se promettait de s'attacher par lui la plus grande partie des Gallas, qu'il était venu soumettre. Mais le chef ne voulut pas se prêter à la supercherie de Thirfé : il déclara au roi, avec une indignation mêlée de mépris, que ce n'était pas Thirfé qui l'avait fait prisonnier; que, si un pareil adversaire eût osé s'approcher de lui, il l'aurait brisé avec le bois de sa lance. Le roi et tous les assistants rirent aux éclats, et Thirfé, confus, se retira poursuivi par les huées. Sahlé-Sallassi ordonna alors au Galla de raconter comment les choses s'étaient passées.

« J'étais, dit le chef, à la tête de quatre cents cavaliers. J'ai soutenu, dans la matinée, un combat très-vif contre Ayto-Mereitch (c'est un des principaux conseillers du roi et le chef de tous les Gallas soumis à Sahlé-Sallassi). Ayto-Mereitch n'a dû la victoire qu'à ses fusiliers. Forcé de fuir, je me suis réfugié au bord d'un fossé avec quatre des miens. Thirfé nous aperçut de loin et s'est enfui; mais, un moment après, cet étranger, dit-il en me montrant du doigt, a paru et a marché en guerrier à notre rencontre. Nous l'attendions et nous nous regardions comme si assurés de le tuer, que, d'avance, nous nous étions partagé le costume qu'il porte. Lorsque nous le vîmes tirer son sabre et le faire tourner autour de sa tête comme un soleil, nous reconnûmes que nous avions affaire à un étranger, et que peut-être nous ne le vaincrions pas aussi facilement que nous l'avions cru d'abord. Il ne démentit pas l'idée que nous eûmes de son courage, il fit franchir le fossé à son cheval et vint sur nous pour nous combattre. Nous lui jetâmes nos lances, qui ne purent l'atteindre ; car son sabre lui servait de bouclier. Il s'approcha de moi, me menaçant de me fendre en deux. Je lui demandai merci, et il me fit son prisonnier ainsi que mon fils et un de mes parents. — Où sont-ils? demanda Sahlé-Sallassi; et il ordonna qu'on les lui amenât avec les femmes que j'avais sauvées. Mes prisonniers s'avancèrent vers lui sans proférer un mot. Le roi, après les avoir vus, me prit la main et, la pressant dans la sienne, me fit asseoir à côté de lui. Puis il dit tout haut : « Rochet a fait plus aujourd'hui qu'aucun de mes généraux. » Il se leva, et nous revînmes ensemble au camp.

Rentré dans ma tente, je commandai à Bégnet de donner à manger à mes prisonniers. Bégnet m'obéit d'autant plus volontiers qu'il est lui-même Galla et que les prisonniers étaient de la tribu même à laquelle il appartenait. J'allai voir ensuite M. Lefebvre, qui regretta beaucoup de n'avoir pu m'accompagner, et qui résolut de suivre Sahlé-Sallassi dans l'excursion qu'il devait faire le lendemain. Le jour suivant, nous prîmes en effet la latitude du lieu où nous nous trouvions, ainsi que des relèvements à la boussole, et nous allâmes rejoindre ensuite Sahlé-Sallassi, qui était parti le matin même pour les montagnes des Gallas-Soddos.

Ces montagnes forment une vaste chaîne qui sépare le Gouragué de la vallée de l'Aouache. Comme celles que j'avais parcourues la veille, elles sont de production volcanique. Quoique les moissons fussent terminées, on voyait partout, sur les terres, les traces d'une culture intelligente et soignée. Tout le pays que l'armée traversa était couvert de hameaux dont les habitants avaient fui et que nos soldats brûlèrent sur leur passage. Le dommage était énorme pour les Gallas, car ils perdaient avec leurs chaumières incendiées toutes leurs récoltes qui y étaient renfermées. Cependant les Gallas de cette kabyle semblèrent vouloir résister au choc de notre armée; ils s'étaient concentrés dans un vallon où ils attendaient que nous vinssions les attaquer. Sahlé-Sallassi alla reconnaître leur position : il les examina longtemps avec une longue-vue dont je lui avais fait cadeau dans mon premier voyage; il renonça à les attaquer. Le roi ne fut certainement pas retenu par la force de la position des Gallas; son armée eût pu les écraser et les détruire : ce fut pour prévenir l'horrible boucherie qu'on aurait pu en faire que Sahlé-Sallassi, content de la leçon qu'il leur avait donnée en brûlant leurs villages, donna à son armée l'ordre de battre en retraite et déclara l'expédition terminée.

Cependant les Amharras, en se retirant, saisissaient toutes les occasions qui s'offraient à eux de commettre contre les Gallas des cruautés que ne provoquait aucune résistance. Arrivé sur un des derniers mamelons des montagnes des Soddos, j'entendis des coups de fusil au loin, et j'appris bientôt que c'étaient des tirailleurs amharras qui faisaient feu sur de malheureux Gallas perchés sur des arbres. Je courus du côté où j'entendais cette mousqueterie. Je rencontrai le gouverneur de Morotte, Ayto-Bissahour, qui eut aussi l'idée de me suivre, mais dans une pensée toute différente de la mienne : il voulait tirer sur les Gallas que j'allais essayer de sauver; il me demanda même mon fusil. Je ne voulais pas le lui donner à cause de l'usage qu'il comptait en faire; et, d'un autre côté, je craignais, par un refus, de manquer à la reconnaissance que je lui devais pour la manière dont il m'avait traité pendant la chasse aux hippopotames. Je conciliai ces deux sentiments en lui offrant mon fusil, mais en lui disant que je n'avais pas de capsule. Ayto-Bissahour me quitta alors, et j'arrivai seul avec Thirfé à l'endroit d'où partaient les coups de fusil.

C'était au bas d'une colline couverte de hauts genévriers. Un grand nombre de tirailleurs fouillaient ce petit bois; ils visitaient tous les arbres un à un, et à peine apercevaient-ils un malheureux tapi dans les branches qu'ils se disputaient l'honneur de le tuer. Les coups de fusil retentissaient dans le vallon au milieu d'un concert de cris féroces. Je m'approchai d'un des arbres les plus entourés; trois Gallas, me dit-on, s'y étaient blottis et servaient de point de mire aux tirailleurs. L'arbre était si élevé et ses branches si touffues qu'il me fallut quelque temps avant de pouvoir distinguer les malheureux qui s'y étaient réfugiés. Je voulus les sauver : je leur criai qu'ils pouvaient descendre sans crainte, que j'étais le chef, que je leur rendrais la liberté : rien ne put les convaincre ; ils demeuraient impassibles, cramponnés aux plus hautes branches, sans faire un mouvement, sans prononcer une parole. Je voulus monter sur l'arbre, espérant que, de près, je réussirais mieux à leur inspirer de la confiance. Mais, au moment où j'embrassais l'arbre, un coup de fusil partit, et un de ces malheureux tomba roide mort à mes pieds. Tous les soldats se précipitèrent sur le cadavre pour le mutiler : une lutte s'engagea sur le corps mort ; tous se disputaient à coups de sabre le trophée, je fus moi-même obligé de tirer mon sabre pour me faire jour à travers cette meute furieuse.

J'allai rejoindre Sahlé-Sallassi, qui hâtait tellement son retour, qu'il voulut se mettre en marche malgré une pluie affreuse. M. Lefebvre et moi nous le laissâmes partir, et nous cherchâmes un abri dans une chaumière de Gallas, que ses habitants avaient abandonnée. Comme les chaumières de l'Abyssinie, cette hutte était circulaire et coiffée d'un toit pointu; elle était divisée en deux pièces dont l'une servait d'étable, et l'autre, plus grande, était à la fois la chambre, le magasin et la cuisine de la famille. Quelques vases de terre étaient encore sur le foyer; tout près du foyer étaient deux pierres de basalte entre lesquelles les femmes broient le grain pour faire la farine, c'est le principal ustensile que l'on trouve en Abyssinie dans toutes les chaumières. L'une de ces pierres est un carré long, dont la surface supérieure est légèrement concave; l'autre est taillée en rouleau, un peu renflé vers le milieu. Le grain est placé sur la première, et on l'écrase en y roulant la seconde. Autour des murs, les grains récoltés, le blé, l'orge, le thèfle, les pois, les fèves, les lentilles étaient conservés dans de grands paniers de forme conique revêtus, à l'intérieur, d'une sorte de ciment composé de fiente de bœuf et de paille hachée.

La pluie cessa de tomber et nous courûmes après Sahlé-Sallassi, qui avait déjà 3 lieues d'avance sur nous. En sortant de la chaumière, je délivrai encore deux femmes gallas qu'un Amharra avait faites prisonnières et qui s'attachaient à ma robe en implorant ma protection. L'armée tout entière marchait dans le plus grand désordre. Les troupes de cavaliers poussaient devant elles un immense pêle-mêle de bœufs, de moutons et de chèvres, butin pris sur les Gallas. Cette confusion aurait plutôt donné l'idée d'une déroute que celle d'un retour triomphant. Mille hommes hardis et disciplinés, qui se seraient jetés en bon ordre sur cette cohue, l'auraient infailliblement taillée en pièces. L'étonnante précipitation avec laquelle marchait le roi augmentait encore le désordre. Malgré les fatigues de cette journée, malgré la pluie qui avait inondé le sol, au point que les mules elles-mêmes menaçaient à chaque instant de s'abattre, Sahlé-Sallassi ne voulut s'arrêter qu'à dix heures du soir. Le lieu de halte répondait dignement au chemin que nous avions parcouru ; la campagne, en cet endroit, n'était plus qu'une mare fangeuse. Au moment où j'arrivai, mes domestiques et mes prisonniers m'attendaient dans l'eau jusqu'à mi-jambe. Les transports étaient restés en arrière ; le roi seul avait une tente. Il fallut descendre de cheval et, comme tout le monde, demeurer là les pieds plongés dans la boue, et recevoir la pluie qui tombait avec plus de violence que jamais. Berrou m'apporta de la part du roi un morceau de pain et un birillé d'hydromel ; je le partageai avec M. Lefebvre : je n'avais pas eu d'autre nourriture de la journée. Ma tente n'arriva qu'à minuit ; au lieu de la dresser, mes gens s'en servirent pour se garantir contre le froid. Je passai là une nuit affreuse, embourbé, mouillé jusqu'aux os, grelottant et mourant de faim. Je maudissais à haute voix l'imprévoyance de Sahlé-Sallassi, qui pouvait bien m'entendre, car j'étais à deux pas de sa tente. Toute l'armée murmurait d'impatience et de dépit.

Le lendemain, à l'aube, je reconduisis les femmes gallas que j'avais sauvées, hors du camp, pour leur rendre la liberté. Je les accompagnai si loin, qu'elles me prièrent elles-mêmes de m'arrêter, en me disant que je m'exposais à être tué par les Gallas. Avant de me quitter, elles me baisèrent les pieds, embrassèrent la tête de ma mule, puis se jetèrent à genoux en croisant leurs bras et en m'appelant leur sauveur et leur dieu! Elles se relevèrent et s'enfuirent comme des gazelles. Je les suivis du regard avec ma lunette, jusqu'au moment où elles me parurent en sûreté contre un coup de main de traînards amharras. Je revins vers l'armée, qui avait déjà fait 2 lieues; elle côtoyait le pied des montagnes des Gallas-Soddos, et brûlait tous les villages qu'elle rencontrait sur son passage.

Le fils de Djillo-Ramo, qui était mon prisonnier, courut à moi dès qu'il m'aperçut et me dit en pleurant que des soldats amharras avaient saisi de nouveau son père et son parent. Bégnet, son compatriote, le rassura : on n'avait fait, conformément à un usage abyssin, que lui donner une garde. Mais nous fûmes bientôt témoins d'une douleur plus fondée que celle du petit Galla. Nous arrivâmes, en effet, sur les bords de l'Aouache, dans un endroit nommé Hadâdi, situé à 4 lieues plus bas que le point où nous l'avions traversé en venant. Hadâdi est sur le chemin le plus fréquenté qui mène du Choa aux pays d'Abakanan et de Gouragué ; le fleuve y serpente entre deux coteaux plutoniques. Arrivés sur l'Aouache, les femmes et les enfants, que les soldats avaient faits prisonniers pour les vendre comme esclaves, perdirent la dernière espérance qu'ils avaient pu conserver d'être rendus à la liberté. Le fleuve avait été jusqu'alors la limite qui séparait le territoire des Gallas indépendants des États du roi de Choa. Les malheureux captifs poussaient des cris déchirants en se voyant amener sur le territoire de leurs vainqueurs où ils n'attendaient plus maintenant que le sort des esclaves.

Nous fîmes halte pour la nuit sur la rive gauche de l'Aouache. Le lendemain, par une des plus belles matinées que nous eussions eues depuis le commencement de la campagne, je quittai le campement avec M. Lefebvre. Cette belle nature, qui s'épanouissait sous un ciel pur et un soleil éclatant, effaçait de son divin sourire les ennuis et la fatigue que nous avaient laissés les travaux des dernières journées. Au moment où je me livrais avec le plus d'abandon à ces douces sensations, un chef vint m'avertir que le roi, qui était resté sur les bords de l'Aouache, me demandait. Sahlé-Sallassi était sur la rive du fleuve, épiant deux hippopotames qui s'étaient montrés sur un des points où les eaux ont le plus de profondeur. La vue de l'Aouache, qui semblait participer à la félicité que tout exhalait en ce beau jour, me rappela les malheureuses captives qui l'avaient traversé la veille avec tant de désespoir. Je devins triste ; le roi s'en aperçut et me demanda le motif de ce changement d'humeur. « J'ai une demande à vous faire, lui dis-je. Permettrez-vous à vos soldats de vendre les enfants et les femmes qu'ils ont pris ? n'est-ce pas une injustice d'infliger ainsi à des innocents les plus dures conséquences de la guerre ? en tolérant de pareilles iniquités, ne craignez-vous pas d'irriter Dieu contre vous, contre votre famille, contre votre peuple ? » Le roi me prit la main avec bonté ; il me fit asseoir et m'assura qu'il avait l'intention de renvoyer les captifs dans leur pays aussitôt que les chefs des tribus auraient fait leur soumission. Il ajouta qu'il allait, dans ce dessein, les faire énumérer et enregistrer afin qu'on lui en rendît un compte exact quand le moment de les affranchir serait venu. Il se leva ensuite et partit après avoir attendu inutilement pendant trois quarts d'heure que les hippopotames reparussent.

Nous passâmes, en quittant le fleuve, sur un terrain couvert d'obsidienne; on aurait dit, de loin, les scories d'un haut fourneau. Sahlé-Sallassi me demanda ce qu'était cette matière, je lui dis qu'elle pouvait fournir d'excellentes pierres à fusil; il ordonna aux personnes de sa suite d'en ramasser, et les officiers qui l'entouraient prirent, bien malgré eux, leur charge de pierre. Nous atteignîmes l'armée à Fouri, dans une prairie immense. On s'y arrêta un jour pour donner aux hommes un peu de repos, et aux innombrables bestiaux que nous emmenions un peu de pâture. Le lendemain, à sept heures du matin, Sahlé-Sallassi fit publier une proclamation à la porte de sa tente, par laquelle il ordonnait, sous les peines les plus sévères, à tous les soldats qui avaient des prisonniers, de les déclarer et de les conduire devant les scribes, afin qu'ils fussent enregistrés. L'ordre se répandit tout de suite dans l'armée, et, une demi-heure après, les scribes étaient placés devant la tente du roi; et les soldats, amenés par leurs chefs et suivis par leurs prisonniers, venaient les faire enregistrer. J'allai complimenter le roi sur l'exactitude avec laquelle il tenait la promesse qu'il m'avait donnée la veille. D'autres scribes étaient occupés en même temps à compter le bétail enlevé aux Gallas. A quatre heures du soir je demandai au chef des scribes à quel chiffre s'élevait le nombre des bœufs et des vaches; on en avait déjà compté le chiffre énorme de 87,000, et encore ne put-on terminer le relevé pendant la journée.

L'armée marcha le lendemain sur Fine-Fini, où nous restâmes une journée. Le roi m'avait dit que des ruines curieuses avaient été découvertes récemment dans le voisinage de ce lieu, j'allai lui rappeler la promesse qu'il m'avait donnée de me les faire visiter. « Demain, me dit-il, lorsque nous partirons, un de mes officiers t'y conduira. » Le lendemain matin, en effet, l'officier désigné par le roi vint me prendre avec une nombreuse troupe de cavalerie. Nous suivîmes jusqu'au sommet une montagne occupée par les Kathafo-Gallas; c'est là que se trouvait la curiosité que j'allais visiter. Le monument s'annonce par une chaussée creusée horizontalement dans une roche schisteuse; à mi-chemin elle s'élargit en cercle, puis elle aboutit à une voûte qui perce le roc élevé verticalement comme un mur. On pénètre par la voûte dans une espèce de cour à ciel ouvert qui forme un carré long; au bas d'une des parois de cette cour, on voit l'entrée d'un souterrain aujourd'hui obstrué par des décombres. Le temps, en dégradant les roches, a ouvert une fissure par laquelle on entre dans une grotte creusée de main d'homme, et à laquelle le souterrain maintenant fermé devait autrefois conduire. La grotte est partagée en deux pièces éclairées par des lucarnes percées dans le roc. Une sorte de banc de pierre est taillé au fond de ces chambres, et servait probablement de siége aux hôtes de cette mystérieuse retraite. Des piliers carrés, qui s'élargissent au sommet et à la base, soutiennent les voûtes; un filet est sculpté à la demi-hauteur de ces colonnes. Tout a été taillé dans le même roc; d'ailleurs aucune inscription ne peut mettre sur la voie de la date et de la destination de cette construction étrange. Au midi de la grotte, à 200 mètres de distance, on voit encore les fondements d'un édifice qui devait couvrir une vaste superficie, et dont la grotte était sans doute une annexe. Sahlé-Sallassi me demanda ce que je pensais de ce monument : je lui dis que je croyais qu'il devait avoir servi à des rites religieux, et qu'il avait été creusé sans doute au temps où le christianisme fut introduit en Abyssinie; c'était aussi l'opinion du roi, et il me dit que les prêtres qui l'avaient visité lui attribuaient la même origine.

Nous allâmes camper ce jour-là encore sur le territoire de la kabyle Khatafo, au bord de la rivière Galléna. Le chef de la tribu vint annoncer au roi qu'on avait découvert dans le voisinage une nouvelle grotte. Nous allâmes la visiter. Elle est creusée dans une roche schisteuse dont la rivière baigne la base, formée de deux chambres circulaires dont le plafond s'arrondit en coupole, et elle est décorée au centre d'une petite guirlande de losanges entrelacées. Une corniche, située dans le bas, servait évidemment de support aux flambeaux. Dans la plus grande des chambres on remarque sur un des côtés trois grandes cuves taillées dans le roc, au-dessus desquelles le plafond est noirci de fumée ; dans l'autre chambre il n'y a qu'une cuve, mais elle a été creusée au milieu de la pièce : on dirait qu'elle était destinée à servir à des ablutions. Aucune inscription n'explique l'énigme de cette crypte. Peut-être remonte-t-elle à l'époque où le judaïsme était en vigueur en Éthiopie. La roche dans laquelle elle a été percée se dresse presque droite sur la rivière ; et elle serait inaccessible si l'on n'y eût pratiqué des trous où pour monter on se cramponne des pieds et des mains, et qui conduisent à une petite galerie sur laquelle s'ouvre une petite porte cintrée.

Depuis Fine-Fini, l'armée allait diminuant à mesure que nous approchions d'Angolola. Les chefs de tribu et les gouverneurs de province près du territoire desquels nous passions s'en détachaient chaque jour avec le contingent de cavaliers qu'ils avaient amenés. L'armée se dispersa tout entière après notre arrivée à Angolola. Le roi entra dans sa seconde capitale avec la même solennité qui avait accompagné son départ. Le clergé vint en procession au-devant de lui pour le bénir et absoudre l'armée des crimes qu'elle venait de commettre dans la guerre contre les infidèles.

Je reçus à mon arrivée une lettre de M. Antoine d'Abbadie, qui résidait alors à Gondar : elle me fut remise par un Allemand qui était venu dans le nord de l'Abyssinie, il y a plusieurs années, à la suite de M. Rüppell, en qualité de chasseur naturaliste. Le roi sut que j'avais reçu un message, il me demanda de qui il était. Je lui dis qu'il m'était envoyé par M. d'Abbadie l'aîné, le savant, qui étudiait à Gondar, environné des plus vieux manuscrits éthiopiens, l'histoire et la littérature de l'Abyssinie; le frère de M. d'Abbadie, le guerrier qui réside dans le Kodjeam, près du chef Berou-Goutchio, et dont la réputation de bravoure s'est étendue jusque dans le Choa.

Sahlé-Sallassi se rendit bientôt à Angobar : M. Lefebvre et M. Petit, qui était revenu de Tégoulet, le suivirent. Je les rejoignis quelques jours après. A mon arrivée, le roi m'envoya le gouverneur de la ville pour me remettre les insignes de challaga : c'est le titre que portent les généraux et les gouverneurs dans le royaume de Choa. Les insignes de ce grade sont un bouclier garni de plaques d'argent, un bracelet de guerrier que l'on porte au poignet et un anneau que l'on porte au bras, un sabre à poignée d'argent et deux lances. A mesure que le gouverneur me remettait les armes de challaga, trois scribes, trois lettrés du pays se placèrent devant moi et se mirent à entonner un chant composé à mon honneur qu'ils psalmodiaient lentement en se balançant. Voici le texte et la traduction de ce morceau de poésie éthiopienne :

ደቢሎክ ፡ ስብአ ፡ ሻዋ ፡ ሮኺ ፡ ኃያል ፡ በውስተኩሉ ፡
ለእም ፡ ከንከ ፡ ሎሙ ፡ ለፊሪ ፡ ሁሉ ፡ መሻሽ ፡
ጋሎች ፡ ይዘ ፡ መጣ ፡ ላባቹ ፡ እጅ ፡ መንሻ ፥
ለችርነቱም ፡ አጣን ፡ ምሳሊ ፡ ባለም ፡ ሁሉ ፡ ብንሻ ፡
በኋላ ፡ ይገላል ፡ በመጨፈረሽ ፥ በፈረስሂ ፡ ፈጣንው ፡
በጋሽ ፥ እደነቀት ፡ ኪያክ ፡ አብሽ ፥ ፥ ፥

« Toute la terre de Choa parle ainsi : Rochet le fort, fort parmi tous les grands! Il fut l'épouvante de l'ennemi. Il a pris trois Gallas pour en faire un présent de bienvenue au roi, son père. Le parfum de sa générosité se répand comme l'encens. On ne trouve personne à lui comparer dans le royaume de Choa. Il est bon et humain ; mais sa colère est redoutable. Demeuré seul en arrière, il a combattu après tout le monde. Soit qu'il combatte à cheval, soit qu'il combatte à pied, ses armes sont l'admiration de toute l'Abyssinie. »

Sahlé-Sallassi ne se contenta pas de m'élever au grade de ces principaux dignitaires, il m'offrit le gouvernement de celle de ses provinces que je voudrais choisir. J'acceptai la dignité, mais je refusai la fonction. MM. Lefebvre et Petit me quittèrent pour se rendre à Gondar. Cette séparation réveilla en moi, avec plus de vivacité encore, la douleur que j'avais éprouvée lorsque l'ambassade anglaise m'avait laissé seul au Choa. Il est vrai que mes nouveaux projets firent diversion, cette fois, au chagrin de l'isolement : je songeais à partir, moi aussi, pour retourner en Europe.

SOMMAIRE DE LA CINQUIÈME PARTIE.

Religion des Abyssins. — Hiérarchie ecclésiastique. — L'*aboune*. — Les *defteras*. — Les *alakas*. — Dogmes et superstitions du christianisme d'Abyssinie. — Grande vénération pour la sainte Vierge. — Técla-Haimanot. — Jeûnes. — La reine de Saba. — Costume des prêtres et cérémonies.— La fête de saint Jean-Baptiste et le baptême annuel. — Histoire d'Abyssinie. — Menelek, fils de Salomon. — Dynastie du Choa. — Les prédécesseurs de Sahlé-Sallassi. — Gouvernement et administration. — La justice. — Les assises royales. — Autorité absolue du roi.

CINQUIÈME PARTIE.

MŒURS. — GOUVERNEMENT. — RELIGION.

En racontant les principaux incidents qui ont marqué mon séjour dans le Choa, j'ai peut-être dit assez pour donner une idée générale de la population de cette contrée, de ses mœurs et de la manière dont elle est gouvernée; cependant, avant de reprendre mon récit, j'essayerai de rassembler les principaux traits qui caractérisent les habitants de cette importante partie de l'Afrique orientale.

La religion des Abyssins est la principale cause de l'intérêt qu'ils nous inspirent; ils doivent à la religion la supériorité incontestable de mœurs et de civilisation qui les élève au-dessus des autres peuples de l'Afrique : pour apprécier cette civilisation, il importe donc, avant tout, d'avoir un aperçu de l'état des idées et des pratiques religieuses chez les chrétiens d'Abyssinie.

Cette recherche conduit à deux observations principales : il est également curieux de voir ce qu'un peuple détaché et séparé, pendant tant de siècles, du foyer actif des idées chrétiennes a conservé des doctrines primitives du christianisme, et les altérations qu'il leur a fait subir.

Il serait à coup sûr très-important de poursuivre à fond les deux côtés de cette étude; mais, je dois l'avouer, ce serait une œuvre bien difficile : il faudrait être soi-même parfaitement versé, versé comme peut l'être un théologien, dans l'histoire des Églises chrétiennes; il faudrait avoir lu tous les livres religieux où sont répandus les restes du christianisme que l'Abyssinie a conservés encore jusqu'à ce jour. Peut-être, parmi les Européens qui ont dirigé leurs investigations vers cette partie de l'Afrique, M. Antoine d'Abbadie, qui a courageusement résolu de déchiffrer les livres théologiques de l'Abyssinie, serait seul à la hauteur d'une pareille tâche; mais, au-dessous d'un travail aussi solidement et systématiquement scientifique, il y a place encore pour des observations intéressantes, pour les observations générales qui sont à la portée d'un voyageur. Pour mon compte, je ne prétends pas donner d'autres lumières sur la situation religieuse de l'Abyssinie que celles qu'il m'a été permis de recueillir dans le simple contact des populations que j'ai visitées ; aussi c'est moins une exposition des croyances religieuses de l'Abyssinie qu'un aperçu des mœurs religieuses des habitants du Choa que je compte présenter ici. Je ne ferai donc qu'indiquer les origines du christianisme en Abyssinie. On raconte qu'il y fut prêché d'abord, vers le troisième siècle de notre ère, par un chrétien d'Alexandrie nommé Frumentius ; depuis lors, les Abyssins ont subi le retentissement des vicissitudes du christianisme en Égypte, et les hérésies qui ont séparé les chrétiens d'Égypte de la communion latine se sont naturellement imposées à l'Église d'Abyssinie. Cette origine rattache encore par un lien vivant les Abyssins à l'Église cophte. La puissance religieuse suprême est exercée, en Abyssinie, par un archevêque ou patriarche qui porte le titre d'*aboune* : or les Abyssins ne tirent pas de leur sein leur chef religieux ; ils se croient obligés de le demander au patriarche cophte du Caire. L'aboune seul a en effet, parmi eux, depuis des siècles, le privilége et le droit de faire les ordinations : évêques, prêtres, diacres et moines ne tiennent que de lui leur caractère sacré. Cette nécessité dans laquelle les Abyssins croient être de faire venir de l'étranger le chef de leur Église entraine d'étranges conséquences : ainsi, lorsqu'un aboune est mort, ils sont obligés de payer une contribution au patriarche du Caire pour lui obtenir un successeur. Ordinairement cette redevance ne dépasse pas 5,000 talari ou 25,000 francs ; mais cette somme est très-considérable pour l'Abyssinie, où l'argent est très-rare et a une grande valeur. Un aboune est donc une sorte de trésor que les Abyssins craignent à chaque instant de perdre ; dans cette appréhension, ils le surveillent très-étroitement et le tiennent à peu près prisonnier : puis ils ont toujours soin, lorsqu'un nouvel aboune leur est nécessaire, de se le procurer le plus jeune possible. L'aboune actuel, qui a été élevé au Caire par un missionnaire anglais, M. Leeder, a été élevé aux hautes fonctions qu'il occupe à l'âge de vingt-deux ans. L'autorité de l'aboune s'étendait autrefois sur toute l'Abyssinie ; mais les événements, les perturbations politiques qui ont divisé les grandes provinces du nouvel empire d'Éthiopie ont affaibli l'influence du pontife sur les populations éloignées de sa résidence habituelle. On peut considérer le Choa comme étant entièrement soustrait à cette influence. C'est le roi Sahlé-Sallassi, et non plus l'aboune, qui y confère les dignités ecclésiastiques. Dans le nord même de l'Abyssinie, où demeure l'aboune, les intérêts politiques l'emportent souvent chez les chefs du pays sur les préjugés religieux. On en a vu un exemple à la mort du dernier aboune, Kerilos, que l'on dit avoir été empoisonné par des chefs jaloux de lui. Les gouverneurs du Tigré et de l'Amharra s'emparèrent des propriétés qui sont l'apanage du primat; et, pour les garder, ils demeurèrent pendant plusieurs années sans demander un nouveau pontife au patriarche cophte. Enfin ce fut par des motifs politiques d'une nature différente, ce fut pour ranger dans son parti les Abyssins pieux qui déploraient la désolation de leur Église, que le gouverneur du Tigré, Oubié, fit cesser cet interrègne et appela l'aboune actuel.

Le clergé est très-nombreux dans le royaume de Choa et y forme la classe la plus éclairée de la population : il comprend les prêtres, les moines, et la corporation des *defteras*, de laquelle sont tirés les écrivains, les chantres, les maîtres de cérémonie et les directeurs des biens temporels des églises, auxquels on donne le nom d'*alakas*. Ils ont le dépôt de tout ce qui reste d'instruction en Abyssinie. C'est ordinairement dès leur enfance que les prêtres se préparent à leur état. Chacun d'eux est chargé du soin d'instruire et de conduire un certain nombre d'enfants. Les enfants demeurent sous cette tutelle pendant plusieurs années, au bout desquelles on décide s'ils choisiront entre le célibat et le mariage. Ceux qui doivent se marier peuvent se consacrer ou non au sacerdoce, les autres se font moines. Ceux-ci font vœu de n'avoir jamais le moindre rapport avec l'autre sexe, de ne jamais jeter les yeux sur une femme, de n'en écouter jamais la voix, de ne jamais rien manger, pas même du pain, qui ait été préparé par une femme. Un moine qui violerait ce vœu encourrait une peine de vingt années d'excommunication. Les prêtres ne peuvent se marier qu'une fois; si leur femme meurt, ils sont condamnés au célibat. Un laïque qui aurait perdu quatre femmes ne pourrait pas se marier une cinquième fois. C'est d'ailleurs une formalité peu grave que l'ordination d'un prêtre : l'aboune demande au postulant s'il est en état de lire les Écritures et quelques-uns des livres théologiques de l'Abyssinie; puis il souffle sur lui, lui donne sa bénédiction et lui communique par là le caractère sacerdotal. Le prêtre ordonné paye à l'aboune une redevance de deux pièces de sel (le sel est la monnaie courante en Abyssinie), ce qui équivaut, dans le Choa, à environ 50 centimes. L'aboune ordonne ainsi, dans une seule journée, des centaines de prêtres.

La religion enseignée par les prêtres du Choa présente, sur un fonds de christianisme, des empreintes de judaïsme, de mahométisme et de paganisme qu'y a laissées le contact des Abyssins avec les juifs, les musulmans et les Gallas.

Le fonds de christianisme se reconnaît dans la constitution sacerdotale, dans les croyances, les pratiques et les cérémonies principales : ainsi les prêtres du Choa prennent pour base de leur foi le symbole de Nicée; ils admettent les principaux sacrements du culte catholique, le baptême, la confession, la communion, l'ordre, le mariage, l'extrême-onction; ils croient au purgatoire; ils professent en l'honneur des saints un culte minutieux; ils célèbrent le dimanche ainsi qu'un très-grand nombre de fêtes; ils ont plusieurs jeûnes dans l'année; ils s'abstiennent de manger de la viande le mercredi et le vendredi, etc.

Bien que possédant dans le symbole de Nicée les points fondamentaux des dogmes chrétiens, les Abyssins ont toujours été divisés sur quelques-uns de ces dogmes les plus importants par des controverses acharnées. L'histoire de l'Abyssinie est toute remplie des guerres intestines et des perturbations politiques que ces polémiques théologiques ont excitées. Aujourd'hui encore, deux grandes questions tiennent en émoi les esprits dans le Choa; je les cite pour donner une idée des formes et des éléments de la vie intellectuelle qui s'est conservée dans ce pays : l'une est relative à Jésus-Christ, l'autre à la Vierge Marie. Quant à Jésus-Christ, les théologiens d'Abyssinie sont divisés en deux grandes sectes. Il s'agit de fixer le nombre des naissances du Sauveur; les uns lui attribuent trois naissances, les autres ne veulent lui enaccorder que deux. Suivant les premiers, Jésus-Christ est né comme personne divine, comme homme, et aurait reçu le Saint-Esprit dans le sein de sa mère, ce qu'ils regardent comme une troisième naissance : les autres n'admettent pas cette troisième naissance. de là entre les deux partis une hostilité invétérée. Le Tigré tient pour les deux naissances, Gondar pour les trois. La dispute s'était tellement échauffée, que le dernier aboune, Kerilos, crut devoir interdire la controverse aux deux partis à la fois; mais, à Gondar, on vit dans cette défense une tendance favorable aux Tigréens et l'on chassa l'aboune. Un prêtre de Gondar, nommé Bissana, apporta cette controverse dans le Choa. Ce prêtre était le confesseur du grand-père de Sahlé-Sallassi, Asfa-Oussen. Il persuada au roi que, s'il adoptait la doctrine des trois naissances, une province qu'il convoitait deviendrait sa conquête. Asfa-Oussen se rendit aussitôt à cette utile croyance; il s'empara, en effet, de la province. Jusqu'à ces dernières années, la foi aux trois naissances n'avait pas beaucoup dépassé le cercle de la maison royale; mais, lorsque la controverse éclata, Sahlé-Sallassi y mit promptement un terme en faisant proclamer que quiconque contesterait dorénavant les trois naissances du Christ verrait ses biens confisqués et serait banni.

Les habitants du Choa ont, comme tous les Abyssins, une vénération extrême pour la sainte Vierge; ils célèbrent en son honneur trente-trois fêtes dans l'année. Cette vénération est poussée si loin par un grand nombre, qu'ils vont jusqu'à mettre la sainte Vierge au-dessus même du Christ. Cette croyance est répandue dans la province de Fatigar; à Angobar et dans le célèbre monastère de Devra-Libanos, on repousse cette erreur. Suivant les adorateurs fanatiques de la sainte Vierge, la naissance de Jésus-Christ aurait été le résultat d'une alliance stipulée entre elle et Dieu; suivant eux encore, elle ne serait point morte et sortirait de son repos actuel le jour de la résurrection des morts : d'autres disent qu'elle est morte en holocauste pour les péchés du monde, et qu'elle a racheté de la damnation cent cinquante mille âmes.

Les habitants du Choa ont aussi un grand respect pour les saints; ils vénèrent les Pères les plus célèbres de l'Église d'Orient, saint Athanase et saint Chrysostôme entre autres, dont ils ont conservé plusieurs ouvrages dans leurs livres théologiques. Les quatre évangélistes sont l'objet d'un culte particulier; les Abyssins donnent alternativement leurs noms aux années. Quatre années forment un cycle, dans lequel il y a l'année de Saint-Matthieu, celle de Saint-Marc, celle de Saint-Luc et celle de Saint-Jean; ces désignations figurent dans leur chronologie. Si vous demandez à un homme en quelle année il est né, il vous dira en l'année de Saint-Jean, de Saint-Luc, de Saint-Marc ou de Saint-Matthieu. Mais le saint le plus populaire dans le Choa, c'est un saint du pays, qui en est aussi le patron, — Técla-Haïmanot. Il y a trois fêtes par an en son honneur, l'une au mois de décembre pour célébrer sa naissance, une au mois d'août en mémoire de sa mort, et une troisième au mois de mai pour glorifier son ascension. Técla-Haïmanot a été le fondateur du monastère de Devra-Libanos. La légende de sa vie raconte qu'étant un jour arrivé sur la montagne où est aujourd'hui situé le couvent, et étant épuisé par la soif, il pria Dieu, par l'intermédiaire de saint Michel, de faire jaillir une source. Sa prière fut exaucée, et aussitôt une eau venue du Jourdain sortit du roc à ses pieds. Cette fontaine merveilleuse est devenue le puits miraculeux qui attire à chaque fête, en l'honneur du saint, des pèlerins et des malades de tous les points de l'Abyssinie. Les habitants du Choa, attribuant à une vertu religieuse les qualités salutaires de ces eaux minérales, assurent qu'il suffit d'en boire pour être guéri. Les jours consacrés à Técla-Haïmanot, le roi de Choa fait distribuer des vivres et du sel aux pauvres, et prête des mules aux malades qui ne peuvent marcher jusqu'au sommet de la montagne de Devra-Libanos. Les malades et les pèlerins ramassent aussi de la poussière sur la tombe du saint et s'en font des amulettes.

Outre les nombreuses fêtes qu'ils célèbrent dans l'année, les habitants du Choa observent scrupuleusement le dimanche; ils ont gardé aussi des traditions juives l'observation du sabbat; pour eux le samedi est un jour de fête. Une de leurs pratiques les plus sévères et le plus exactement suivies est le jeûne. Les chrétiens du Choa jeûnent d'abord, toute l'année, le mercredi et le vendredi. Il y a, en outre, quatre grands jeûnes périodiques dans l'année : aux mois de février et de mars, le carême (*shômé arba*), qui dure cinquante jours; au mois de juin, le jeûne des apôtres (*shômé haouariat*), qui dure vingt-cinq jours; puis le jeûne de Ninive, de trois jours, le jeûne de l'Assomption de la Vierge (*shômé phelseta*), qui dure seize jours, et celui de l'Avent (*shômé heldet*). Aucun Abyssin ne reçoit la communion sans avoir fait pénitence pour les infractions dont il s'est rendu coupable à l'égard de cette loi ; un homme qui n'aurait jamais jeûné serait regardé comme exclu de la communion chrétienne et ne serait pas enseveli en terre sainte.

Ces jeûnes ne sont pas tous obligatoires pour tous les fidèles : pour l'Avent, qui commence le 5 décembre et finit le 16 janvier, les laïques n'observent le jeûne que pendant les trois derniers jours, afin de se préparer à la fête du baptême de saint Jean, qui a lieu le 17 janvier. Le grand jeûne, qui correspond à notre carême, commence le 27 février. Le clergé seul observe le jeûne des apôtres. Pendant les deux derniers jours du grand jeûne, c'est-à-dire depuis le jour de la mort du Sauveur jusqu'au jour de la résurrection, les Abyssins ne prennent aucune nourriture : le dernier jour, les prêtres des quatre églises d'Angobar viennent, en procession, complimenter le roi à l'occasion de la pâque; ils composent ce jour-là, en son honneur, des vers que chante un coryphée, et où sont célébrés ses exploits les plus récents. Voici les vers de ce genre qui furent récités devant moi à la pâque que j'ai vu célébrer à Angobar.

ሣህል ፡ ሥላሲ ፡ ንጋተ ፡ የሁሉ ፡ መናሽ ፡ ተሰገሰግሳለህ ፡
ሰውንን ። በፈረስ ፡ መሪነን ፡ የጠቢር ፡ መገድ ፡
ከከብህም ፡ ይታያል ፡ በፈቅ ፡ ከራስ ፡ በላይ ፡ ሆኖ ፡
ሲሃድበሊት ፡ ይነዳል ፡ አንተ ፡ ን ፡ የጠላ ፡ ዘዚህ ፡
ማይነው ፡ ወተር ፡ ያስተኛል ፡ ከመድ ፡ ወይህ ፡
በጋሉ ፡ የቢትሳ ፡ ማድ ፡ እጅግ ፡ ታጠግባለህ ፡
ከተማ ፡ ፈሪዳ ፡ አለብለህ ፡ ስታርድ ፡ ዳራግን ፡
ልገርሳ ፡ እኔ ፡ ያባቶችህን ፡ ልማይ ፡ ነገር ፡ በቅሎልና ፡
ከፊ ፡ ከልቤ ፡ ፈታል ፡ ዕሻያሰማልን ፡ ስራተ ፡ ፈረድ ፡
ለሙልክሙም ፡ ንብረት ፡ ስትል ፡ ሀገር ፡ አሰጠይቀሳ ፡
ንገድ ፡ በወስንሰገድ ፡ መትበአሰፉ ፡ ወሳንክዙፈንሳ ፡
ዋጋ ፡ ቶሎ ፡ አተውረድ ፡ ። ። ። የሚክኢሌትይሳ ፡
ነው ። ።

Sahlé-Sallassi est le plus grand de tous les rois qui ont jamais paru : aucun ne peut lui être comparé. Son intelligence et sa bravoure sont sans rivales; parler de lui, c'est donc instruire. L'empire de Sahlé-Sallassi est semblable à un vaisseau. Prions comme le prophète Elie, afin qu'il demeure longtemps à Angobar; sa présence remplit toute la ville de joie.

Composé par un prêtre d'Angobar.

ግብጽ ፡ ምስል ፡ ርምያ ፡ ሀገሩ ፡ ይእቲ ፡ ለጊሩት ፡
ከ ፡ ዚናዊሀብታት ፡ ጸውሌስ ፡ ሣህለሥላሲ ፡
ዘኔሩትክ ፡ ፈድፈድ ፡ እሰመ ፡ እልፈ ፡ ነገሩ ፡ ፍቅርክ
ይሬሲ ፡ አሐጸ ፡ ወኩሎ ፡ ሀገሩ ፡ ፈጸሞ ፡ ውሳት ፡
ርምያ ፡ ተሰተ ፡ ተነግሮ ፡ ኩደት ፡ ሀበፈቀደ ፡
ወወቀተ ፡ ምድረ ፡ ግብጽ ፡ ይንበር ፡ ለእመ ፡ ፈቀደ ፡
ጊሩትክ ፡ በፈረሰወረደ ። ። ። የዞዮርጊሶትይሀ ፡
ነው ። ።

La terre des Kophtes et celle des Grecs sont
pleines de ta grandeur. Le nom de Sahlé-Sallassi
est comparable à celui de saint Paul. Ta bonté
échappe à toute mesure; ton amitié est le plus
heureux des dons. Après avoir parcouru l'empire
des Grecs, ta renommée est allée étonner celui des
Kophtes, et a parcouru ainsi l'univers entier.

(Composé par les prêtres de l'église de Saint-George.)

ሰሎሞን ፡ ሣህለ ፡ ሥላሲክሉ ፡ ይተጋባዕ ፡ ውሰተ ፡
ቤትክ ፡ እምጣነ ፡ ሰፈሕ ፡ እደክ ፡ እንተ ፡ የአከል ፡
ለኩኩባሕቱ ፡ ዘመን ፡ ቅዳሲ ፡ ይደሉ ፡ ለእግዚከብሔር ፡
ሕያው ፡ ሥጋዚአክ ፡ መጋቢታሕቱ ፡ ወላዕሉ ፡
ከዕበሂ ፡ በፉትሕ ፡ ዘኢታደሉ ፡ ነገሥታተ ፡ ዓለም ፡

MOEURS. — GOUVERNEMENT. — RELIGION.

ኪያክ ፡ ኢየመሰሉ ፡ ነዳያን ፡ በቅድሜክ ፡ ይብሉ ፡፡ ፡፡ ፡፡
ያማርያሞችይደልወክ ፡ ይኅ ፡ ነው ፡፡

Salomon Sahlé-Sallassi, ton nom attire tout le monde vers toi. Ton empire est immense et assez vaste pour contenir tous les hommes. Ta bonté et ton équité, comme celle de Dieu, suffisent à tout. Tu ne reviens pas sur tes arrêts, ta première parole est la vérité. Aucun royaume dans l'univers ne peut être comparé au tien. Tu es le nourricier et le père des pauvres.

(Par les prêtres de l'église de Sainte-Marie.)

ምላክነ ፡ ሣህለ ፡ ሥላሴ ፡ ቅዳሲ ፡ ዘመን ፡ እምጣነ ፡
ፈጠርክ ፡ አንተ ፡ ሀብተ ፡ ነዳያን ፡ ዓለመወሰማይ ፡
ነገረ ፡ ተገፉኡ ፡ በቃልክ ፡ ቆም ፡ ኂሩትክሂ ፡
መሰፍን ፡ መልዕልተ ፡ ኩሉ ፡ ተሰይመውኩሉ ፡
ፍፕረተ ፡ አስተሣለም ፡ ወኩሉ ፡ ዓልም ፡ ለእመ ፡
ቆም ፡ ወመርህበ ፡ ተነግሮ ፡ ቀደመ ፡፡ ፡፡ ፡፡ ይኅ ፡
የመድኀኒ ፡ ዓለሞች ፡ ነው ፡፡ ፡፡ ፡፡

La Trinité nous a donné un ange pour père. Sahlé-Sallassi, lorsqu'elle t'a formé elle a fait un chef-d'œuvre. Tu accomplis sur la terre tout ce qui est nécessaire pour gagner le ciel. A ta voix, tout ce qui est tombé se relève. Ta bienfaisance est au-dessus de toute louange : tout le monde en a entendu parler. A ta parole, la terre entière s'est levée au-devant de toi.

(Par les prêtres de l'église du Sauveur.)

በእደከ ፡ ሣህለ ፡ ሥላሴ ፡ ጻድቅ ፡ አብርሃም ፡ መጋቢ ፡ ኩሉ ፡ ፍጥረት ፡ ማዕደ ፡ ተሣህሎ ፡ ተወርዓ ፡ ጊራትከ ፡ መጽሐፈ ፡ ልዕልና ፡ በኩሉ ፡ ተሠምዓ ፡ ጸውሎዕሃ ፡ ዚናከ ፡ እምነ ፡ ሀገረ ፡ ዘወጽአ ፡ ኩሎ ፡ ዓለም ፡ አስተራስአ ፡ ውስተ ፡ ሕገ ፡ ወንጌል ፡ ሔትከ ፡ ለእለ ፡ ጸውዓ ፡ እሰመ ፡ ከ ፡ በኩሉ ፡ ርቱዓ ።።።

Sahlé-Sallassi est semblable au véridique Abraham. Tu es libéral envers tous ; la table de ta bienfaisance est toujours ouverte. Ta science est connue de tous. Comme celui de saint Paul, ton nom dépasse les limites de ton royaume et remplit l'univers. Ceux qui cherchent l'exécution de l'Évangile viennent vers toi et obtiennent la satisfaction de leurs vœux.

(Par un prêtre de Gondar.)

እምነገሥት ፡ ዘቀጻምም ፡ ለኃያል ፡ ንጉሥ ፡ ሣህለሥላሴኢሪከብነ ፡ ምዕረ ፡ ዘይመስሎ ፡ በግብረ ፡

ግብረ ፡ እንቲአሁ ፡ አካኑ ፡ መንክር ፡ ወምዕራፈ ፡
ተሰምዖ ፡ መንግሥተ ፡ ዚአሁ ፡ ሐመርባሕቱ ፡
ንትማነይ ፡ ከመ ፡ ይንበር ፡ እምስለእዝራ ፡ ወሄኖክ ፡
በእንከበር ፡ እስመ ፡ ውእቱ ፡ ኩሉ ፡ ማኅደር ። ።። ።።

Au puissant roi Sahlé-Sallassi qui n'a pas d'égal dans le gouvernement. Ta bonté est un trésor ; ta science est semblable à celle du Très-Haut. Il ressemble aux prophètes ; son nom est béni dans tout Angobar.

(Par un prêtre de Gondar.)

Après ces hymnes hyperboliques, les prêtres célèbrent dans la salle de réception du roi une cérémonie en l'honneur de l'alliance conclue entre Dieu et l'homme à la fin du déluge. Pour rappeler le souvenir du rameau d'olivier rapporté par la colombe, les prêtres présentent au roi un faisceau de joncs enveloppés dans la bannière sacrée; le roi en prend quelques-uns et les distribue à ses officiers, le reste est donné à la foule, après quoi chaque prêtre vient bénir le roi et lui faire baiser les reliques de son église.

La religion juive a laissé aux Abyssins l'observation du sabbat : ils en ont gardé aussi la circoncision et une distinction sévère entre les aliments purs et impurs ; ils comptent parmi ces derniers une foule d'animaux, tels que le porc, le lièvre, le canard, l'oie, etc. Les habitants du Choa se garderaient bien aussi de manger de la viande d'un animal qui n'aurait pas été tué par une main chrétienne, au nom du Père, du Fils et du Saint-Esprit : il leur est défendu de prendre du café, parce que les musulmans en boivent. Du reste, les Abyssins se rattachent avec orgueil, par plusieurs traditions fabuleuses, à l'ancienne civilisation juive; ils prétendent que la reine de Saba, qui, suivant eux, gouvernait le Tigré, eut de Salomon un fils nommé Menelek; ils disent qu'au temps même de Salomon la tribu de Benjamin entra en Éthiopie, apportant avec elle l'arche d'alliance du temple de Jérusalem. Quelques-uns assurent, dans le Choa, que la véritable arche d'alliance est encore conservée dans la ville sainte d'Axoum. Par imitation, chaque église a son tabernacle, son saint des saints renfermé dans la partie la plus secrète du temple, dont le voile mystérieux ne se lève que devant les grands dignitaires de l'Église. Ces arches d'alliance s'appellent *tabots*. Il y a aussi, dans la distribution des églises, des réminiscences grossières du temple juif.

Les églises sont très-nombreuses dans le royaume de Choa; quiconque en élève une croit avoir acheté le pardon de tous ses péchés. Mais ces édifices sont peu remarquables ; c'est la même architecture que celle qui règne dans la construction des chaumières. Comme les chaumières, les églises sont des bâtiments circulaires surmontés d'un toit conique, au sommet duquel s'élève une croix de fer ; à l'intérieur, elles sont blanchies à la chaux, et les murs sont barbouillés d'images grossières qui représentent le saint patron de l'église, la sainte Vierge, la lutte des bons et des mauvais anges, le diable précipité dans l'enfer. L'église est divisée en trois compartiments : une sorte de corridor demi-circulaire est la partie réservée aux laïques ; puis vient l'enceinte où les prêtres célèbrent le service religieux et dans laquelle les laïques ne pénètrent que pour recevoir la communion ; il y a enfin, cachée par un rideau immense, la partie sacrée où pénètre seul l'*alaka*, et qui renferme le tabot et les vases saints. Du sommet du toit descend, au centre de l'église, une lampe de verre, toujours allumée. Dans l'enceinte réservée aux prêtres et aux defteras, on voit souvent des ossements auxquels la superstition attribue des vertus miraculeuses.

Les prêtres et les diacres attachés à une église se partagent en trois troupes qui font alternativement le service, l'une après l'autre, pendant une semaine; ceux qui sont de semaine s'interdisent, durant ce temps, tout rapport avec les laïques. Dans le Choa, les chrétiens annoncent leur foi religieuse et se distinguent extérieurement des Gallas païens et des musulmans en portant au cou un cordon de soie bleue. Quant aux prêtres, ils se distinguent des laïques par un immense turban blanc dont ils se ceignent la tête, par la majesté avec laquelle ils se drapent dans leur manteau de coton blanc bordé de bandes rouges, par une petite croix de fer qu'ils tiennent d'une main et un long bâton qu'ils tiennent de l'autre. Quelquefois ils sortent enveloppés d'une espèce de manteau noir auquel est attaché un capuchon. Dans l'église, ils revêtent une chape bariolée et mettent sur leur tête une sorte de mitre. Lorsqu'ils sortent en procession, l'*alaka* marche sous un dais. Leurs cérémonies ne sont rien moins qu'imposantes; elles consistent dans le chant des psaumes, des hymnes, la lecture des livres saints. La psalmodie des prêtres abyssins est la plus effroyable musique qu'on puisse entendre; elle est accompagnée de roulements de timbales et de tambours et du tintement criard d'une sorte de triangle. Les prêtres, se souvenant sans doute que David dansa devant l'arche, joignent aussi à leur chant des contorsions de bras et de jambes, au milieu desquelles leur bâton joue un rôle.

Parmi les cérémonies du culte de l'Abyssinie, la plus curieuse est assurément la célébration du baptême annuel du 15 janvier. Ce jour-là est consacré à la commémoration du baptême de Jésus-Christ par saint Jean dans les eaux du Jourdain. Les chrétiens d'Abyssinie déploient le plus grand appareil dans la célébration de cette fête; tous y prennent part, car ils la regardent comme une occasion pour eux de se laver de toutes les fautes qu'ils ont pu commettre dans l'année et de se régénérer complétement. La veille donc du jour consacré, le clergé de toutes les églises se rassemble et va en procession, suivi de la population entière, sur les bords du ruisseau ou de la rivière qui coule près la ville. Des tentes sont dressées pour les prêtres; le peuple, répandu sur les rives, allumant de grands feux ou des torches, écoute la psalmodie des prêtres. A l'heure où le coq chante pour la première fois, le pontife suprême entre dans la rivière et en bénit les eaux; après quoi tous les assistants, dépouillant leurs vêtements, s'y plongent : les hommes sont séparés des femmes dans cette cérémonie où la piété se concilie difficilement avec la pudeur. Lorsque tous se sont lavés dans les nouvelles eaux baptismales, de nouvelles prières sont récitées ; puis on commence un repas public, et, à l'aurore, on revient en procession à la ville, où toute la journée se passe en festins et en réjouissances.

On peut voir, par cette rapide esquisse, que, si le christianisme a subi, en Abyssinie, des défigurations nombreuses, il y a pourtant conservé ses caractères essentiels : aussi, chose remarquable, au milieu des révolutions continuelles qui depuis quinze cents ans ont bouleversé l'Abyssinie, la religion a été le seul principe de stabilité qui ait maintenu la nationalité de ce peuple ; c'est au nom de la religion et par elle qu'il a surmonté, au seizième siècle, les invasions musulmanes et qu'il étend aujourd'hui son ascendant sur les Gallas. La religion rendra un dernier service à l'Abyssinie ; c'est en elle que résident les points de contact les plus sûrs que nous ayons avec les Abyssins, c'est elle qui rattachera une fois encore l'Abyssinie à la civilisation générale du monde.

C'est aussi par la religion que l'histoire de l'Abyssinie a eu quelque contact avec celle de la civilisation et peut présenter quelques motifs d'intérêt : ainsi les annales de l'Abyssinie sont dominées par le nom et par le souvenir de cette reine de Saba dont les livres saints nous racontent l'étrange pèlerinage à Jérusalem. J'ai déjà dit que les Abyssins prétendent qu'elle eut de Salomon un fils nommé Menelek, qui est la souche des diverses dynasties royales qui ont gouverné l'Abyssinie. Les principaux chefs qui se partagent aujourd'hui ce pays prétendent tous descendre de Menelek. Sahlé-Sallassi se rattache à cette origine par les femmes. Je ne raconterai pas les péripéties confuses de l'histoire de l'Abyssinie telles que les chroniques du pays en ont gardé le souvenir. Ces révolutions, qui n'ont aucun résultat grandiose, qui n'ont abouti, au contraire, qu'à une triste décadence, n'offrent aucun attrait à la curiosité. Ce n'est qu'à partir du seizième siècle, lorsque quelque influence européenne a pu pénétrer jusqu'en Abyssinie, que quelques traits de cette histoire valent la peine d'être rappelés ; ce n'est aussi que de cette époque que date la formation du royaume de Choa. J'ai dit, dans une autre partie de ce récit, comment, vers le commencement du seizième siècle, l'Abyssinie se trouva serrée par deux invasions : celle des musulmans à l'est, celle des Gallas à l'ouest, et comment, sous le choc de ces deux irruptions, fut brisée l'ancienne unité de l'empire. Le Choa, qui en formait la partie méridionale, qui déjà plusieurs siècles auparavant avait servi de refuge à la race de Salomon, dépossédée par des usurpateurs juifs, le Choa, qui avait servi alors de forteresse à l'antique nationalité éthiopienne, en fut encore le boulevard au seizième siècle. Ce fut de là qu'avec le secours des Portugais, commandés par Christophe de Gama, l'empereur abyssin repoussa le Goliath musulman Gragne et reconquit ses États. Le gouvernement du Choa passa cependant, après la libération de l'Abyssinie, aux mains de Negassi, allié à la famille impériale par sa mère. Negassi fut le premier roi de la dynastie à laquelle appartient Sahlé-Sallassi. Avec une poignée d'Amharras restés fidèles au christianisme, il essaya de résister aux Gallas qui débordaient du nord; il céda même aux flots de l'invasion, car il abandonna son ancienne capitale, Tegoulet, et vint fonder, à 7 lieues de là, la ville de Debrabrame, où l'on voit encore les ruines d'un palais qu'il se fit construire : un grand bâtiment long, sans aucune espèce de sculptures ni d'inscriptions. Son fils Habieh lui succéda. Les Gallas étendaient toujours leurs conquêtes ; ils enveloppaient le pays tout autour de Debrabrame et d'Angobar et menaçaient déjà la province d'Éfate, qui, depuis l'invasion de Mahamet Gragne, était restée indépendante et musulmane. Habieh profita de cette circonstance pour reprendre sur l'Éfate les droits de souveraineté qu'avaient exercés autrefois les empereurs d'Abyssinie.

Le successeur d'Habieh fut Sebesti, qui ne fit rien de remarquable. Le fils de ce prince, Haiellou-Jesous, soumit la province de Bulga. Haiellou fut remplacé par Osfa-Oisen, son fils aîné. Ce roi agrandit Angobar et fut le premier qui taxa d'un léger impôt chaque village; il fut le héros de sa race : on raconte que, avec sa lance et sur son cheval favori Amadou, il tua trois cents Gallas. Il rompit les derniers liens de vasselage qui avaient uni jusque-là les rois de Choa aux empereurs de Gondar. Un grand nombre de lois despotiques, parmi lesquelles on cite celle qui défendait à ses sujets de fabriquer de l'hydromel, provoquèrent contre lui trois grandes insurrections dont il triompha. Son propre fils, Oisen-Segguede, se mit lui-même à la tête de la dernière de ces révoltes. Son père alla lui livrer bataille, le blessa de sa main, le fit prisonnier et l'enferma pendant le reste de sa vie. Oisen-Segguede succéda cependant à Osfa-Oisen. Il sut se faire respecter des Gallas; il comprit que sa principale force devait résider dans l'union de ses sujets; et, quoique les populations auxquelles il commandait fussent divisées par trois cultes différents, il accorda indistinctement ses faveurs aux musulmans, aux païens et aux chrétiens. Il donna plusieurs gouvernements à des musulmans dans la province d'Éfate, et il éleva des Gallas aux fonctions de kachefs : aussi étendit-il son empire bien au delà des limites où son père le lui avait laissé ; il poussa ses conquêtes jusqu'au sud des montagnes Garagorfous et jusqu'au Nil. Mais, suivant les uns, ses mesures despotiques rendirent son gouvernement intolérable à ses sujets ; suivant d'autres, les prêtres s'effrayaient de sa tolérance. Quoi qu'il en soit, il fut assassiné par un de ses eunuques, qui, après l'avoir poignardé, mit le feu à son palais. Le peuple raconte que les trésors qui y étaient amassés dans des jarres de terre furent fondus par l'incendie et coulèrent en ruisseaux d'or et d'argent sur la pente de la montagne.

Oisen-Segguede s'était fait construire, avant sa mort, un tombeau, qui est à peu près le seul monument que l'on rencontre dans le Choa : c'est une chapelle circulaire, vaste et très-élevée, au toit conique, construite, au sommet d'une montagne, au milieu d'épais massifs de cèdres et de cyprès. La décoration intérieure du monument ne répond pas à la beauté du lieu où il est situé. Des peintures à la fresque retracent grossièrement sur les murs des batailles, des chasses et des festins royaux, où la figure du roi remplit toujours le principal rôle. L'auteur de ces peintures est un Grec qu'Oisen-Segguede fit venir de Gondar. Le dessin est d'une incorrection ridicule, mais les couleurs sont très-vives et bien conservées. Le tombeau s'élève au milieu de la chapelle : c'est un carré en terre battue haut de 5 pieds et qui en a environ 40 de tour, recouvert d'un magnifique tapis de Perse; au-dessus est suspendue une petite lampe, qu'on allume seulement les dimanches et les jours de fête. Ce mausolée est confié aux soins d'un des principaux prêtres d'Angobar.

Sahlé-Sallassi, dont le nom signifie *la clémence de la Trinité*, avait douze ans à la mort d'Oisen-Segguede. Son premier soin fut de venger son père, et il fit brûler vif le meurtrier, enveloppé dans une toile de coton imprégnée de cire. Sahlé-Sallassi a continué d'ailleurs avec plus de vigueur et de succès encore l'œuvre de ses ancêtres. Après avoir fait subir son ascendant à de nombreuses tribus gallas qui jusqu'à lui étaient demeurées indépendantes, il se trouve aujourd'hui à la tête d'un État qui compte une population que j'estimais moi-même, lors de mon premier voyage, à quinze cent mille âmes, et que M. Harris porte à deux millions cinq cent mille, décomposés en un million de chrétiens et un million et demi de païens gallas et de musulmans. Sahlé-Sallassi a accru la puissance royale dont il est le dépositaire en même temps qu'il a reculé les bornes où elle s'exerce. Son autorité est plus obéie que ne l'a jamais été celle de ses prédécesseurs ; elle se fait sentir politiquement, et par un déploiement de forces qu'elle peut réunir à volonté, et par une hiérarchie d'officiers, de chefs, de gouverneurs qui la représentent sur tous les points de l'empire. Ces gouverneurs sont au nombre de quatre cents; les districts où ils exercent leurs fonctions se nomment des choumats : il faut y ajouter cinquante abogases chargés de veiller à la sûreté des frontières, comme les margraves du vieil empire allemand. Les insignes de ces dignités sont, comme je l'ai déjà dit, le sabre, la lance, le bouclier de cuir garni d'argent, l'anneau, le bracelet d'argent et l'espèce de diadème d'où une triple chaîne descend sur le visage. Les gouverneurs et les abogases sont obligés de se rendre, au premier appel, auprès du roi avec leur contingent militaire; ils doivent aussi au souverain des redevances en nature et quelquefois en argent. Il serait impossible d'évaluer les premières, qui donnent aux rois d'immenses revenus; les tributs en argent, levés principalement sur le commerce, produisent par an près de 100,000 talari en argent (500,000 fr.). Ce que j'ai déjà dit sur la rareté de l'argent en Abyssinie, où il est souvent remplacé par des pièces de sel, doit faire comprendre combien pour le Choa une pareille somme est considérable. Ce qui le prouve encore plus, c'est que le roi ne trouve pas à en dépenser, chaque année, plus d'un dixième; il accumule le reste dans des caves, où, depuis le commencement de son règne, il a amassé ainsi un trésor immense en argent et en ivoire.

L'ancienne organisation féodale de l'Abyssinie s'est conservée par la multiplication des dignités et des titres dans le royaume de Choa, mais c'est tout ce qui en est resté : ces dignités ne sont, en effet, l'expression d'aucune force propre et indépendante; elles tiennent uniquement du bon plaisir royal leurs attributions incertaines. Le roi exerce avec jalousie son autorité absolue; les princes de la famille royale ont été, jusqu'à ces derniers temps, les premières victimes de cette jalousie. Une ancienne loi politique de l'Abyssinie, pour prévenir les guerres civiles, voulait qu'à l'avénement d'un roi ses frères fussent enfermés et gardés prisonniers. Cet usage barbare s'est continué dans le royaume de Choa jusqu'à ces dernières années. Il y a peu de temps encore, à Gonchio, une prison souterraine renfermait sept membres de la famille de Sahlé-Sallassi. Ces malheureux avaient survécu à une captivité de trente années, lorsqu'un jour Sahlé-Sallassi, comme pour remercier le ciel d'une guérison inespérée, les rendit à la liberté.

Dans le Choa, de même que dans presque tout l'Orient, le souverain est considéré comme le propriétaire suprême de toutes les terres. Non-seulement les plus belles parties du pays sont dans sa possession immédiate, mais il a encore le droit de s'approprier les terres de ses sujets. Ses propriétés personnelles sont cultivées et par ses esclaves, et surtout par les habitants des terres voisines, qui sont tenus de leur consacrer un certain nombre de journées de travail en corvées. Aucun habitant ne peut faire une acquisition quelconque sans l'autorisation royale, et, s'il viole cette loi, la propriété clandestinement acquise est confisquée. La possession de l'or est un des priviléges exclusifs de la royauté; il n'est pas même jusqu'aux lois morales qui ne plient devant le bon plaisir royal. Le roi seul a le droit d'avoir un harem. Malgré son attachement pour la reine Betsabèche, Sahlé-Sallassi, en digne descendant de Salomon, a cinq cents esclaves, dont sept résident toujours dans son palais, treize dans l'enceinte de ses chaumières, et le reste est répandu dans les diverses parties de l'empire. Il a eu de ses femmes de nombreux enfants. Ses fils naturels deviennent des gouverneurs de provinces, et c'est une faveur très-considérée par ses principaux officiers que d'obtenir la main de ses filles.

Cette licence des mœurs royales semble devoir annoncer et autoriser en quelque sorte, dans la population du Choa, des dérèglements analogues. On a beaucoup parlé de la facilité des mœurs des Abyssins, mais je dois dire qu'on l'a exagérée. Cependant on ne peut pas nier que les Abyssins ne soient loin d'être austères : ce n'est pas que le mariage ne soit protégé par la loi civile et la loi religieuse; il y a en effet, dans le Choa, cette double sanction aux unions conjugales. Le mariage civil est conclu en présence des père et mère, de quelques témoins : les deux parties déclarent, «sur la vie du roi,» qu'elles se proposent de vivre heureusement ensemble; elles présentent alors la part de propriété qu'elles apportent à la communauté. Une mule, un cheval, un talaro, un bouclier, un faisceau de lances, tel est, en général, l'apport de l'homme. Celui de la femme consiste en une certaine quantité de blé, de coton et d'ustensiles de ménage. Ces alliances, lorsqu'elles ne sont pas soumises à la consécration religieuse, peuvent être rompues par le divorce. Devant le prêtre, les deux époux jurent de vivre unis pendant toute leur vie, dans la prospérité comme dans le malheur, dans la santé comme dans la maladie. Après avoir prononcé ce serment, les mariés reçoivent ensemble la communion; mais les habitants du Choa reculent, en général, devant la solennité de cet engagement, aussi le mariage religieux est-il le plus rare parmi eux.

En racontant l'expédition contre les Gallas, dans laquelle j'accompagnai le roi, j'ai déjà décrit les mœurs belliqueuses des Abyssins. Pendant la paix, ces mœurs sont celles des populations agricoles. Sous peine d'être condamné à une amende de 8 pièces de sel, c'est-à-dire d'environ 2 francs, tout sujet chrétien est obligé de suivre son gouverneur à la guerre; mais les paysans d'Abyssinie sont presque toujours prêts à se rendre à l'appel : ils aiment ces expéditions, qui leur offrent la chance de faire des prisonniers, de prendre du bétail, d'acquérir les honneurs décernés aux guerriers et de se faire remarquer du roi.

Les principaux habitants ne remplissent aucune charge, vivent dans une oisiveté à peu près complète, flânant au soleil, devisant avec leurs voisins, jouant à des jeux qui rappellent assez le trictrac et les échecs. Les grands personnages sont constamment entourés d'une cour de parasites. L'abondance de toutes les denrées leur permet de soutenir cette hospitalité dont le roi donne si généreusement l'exemple. Comme chez tous les peuples oisifs, les disputes et les procès sont pour les habitants du

Choa une occupation et une distraction. La justice s'y rend avec solennité ; elle est confiée à un tribunal de dix-neuf juges qui accompagnent le roi : aussi partout où se trouve le roi on voit tout de suite se former un lit de justice que viennent assiéger de nombreux plaignants. Ceux qui ont à appeler des décisions portées sur leurs différends par les gouverneurs de leurs villages viennent demander à cette cour le redressement de leurs griefs. Les Abyssins déploient dans ces procès une éloquence naturelle qu'on ne s'attendrait pas à rencontrer chez un peuple barbare ; ils parlent longtemps, avec animation, les épaules découvertes en signe de respect, et le taube replié sur les reins. Une coutume singulière peut cependant déjouer leur faconde et annuler le mérite de leurs causes : les deux parties ont le droit de se proposer des paris, et celle des deux qui est la première embarrassée par le défi de son adversaire est tenue pour battue dans son procès. La justice se rend d'ailleurs avec beaucoup de douceur ; les supplices sont extrêmement rares ; la peine la plus commune est la bastonnade, puis vient la confiscation des biens, la destitution des emplois ; quelquefois le vol est puni de la privation de la main et du pied. Le parjure qui a prêté serment sur la vie du roi doit avoir la langue coupée.

L'assassin doit être livré aux parents de la victime, qui peuvent le tuer à coups de lance ou exiger de lui le prix du sang. Tout homme convaincu d'avoir vendu un chrétien est condamné à être pendu; quand on exécute dans ce dernier cas, on balance le patient sept fois et l'on coupe ensuite la corde ; s'il survit, il a sa grâce.

Mais le juge suprême est encore le roi. Sahlé-Sallassi s'acquitte avec la plus grande assiduité de ce devoir de justicier souverain, un des plus précieux attributs de son autorité royale. Tous les matins de très-bonne heure, après avoir accompli ses devoirs religieux, après avoir visité ses écuries et ses ateliers, le roi monte devant la porte de sa chaumière sur l'estrade qui lui sert de trône, et, pendant des heures entières, il juge les appels présentés devant lui contre les sentences du tribunal. Tout le monde peut alors l'approcher, il écoute tous ceux qui se présentent; étrangers ou indigènes, hommes et femmes, riches et pauvres, chacun a le droit de paraître devant lui et de lui exposer hardiment sa cause. Il est curieux de voir ces hommes, qui se prosternent devant le roi avec de si grandes démonstrations de respect et de crainte, se relever ensuite et lui parler sans la moindre hésitation, sans la moindre timidité, en s'abandonnant à la chaleur que leur inspire la préoccupation de leurs intérêts. Les sentences du roi sont toujours promptes, précises et très-justes. Le calme, l'impassibilité avec laquelle il écoute les débats les plus violents, la sagacité et l'exactitude avec lesquelles il les résout révèlent des qualités de caractère et d'intelligence peu communes, et rappellent involontairement le souvenir demeuré populaire de ces rois du moyen âge qui rendaient aussi publiquement la justice.

De tous côtés, dans le Choa, que l'on prenne la religion, le gouvernement ou les mœurs, on est donc ramené devant le roi, vers le negueuste. On pourrait répéter ici le mot de Louis XIV et dire que le Choa c'est le roi. C'est à l'habileté de Sahlé-Sallassi, c'est à l'ascendant qu'il a su conquérir sur les populations qu'il gouverne que le Choa doit son importance actuelle ; de même les destinées futures de ce pays sont attachées à la durée, au développement, à la direction de cette puissance unique et forte. Il dépendra du roi de Choa et de ses successeurs de mettre en communication avec le commerce et la civilisation de l'Europe un peuple qui compte déjà plus de deux millions d'âmes, un peuple qui a gardé lui-même de nombreux et ineffaçables vestiges de ses anciens rapports avec la civilisation occidentale, qui est industrieux au delà même des exigences de ses

besoins présents, qui porte maintenant avec ardeur dans les expéditions guerrières un esprit d'entreprise qui, dirigé dans d'autres voies, pourrait alimenter une activité féconde, un peuple qui saurait exploiter au profit du monde entier les richesses d'une des plus magnifiques contrées de l'Afrique. Si l'on songe aux changements que pourrait produire dans l'Afrique orientale la moindre volonté de Sahlé-Sallassi, on ne s'étonnera point de l'intérêt que m'ont inspiré, dès le premier abord, le caractère et l'esprit de ce prince. J'ai été assez heureux pour obtenir sa faveur. Dans le second volume de sa relation récemment publiée, M. Lefebvre raconte les efforts de Sahlé-Sallassi pour me retenir auprès de lui, les offres qu'il me fit d'une province de ses États à gouverner, d'une de ses parentes à épouser. Un Anglais qui s'est trouvé au Choa en même temps que moi, M. Charles Johnston, qui vient de publier, lui aussi, le récit de son voyage, apprécie à sa manière l'amitié que Sahlé-Sallassi me témoignait : « Le seul
« étranger, dit-il, qui, dans le Choa, fût en état
« de tenir tête à Sahlé-Sallassi était le Français
« M. Rochet d'Héricourt; le roi l'aimait et sem-
« blait le redouter en même temps ; mais j'ai bien
« peur qu'il ne se soit assuré une place élevée dans
« la confiance royale. Ses idées hardies, qui con-

« viennent exactement au génie de Sahlé-Sallassi,
« conduiront, j'en suis convaincu, à une révolution
« imprévue dans les rapports politiques des divers pe-
« tits royaumes qui divisent aujourd'hui l'Abyssinie.
« On n'a pas d'idée, chez nous, de l'habileté avec la-
« quelle les intrigues françaises sont dirigées aujour-
« d'hui dans un des pays les plus riches qu'il y ait sur
« la face de la terre, et qui donne dans ses limites
« toutes les productions précieuses de la zone tempérée
« et de la zone torride (1). » Malgré ce qu'il y a de
malveillant dans l'intention de ces paroles, je voudrais
bien qu'elles fussent plus vraies encore pour la place
qu'elles m'assignent dans la confiance de Sahlé-Sallassi ; je voudrais bien avoir pu acquérir assez d'influence sur ce souverain pour que, le jour où des liens
plus fructueux rattacheront l'Abyssinie et l'Afrique
orientale à l'Occident et à l'Europe, une faible part
du mérite de cet heureux rapprochement pût m'être
attribuée.

(1) *Travels in southern Abyssinia*, etc., by Charles Johnston, t. II, p. 318, 319.

SOMMAIRE DE LA DERNIÈRE PARTIE.

Aleyou-Amba. — Le marché. — Harrar et ses habitants. — Excursion aux eaux thermales de Medina. — Chasse aux léopards. — Le roi me renvoie encore à la chasse aux hippopotames. — Renseignements sur des fleuves de l'Afrique orientale. — Je prends congé de Sablé-Sallassi et de la reine Betsabèche. — Mon départ. — Mes lettres changées en amulettes dans le désert. — Rencontre des deux Saumalis assassins des Anglais, Homet-Soboreyto et Mahamet-Soboreyto. — La Bédouine Néfiz. — Arrivée à Toujourra. — Je vais à Zeyla. — Je pars pour Aden. — Je me rends à Berbereh. — Foire de Berbereh. — Cher-Markeh. — Retour à Moka. — Le choléra. — Je tombe malade. — Population de Moka. — Le *cât*. — Les soirées de Moka. — Les Banians. — Mon arrivée en Égypte.

DERNIÈRE PARTIE.

LE RETOUR.

Quelques jours après le départ de MM. Petit et Lefèvre, je commençai moi-même mes préparatifs de retour. Je me proposais de revenir encore par le pays des Adels et par la mer Rouge. J'avais besoin de me procurer des marchandises pour les cadeaux d'usage que réclament les chefs de tribu danakils sur le territoire desquels passent les caravanes : j'allai me les procurer à Aleyou-Amba.

Aleyou-Amba est le principal marché commercial du royaume du Choa : c'est un village formé par la réunion de quelques centaines de chaumières, et qui compte 2 ou 3,000 habitants. Il est situé dans la province d'Éfat, au sommet d'une des montagnes coniques qui marquent les étages de la rampe rapide par laquelle on monte des plaines du pays des Adels au plateau du Choa. Aleyou-Amba occupe un des premiers gradins du plateau, au milieu d'un paysage pittoresque et au confluent de deux ruisseaux. Placé près de la frontière orientale du Choa, le marché d'Aleyou-Amba est le point d'intersection des routes commerciales de cette partie de l'Afrique. C'est là que se rendent les produits de l'intérieur, le café, les pièces de coton, le tabac, les esclaves que les marchands de Toujourra, de Zeyla et d'Harrar vont porter sur les côtes de l'océan Indien; c'est là que les verroteries, les cotonnades, les soieries qui arrivent de la mer Rouge ou de l'Inde viennent se troquer contre les productions du pays. Un jour de la semaine, le vendredi, est consacré à ces transactions. Ce jour-là les trafiquants étalent leurs marchandises sur une espèce de place au centre de laquelle s'élève un acacia : on dirait une foire de nos villages.

C'est surtout à Aleyou-Amba que sont mises en circulation les pièces de sel qui servent de monnaie dans le Choa; elles sont taillées en ellipse allongée, longues de 4 à 5 pouces et de 1 pouce d'épaisseur : ces pièces de sel ont dans le pays le nom d'*amoulehs*. A Aleyou-Amba, 20 amoulehs ont la valeur de 1 talaro de Marie-Thérèse, la seule monnaie connue et reçue en Abyssinie où, à cause de son effigie, les naturels l'appellent « la femme d'argent. » Les amoulehs, comme on le pense bien, sont exposés à des détériorations qui les mettent rapidement hors de cours; aussi, dans la saison des pluies, il est difficile de les conserver intacts : les Abyssins les enfouissent dans les cendres; mais il est la plupart du temps impossible de les soustraire à l'humidité qui les dissout en partie, qui les scorifie; et alors, n'ayant plus leur poids légal, ils perdent leur valeur monétaire et ne sont plus reçus qu'au prix marchand du sel.

La physionomie du marché d'Aleyou-Amba est assez misérable. Les musulmans qui entretiennent les communications avec l'océan Indien y montrent ordinairement peu de marchandises, car ils s'approvisionnent surtout d'esclaves, et c'est dans le marché spécial d'Abderasoul qu'ils vont les acheter. Ils arrivent à Aleyou-Amba avec des talari, achètent des pièces de coton qu'ils vont troquer à Abderasoul contre les esclaves qu'ils ramènent ensuite sur les côtes de la mer Rouge. Les chrétiens font meilleure figure à Aleyou-Amba : on les voit entourés de monceaux d'amoulehs entassés comme des murs, ou bien avec d'immenses pièces de coton qu'ils vendent en les mesurant sur leur bras, du pouce au coude; ils y amènent aussi des bestiaux, du café, du blé, etc.

Un grand nombre d'achats et de ventes se font par troc; il y a cependant quelques objets qui ne s'échangent que contre de la monnaie, des talari ou amoulehs; de ce nombre sont les bestiaux. Pour 2 pièces de sel on peut avoir un bel agneau, et le plus beau mouton ne coûte pas plus de 5 amoulehs (1 fr. 25 c.). Un bœuf de labour se vend environ 70 amoulehs (18 fr.); on peut avoir un petit bœuf pour 30 amoulehs. Le prix des chevaux et des mules varie entre 7 et 12 talari.

La population d'Aleyou-Amba est très-mêlée; on y voit des Amharras, des Gallas, des musulmans de la province d'Éfate, des Danakils, des Saumalis et des trafiquants d'Harrar.

Les habitants d'Harrar forment la partie la plus curieuse de cette population. — Les Harraris appartiennent à la race des Saumalis; mais ils surpassent ceux-ci de toute la supériorité qu'ont des populations fixées dans les villes et adonnées au commerce sur des tribus qui mènent la vie nomade. Dans ces déserts de l'Afrique orientale, qui s'étendent entre l'Abyssinie, les régions habitées par les Gallas et l'Océan, les Harraris sont la seule population qui ait un siége fixe et qui soit réunie dans une ville. Harrar, c'est le nom de la ville, est située dans l'intérieur du désert des Saumalis, à peu près à moitié chemin entre l'Océan et le royaume de Choa. Aucun Européen n'a encore visité Harrar. Les renseignements que j'ai recueillis sur la ville et ses curieux habitants m'ont été donnés par le représentant que l'émir d'Harrar a envoyé au roi de Choa pour protéger les intérêts de ceux de ses sujets qui font le négoce avec l'Abyssinie. Cet envoyé vint me rendre visite lui-même à Angobar et me demanda mon amitié. Je lui dis que j'avais eu l'intention d'aller à Harrar, mais que j'en avais été détourné par la crainte d'être mal accueilli par l'émir et de m'exposer à la haine que la population de la ville nourrit contre les chrétiens. « Tu as bien fait, me dit-il. L'émir est un homme bon et éclairé ; mais il n'aurait pu te défendre contre nos compatriotes, qui ont en horreur les chrétiens et n'en laisseraient pas sortir un seul vivant de leurs murs. » Je lui adressai alors des questions sur son pays. J'appris de lui qu'Harrar est bâtie dans le creux d'un vallon arrosé par plusieurs petites rivières ; ce vallon paraît être un des points les plus fertiles de la zone torride ; il est couvert de caféiers qui donnent un grain supérieur à celui de Moka, et qui alimentent le principal commerce des Harraris; on y trouve aussi le safran, des cotonniers avec la soie desquels on fabrique des étoffes pour vêtements. Une population de 2 ou 3,000 âmes est enfermée dans la ceinture crénelée qui entoure la ville. Les Harraris sont doués d'aptitudes extraordinaires pour le commerce, auquel ils se consacrent exclusivement. Le commerce d'Harrar se divise en trois grandes branches. Une partie de la population mobile qui forme les caravanes se dirige sur le Choa, une autre parcourt les tribus voisines des Gallas, une troisième descend le territoire encore très-peu connu d'Augadène, au sud de la région occupée par les Saumalis; ceux qui vont dans le Choa en tirent des toiles de coton, du café, du tabac, des esclaves, etc., qu'ils rapportent à Harrar, et qu'ils vont ensuite vendre à Berbereh. Les caravanes qui font leur tournée chez les tribus gallas s'y procurent du safran, du café, de l'ivoire et des cornes de rhinocéros; enfin celles qui se dirigent sur Augadène y achètent de la gomme arabique de première qualité, de la gomme-myrrhe, de l'ivoire, des cornes de rhinocéros, des plumes d'autruche. On voit donc quelle est l'importance d'Harrar; ses habitants, avec leurs mœurs industrieuses, sont appelés à jouer un rôle considérable dans l'Afrique orientale le jour où l'industrie européenne viendra défricher dans ces contrées des marchés vierges encore pour elle. J'eus bientôt terminé mes emplettes à Aleyou-Amba. J'avais amené avec moi mes prisonniers gallas, Djillo-Ramo et son jeune fils à qui j'achetai des costumes complets; je les renvoyai à Angolola en leur ordonnant de m'y attendre : je devais y retourner moi-même pour faire mes adieux au roi, et je promis à mes prisonniers de leur rendre leur liberté à mon départ. Mais avant de prendre congé de Sahlé-Sallassi, j'eus la curiosité d'aller visiter une source d'eau thermale située dans cette partie du Choa près d'un village nommé Medina.

Medina est à 10 lieues au sud d'Aleyou-Amba, sur la dernière pente du plateau du Choa. Les sources sont à 3 quarts de lieue du village; elles ne m'offrirent rien de remarquable. Deux magnifiques sycomores, plus gros que ceux que j'ai vus en Égypte, et un beau mimosa les ombragent. Il y a deux sources très-rapprochées l'une de l'autre; mais, lorsque j'y arrivai, je n'en aperçus qu'une seule : l'autre avait été comblée par le gravier qu'y avaient charrié les eaux débordées d'un ruisseau voisin. Celle que le torrent avait respectée, encadrée dans des pierres, peut avoir 1 mètre 25 centimètres de longueur sur 1 mètre de large, et 30 centimètres de profondeur. L'eau limpide bouillonnait ; cependant elle n'était point chaude, et le thermomètre n'y marquait que 22 degrés centigrades. A droite, à quatre pas de distance, et sur la marge du sentier, mon guide me montra le petit bassin d'où sortent les eaux thermales, obstrué par des cailloux et du sable fin qui fournissaient une vapeur légère. Je coupai une petite branche de mimosa dont je me servis comme d'une pelle pour débarrasser la cuvette étroite et allongée; elle fut bientôt remplie d'une eau tiède dans laquelle le thermomètre monta à 54 degrés. Les habitants attribuent une grande vertu à cette eau : je me trompe, c'est plutôt au mimosa qui l'abrite qu'ils font honneur de l'influence de la source dans laquelle de nombreux malades viennent se baigner. Ce mimosa est à leurs yeux un arbre sacré; c'est à lui que s'adressent les témoignages de reconnaissance : ils ont une manière étrange de l'exprimer; ils suspendent aux branches en *ex voto* des lambeaux de leurs vêtements, et croient ne remplir qu'un pieux devoir en souillant de haillons déchirés le gracieux feuillage de l'arbre odorant. Je remontai à Medina après avoir passé une journée aux sources; le soleil allait disparaître derrière les cimes lointaines que domine Angobar. En approchant du village, j'entendis un bruit de voix et des clameurs qui, à mesure que j'avançais, me parurent être des cris de désolation. Bientôt, en entrant dans le village, je vis des groupes qui se lamentaient avec effroi ; les femmes surtout se frappaient violemment le visage, ce qui est en Abyssinie l'expression suprême de la douleur. Je m'informai de la cause de cette émotion. On me raconta qu'il y avait dans les environs deux léopards, un mâle et une femelle, qui jetaient l'épouvante dans le pays. Tous les jours, au coucher du soleil, l'un de ces animaux sortait de sa tanière bien connue, et venait enlever des moutons aux innombrables troupeaux qui paissent dans les vastes plaines du voisinage. Or, ce jour-là, un des habitants avait voulu attaquer le léopard au moment où il allait se précipiter sur un de ses moutons : la bête, furieuse, s'était élancée sur lui et l'avait tué. Je vis le cadavre : le léopard ne l'avait pas dévoré ; d'une de ses griffes il lui avait déchiré la poitrine, de l'autre, dans le même mouvement sans doute, il lui avait déboîté la partie supérieure du crâne, qui retombait maintenant sur le visage, comme le couvercle d'une tabatière. Les malheureux habitants de Medina, en me voyant armé de mon fusil à quatre coups, en voyant les fusils de mon drogman et de mes domestiques, me regardèrent comme envoyé du ciel pour les délivrer du monstre. Mon drogman, qui était très-familier avec les habitants de Medina, musulmans comme lui, trouva je ne sais quel intérêt de vanité à flatter leur espérance. Ils n'osaient cependant pas trop me presser ; ils me disaient : « Tu es l'ami du roi, et le roi ne nous pardonnerait pas si tu venais à périr par notre faute. » Je résolus pourtant de faire une tentative contre le léopard ; et, comme il ne se montrait qu'au coucher du soleil, je consentis à passer la journée du lendemain à Medina.

Lorsque le soleil fut près de toucher aux montagnes du couchant, je me fis donc conduire près de la tanière du léopard. On me la montra : c'était une fente s'ouvrant au bas d'une roche trachytique qui domine une grande esplanade sablonneuse. Je fis attacher un petit agneau au tronc d'un acacia situé à une soixantaine de pas de la caverne; m'effaçant moi-même derrière l'arbre, j'attendis le léopard, armé de mon fusil à quatre coups, d'un fusil à deux coups et de deux pistolets. Je renvoyai mon drogman et les hommes qui m'avaient accompagné afin d'être plus maître de moi. Quelques minutes après que le soleil fut descendu derrière les pics qui projetaient à ma droite leurs ombres gigantesques sur les immenses plaines du pays des Adels, le léopard parut au pied du rocher, accroupi sur le sable comme un sphinx, balançant sa queue et flairant avec un grognement sec. Il se leva, fit un bond du côté de l'agneau et se recoucha sur le ventre, la queue relevée, les yeux flamboyants et poussant deux cris rauques ; il renifla l'air, s'avança encore et s'accroupit encore ; ses yeux vert et jaune étincelaient et fascinaient le malheureux agneau. J'avais mon fusil à quatre coups en joue et je l'ajustais, lorsqu'il se releva pour faire un troisième bond : le coup partit. La balle l'atteignit dans le flanc ; il tourna en cercle une minute en grognant et tomba lourdement sur le sable. Au même moment le second léopard sortit de la caverne : c'était la femelle. Elle courut vers le mâle, dont elle avait entendu sans doute les plaintes, et se mit à lécher sa blessure. Je lui lançai deux balles qui ne la blessèrent pas mortellement ; elle se tourna de mon côté et fit un bond énorme : elle était à 10 pas de moi et se levait pour prendre un nouvel élan, je lui tirai un troisième coup de fusil qui la tua roide : la balle l'atteignit à la gorge et sortit par le dos en cassant l'épine dorsale. Je rechargeais mon fusil, lorsque j'entendis du bruit dans le fourré voisin : c'étaient mon drogman, mes domestiques et des habitants du village qui avaient entendu les coups de feu et venaient en voir les résultats. La mort de ces léopards fut une joie publique dans le village, et les habitants m'accompagnèrent longtemps le lendemain lorsque je quittai Medina.

Je revins à Angolola dans l'intention de prendre

congé du roi. Sahlé-Sallassi me voyait partir à regret; après avoir fait de vaines tentatives pour me retenir, il me demanda du moins d'essayer encore une fois, avant mon départ, une chasse aux hippopotames. On le voit, je payais la peine de mon innocente supercherie, et je n'avais pas convaincu impunément le roi des effets tout-puissants de la graisse d'hippopotame femelle et pleine, employée comme remède aux douleurs rhumatismales. Je préparai donc une dernière chasse. Le roi me fit accompagner de 30 fusiliers, et je retournai encore une fois à Morotte et aux bords de la Tchia-Tchia.

Il semblait que cette chasse dût être plus heureuse que les précédentes. Dès notre arrivée à Morotte, on nous signala un des bras de la rivière où l'on venait d'apercevoir deux hippopotames, et l'on pensait que l'un des deux était une femelle. Nous vimes bientôt, en effet, les deux monstres à l'endroit qui nous avait été indiqué, et l'attaque commença. Suivant l'habitude, le bras de la rivière où nageaient et plongeaient les hippopotames était étroit et peu profond. Notre troupe se disposa sur les deux rives et jetait sans relâche ses balles et ses lances sur ces animaux si difficiles à percer. Comme à l'ordinaire encore, nous restâmes plusieurs heures sans que notre attaque eût l'air de produire le moindre résultat; il semblait même que nous n'eussions fait tout au plus qu'importuner le gros hippopotame sur lequel nous étions plus particulièrement acharnés. La bête, ennuyée des piqûres des lances, était allée chercher au fond de l'eau une tranquille retraite et paraissait ne plus vouloir se montrer à la surface; son flegme nous impatienta. Il y avait sur la rive un tronc d'arbre énorme, que la rivière avait charrié sans doute dans son dernier débordement : mes compagnons eurent l'idée de le jeter en travers de la rivière pour s'en faire une sorte de pont flottant d'où ils croyaient pouvoir harceler à volonté et jusqu'au fond de l'eau l'hippopotame paisible. On parvint à rouler le tronc sur la rivière ; on fit, avec des écorces de saule, des cordes que l'on attacha aux extrémités, de manière à pouvoir le retenir sur les deux rives. Quinze hommes se placèrent sur ce radeau improvisé et se firent amener et arrêter par ceux qui tenaient les amarres au-dessus de l'endroit où, à travers l'eau limpide, on voyait l'hippopotame accroupi sur le sable du fond. Nos hommes se mirent à le harponner avec leurs lances : l'animal secoua d'abord sa masse énorme et la déplaça avec agilité; les chasseurs, sur leur tronc, le suivirent et continuèrent, avec des cris belliqueux, à piquer du fer de leurs lances son épaisse carapace. L'hippopotame perdit patience : montant tout à coup par un mouvement rapide, il heurta le tronc d'où on l'attaquait, le souleva au-dessus de l'eau et précipita ses ennemis dans le fleuve. Ce fut un moment de frayeur épouvantable : en une minute l'eau fut rougie et quatre hommes étaient tués. D'un coup de ses défenses, l'hippopotame en avait coupé un en deux par le milieu du corps; puis, se tordant avec furie, il avait fendu le ventre à un autre nageur, cassé le bras et ouvert la poitrine à un troisième, et traversé du cou au crâne la tête du quatrième. Dès que le reste des nageurs fut sauvé, nos fusiliers, furieux, criblèrent de balles l'hippopotame, qui, enragé lui-même, la gueule ouverte et sanglante, courait autour du tronc comme pour y chercher de nouvelles victimes, et enfonçait inutilement ses défenses dans le bois mort qu'il faisait sauter sur l'eau. Cependant la nuit arriva sans que nous fussions parvenus à le blesser à mort; nous fûmes obligés de cesser le combat. L'hippopotame profita du répit pour sortir de la rivière et aller se reposer dans un fourré de joncs où on l'épia toute la nuit pour ne pas le laisser échapper. Le lendemain matin, en effet, lorsqu'il voulut regagner le lit de la rivière, nous déchargeâmes sur lui nos fusils; et, au moment où il passait devant moi, je lui tirai dans l'oreille un coup de carabine qui le fit tomber. Malheureusement c'était encore un mâle. Je lui fis couper la tête, que j'ai rapportée à M. Duvernoy : une dizaine de balles y étaient logées.

Je revins à Angolola : il ne me restait plus qu'à prendre congé du roi et de la reine. Dans la dernière entrevue que j'eus avec Sahlé-Sallassi, je me présentai à lui avec mes deux prisonniers gallas, Djillo-Ramo et son fils : je lui demandai leur liberté. Djillo-Ramo s'était prosterné devant Sahlé-Sallassi, comme l'étiquette du Choa le commande; son fils, au contraire, restait debout comme moi, imitant seulement le salut de la tête et de la main que j'avais fait au roi. Je demandai au petit Galla pourquoi il ne se mettait pas à genoux comme son père : « C'est toi « maintenant qui es mon père, puisque je t'appar-« tiens; et tu ne t'es pas prosterné : pourquoi veux-« tu que je me prosterne ? » Le roi accorda à Djillo-Ramo et à son fils leur liberté; il fit donner à Djillo un sabre et un bouclier à plaques d'argent et se l'attacha par de bienveillantes paroles, pour se servir, au profit de ses plans de conquête, de l'influence de Djillo-Ramo sur les Gallas.

J'ai dû moi-même à Djillo des renseignements géographiques précieux sur la source et le cours de deux fleuves : il m'en parla comme les ayant souvent rencontrés dans ses expéditions guerrières. L'un, nommé Guibé, prend sa source dans l'Ennaria, au sud-ouest du Choa, sur une montagne qui porte le nom de Bottchia-Magna. Le Guibé coule de l'est à l'ouest, passe entre la province de Kaffa et celle de Cambat, et se dirige ensuite vers le nord, où il est probable qu'il va porter ses eaux au Nil. L'autre cours d'eau, un des plus importants de l'Afrique orientale, sur lequel Djillo-Ramo m'a donné des indications, est le Houabé, qui se jette dans l'océan Indien, à Iouba. Suivant Djillo, le Houabé prend sa source au pied d'une montagne nommée Tibayou, au sud du lac Zohâhé, qui est lui-même situé au sud-ouest du Choa; le mont Tibayou appartient aux Gallas de la tribu Kordjassi, sur le territoire de laquelle il y a aussi un grand lac que traverse le fleuve. Mon interprète et l'envoyé d'Harrar, qui avaient souvent traversé le Houabé, m'ont complété les renseignements de Djillo. Il traverse le territoire des tribus des Arroussis, des Annias et des Hombennhés, cette dernière située à environ 18 lieues d'Harrar; le Houabé longe la partie du pays des Saumalis qui porte le nom d'Augadène, sépare ce dernier pays d'une partie de la tribu Ania-galla, et va tomber dans l'océan Indien.

Au moment ou je pris congé de lui, Sahlé-Sallassi me réitéra toutes les offres qu'il m'avait déjà faites pour me retenir. Il me pressa encore d'accepter le gouvernement qu'il avait voulu me donner. Je lui répétai le motif qui m'empêchait de demeurer dans le Choa : j'avais obtenu de lui un traité de commerce que je voulais rapporter en France, pour garantir les avantages, fort éloignés peut-être, qu'il stipulait en faveur de notre pays. Sahlé-Sallassi me fit promettre de revenir; il me dit, avec cette bienveillance paternelle qui est un des traits les plus remarquables de son caractère, que, puisque j'avais résolu de partir, du moins il faisait des vœux pour mon heureux voyage : il espérait, ajouta-t-il, que je traverserais en sûreté le pays des Adels; qu'il avait fait prévenir les principaux chefs danakils; qu'ils seraient responsables envers lui des désagréments qui pourraient m'y être suscités. Sahlé-Sallassi me remit les lances, les sabres, les boucliers, la peau de panthère, les manuscrits éthiopiens qu'il offrait en cadeau, par mon entremise, au roi des Français.

J'allai voir la reine Betsabèche, qui m'avait témoigné beaucoup d'amitié pendant mon séjour; elle me reçut, comme à son ordinaire, dans la chaumière qui lui sert de salon, entourée de trois de ses filles, de ses jeunes fils et des femmes qui la servent sous la direction du chef des eunuques; elle me souhaita, elle aussi, un heureux voyage; elle me répéta que Sahlé-Sallassi avait donné des ordres dans le pays des Adels, pour protéger la sûreté de ma route ; elle m'assura qu'elle prierait Dieu, la sainte Vierge et les saints de détourner de moi les accidents auxquels j'allais de nouveau m'exposer ; elle avait eu l'attention de me faire préparer de la farine, des biscuits ; elle joignit trois bœufs à mes provisions ; elle me recommanda surtout de lui apporter de France, à mon retour, des étoffes de soie tout unies, rouges, bleues, jaunes ; elle préférait celles-là aux tissus à dessins que je lui avais donnés.

Je quittai Angolola suivi de mes domestiques, qui voulurent m'accompagner jusqu'à la limite du pays des Adels, jusqu'à Farré. En me perdant, ils perdaient une situation qu'un grand nombre de leurs compatriotes leur avaient beaucoup enviée. Je leur avais témoigné en effet une munificence rare pour le pays. Pendant tout le temps qu'ils restèrent à mon service, je donnai à chacun d'eux 1 talaro, 5 francs par mois ; on appréciera l'étendue de ma générosité, lorsqu'on saura que le roi ne donne à la multitude de serviteurs qui composent la domesticité royale qu'une gratification annuelle d'un demi-talaro. Aussi Bégnet et Thirfé, que j'avais rendus presque riches, m'exprimèrent-ils une vive reconnaissance lorsqu'ils me quittèrent à Farré ; ils me baisèrent les pieds avec toute sorte de démonstrations de regret et de douleur lorsque je montai à cheval pour joindre la caravane avec laquelle j'avais fait marché.

Cette caravane était bien moins considérable que celle avec laquelle j'étais venu au Choa; elle comptait tout au plus quarante chameaux, parmi lesquels douze portaient mes bagages, mes outres d'eau et mes vivres. Je ne sais s'il faut l'attribuer aux recommandations du roi ou à la modestie de mon équipage, mais je fus exposé à bien moins d'accidents que l'année précédente, lorsque je parcourais en sens inverse la même route. Je suivis d'ailleurs le même chemin, je fis les mêmes étapes et je ne répéterai pas ici l'énumération des stations que j'ai déjà décrites.

Deux ou trois événements interrompirent la monotonie de ce retour. Le premier, qui ne laissa pas de me vexer pourtant, peut donner une plaisante idée de la sotte superstition des Bédouins-Danakils. Je rencontrai à Hérère, à peu près à moitié chemin entre le royaume de Choa et Toujourra, des Bédouins de la kabyle Débenet-Buéma qui vinrent me demander de leur donner des talismans écrits de ma main. Je me moquai d'eux et les refusai : ils insistèrent en me disant qu'ils étaient en guerre avec les Gallas-Itous et qu'ils seraient sûrs de la victoire si je leur prêtais le secours de mes talismans. J'avais beau leur répéter que je n'avais nullement la puissance de décider à mon gré la fortune des combats, impossible de les convaincre d'autre chose que de mon mauvais vouloir : ils prétendaient que je fusse magicien. La preuve, me dirent-ils, c'est que Dato-Mahamet, plus généreux que toi, nous a cédé quelques sorts écrits de ta main; déjà ils nous ont aidés à battre les Gallas-Itous, aussi les conservons-nous soigneusement. Et là-dessus mes hommes se mirent à découdre de petites bourses de peau et à en tirer de petits morceaux de papier pliés et repliés, sur lesquels je reconnus mon écriture. Je devine presque la vérité, les explications ces Bédouins achèvent de m'expliquer la chose. Voici ce qui était arrivé : j'avais, pendant mon séjour au Choa, plusieurs jours auparavant, confié un paquet de lettres pour la France à un certain Dato-Mahamet, de Toujourra; il devait les faire parvenir à Aden, d'où la malle de l'Inde les porterait en Europe. J'avais compté 12 talari à Dato-Mahamet pour prix de cette commission. Qu'avait fait le fripon ? il avait vendu mes lettres aux Débenet-Buéma moyennant deux chameaux, et c'était avec ces lettres, mises en pièces, que les Débenet-Buéma s'étaient découpé les précieuses amulettes auxquelles ils attribuaient leurs succès sur les Gallas-Itous. Qu'on juge de mon dépit à moi qui croyais mes lettres en France, et quel mécompte je trouvais à la réputation de sorcier que je leur devais.

Ma seconde aventure fut plus bucolique. On se souvient peut-être d'une Bédouine nommée Néfiz, toujours laissée en arrière par la caravane, que j'avais aidée quelquefois à relever ses chameaux poussifs et qui m'en avait gardé tant de reconnaissance. Quand elle me quitta en arrivant à Farré, où elle allait se marier à un Danakil, elle m'avait dit : « Je me souviendrai de toi, et tu le verras si tu retournes dans notre pays. » En effet, pendant la halte que nous fîmes à Kilalou, je la vis arriver avec son mari ; elle m'amenait deux chameaux chargés de lait ; et, par la pénurie d'eau dont nous souffrions, ce cadeau n'avait pas seulement un prix moral, il me rendit un très-grand service.

Ma troisième aventure faillit avoir un dénoûment tragique. Je m'étais attiré l'amitié d'un Bédouin de notre caravane en lui prêtant de temps en temps ma mule. Un jour nous étions arrêtés à Allouli, non loin du lac Salé et à une trentaine de lieues ou huit journées de marche de Toujourra, ce Bédouin s'avance mystérieusement vers moi, regarde autour de lui pour voir s'il n'était pas épié, et me parlant à voix basse et me faisant promettre de ne pas le trahir, il me dit que deux hommes de la kabyle Adali, ceux mêmes qui ont assassiné pendant la nuit trois soldats de l'expédition anglaise, viennent d'arriver dans la caravane, sans doute pour me faire éprouver le même sort qu'aux Anglais. Ces assassins, deux parents qui habitent la montagne Iouba dans le voisinage de Toujourra, se nomment Homet-Soboreyto et Mahamet-Soboreyto. Je prie mon Bédouin de m'indiquer où il les a vus; il me dit qu'ils sont à l'avant-garde de la caravane; je marche dans cette direction, mon fusil monstre sur l'épaule, et je vois les deux Soboreyto assis sur un quartier de roche, la lance entre les jambes, le visage immobile et causant de l'air du monde le plus pacifique. Je passe devant eux, et fais cent pas en avant pour voir s'ils manifesteront l'intention de m'attaquer : ils demeurent immobiles et n'ont pas plus l'air de prendre garde à moi que si je n'existais pas. Je reviens; je repasse devant eux : même immobilité, même indifférence, même flegme. Leur insensibilité apparente ne me rassure pas ; je m'approche encore et viens me camper devant eux en frappant le roc à leurs pieds de la crosse de mon fusil ; puis interpellant celui dont le nom me vient le premier à la pensée : Mahamet-Soboreyto! m'écriai-je.— Quoi, *Sidi !* répond innocemment Mahamet.— Eh bien ! lui dis-je, que viens-tu faire ici, tu viens me tuer comme tu as tué les Anglais ? et tu crois que je vais t'attendre, et te donner le temps de consommer ton exploit ? — Moi ! reprend-il d'un ton hypocrite. Je ne te veux pas de mal ; je sais que tu es un grand guerrier, et je suis venu pour te demander ton amitié. — Ah ! tu as pensé que je voudrais être l'ami d'un traître et d'un lâche comme toi, qui as assassiné des gens de mon pays pendant qu'ils dormaient ? Eh bien, et en disant cela je lui donnai dans la poitrine un coup du canon de mon fusil qui le renversa, si toi et ton compagnon vous reparaissez encore une fois devant moi, je vous tue, vils misérables ! Partez tout de suite, ou ce sera bientôt fait. — Mahamet, avec une impassibilité toute musulmane, se releva ainsi que Homet, et, tournant les talons, ils s'en allèrent à pas lents. Je les suivis des yeux jusqu'à ce qu'ils eussent disparu dans les rochers. Je revins à la station, où je dis au chef de la caravane ce qui venait de se passer; et je le menaçai de lui brûler la cervelle, à lui tout le premier, s'il souffrait que les Soboreytos remissent les pieds au milieu de nous.

Les assurances du chef de la caravane ne suffirent pas cependant pour me tranquilliser. Les Soboreytos pouvaient fort bien revenir pendant la nuit, et je n'étais pas assez sûr de la fidélité de mes compagnons de route pour me croire suffisamment garanti par eux contre un mauvais coup. Je l'ai dit, nous n'étions plus qu'à une trentaine de lieues de Toujourra, à une distance de huit journées de marche pour les chameaux, mais qu'au besoin je pouvais parcourir en deux jours avec ma mule. Je pris donc le parti de me détacher dès le lendemain de la caravane et de faire une marche forcée pour arriver le plus tôt possible à Toujourra. Je passai la nuit à fumer et à boire du café pour me tenir éveillé, et le lendemain, à l'aube, je montai sur ma mule en me munissant de quelques biscuits et d'une petite outre d'eau. Je partis seul, et j'arrivai sur les bords du lac Salé vers le milieu de la journée; je m'y arrêtai pendant les heures de la plus forte chaleur pour faire reposer ma mule, avec qui je partageai mon biscuit. Je me remis en route au moment où le soleil commença à tomber, et je me proposai de marcher le plus longtemps possible pendant la nuit, qui devait être éclairée par la pleine lune.

Vers minuit j'arrivai dans les gorges de Daffaré : en y entrant, je vis des chameaux accroupis en travers de la route. J'allais rencontrer une caravane endormie; ne pouvant l'éviter, je voulus m'annoncer de façon à me faire respecter : je tirai en l'air un coup de pistolet; la détonation éveilla les chameaux, qui, en se relevant, réveillèrent aussi leurs conducteurs. Au milieu de la confusion et des cris de la caravane, je m'entendis appeler par mon nom. Un des Bédouins, qui m'avait connu à Toujourra, avait pensé tout de suite que le coup de pistolet n'avait pu être tiré que par moi. Ce Bédouin et ses compagnons s'étonnèrent beaucoup de me voir voyager au milieu de la nuit et tout seul. Je leur dis que la lenteur de la caravane m'avait impatienté et que j'avais hâte d'arriver à Toujourra; mes hôtes me donnèrent à manger et je donnai moi-même ce qui me restait de biscuit à ma mule. J'appris d'eux que les Soboreytos avaient rencontré la caravane la veille et qu'ils s'étaient dirigés du côté de leur montagne. Le lendemain matin de bonne heure je quittai la caravane qui allait au lac Salé, et le soir j'arrivai à Ambabo, où j'allai loger et me reposer dans la chaumière de Mohamet-Chème. Ma caravane arriva six jours après. Je restai vingt jours à Ambabo pour me refaire des fatigues du désert et dans l'attente d'une barque qui pût me conduire de Toujourra à Aden ou à Moka; mais j'attendis vainement. Je me décidai donc à prendre passage sur une barque qui allait à Zeyla, petit port du pays des Saumalis, situé à 30 lieues plus bas que Toujourra sur l'océan Indien, et qui entretient avec Moka des relations plus fréquentes que Toujourra.

Je ne m'étais pas trompé ; je n'eus que quatre jours à attendre à Zeyla : j'y trouvai une barque qui allait mettre à la voile pour Moka ; j'y pris passage. Zeyla est un des points par lesquels se font les échanges commerciaux de cette partie de l'Afrique : on y voit trois ou quatre maisons en pierre. La ville est entourée d'une muraille haute de 3 à 4 mètres qui lui sert d'abri contre les agressions des tribus saumalis du voisinage. Elle était soumise à l'autorité d'un gouverneur nommé par le chérif de Moka ; mais la souveraineté de ce petit port a été achetée récemment par un Saumali, riche, intelligent et actif, nommé Ali-Cher-Markeh.

Je ne fis que toucher à Moka ; je m'y embarquai pour Aden, où j'avais à recevoir le remboursement des avances que j'avais faites au capitaine Harris pendant son séjour au Choa. Je ne restai aussi que fort peu de temps à Aden, où les agents politiques, MM. Haines et Cruttenden, acquittèrent sans retard la dette de l'expédition anglaise. D'Aden je me rendis à Berbereh, sur la côte africaine de l'océan Indien, à une distance de près de 100 lieues de Toujourra. Berbereh est le marché le plus considérable de cette partie de l'Afrique, et il s'y tient pendant trois mois, tous les ans, une foire très-renommée. Cette foire commence après les moussons du nord ; ce fut cette foire qui m'inspira la curiosité de connaître Berbereh.

Lorsque j'y arrivai, la ville, qui n'est plus qu'un lieu désert lorsque le mouvement des affaires y a cessé, s'était ranimée par l'arrivée des navires étrangers et des caravanes chargées des produits indigènes. C'est une chose curieuse que cette brusque transformation opérée comme par enchantement : tantôt c'est un fouillis de huttes et de maisons formées avec des nattes, tantôt c'est la solitude la plus complète, un champ de carnage, une plaine de sable à demi déserte, où les bêtes sauvages viennent se disputer les restes de festin et les dépouilles d'animaux qu'y ont laissés ses nomades habitants.

Quoique le premier aspect de Berbereh soit assez triste, le mouvement maritime en varie un peu la monotonie. Un long banc de sable et de corail de peu d'élévation s'étend parallèlement à la côte, et à une distance d'environ un demi-mille, dans la direction occidentale. Dans le bassin formé par cette langue de terre et par la côte, on trouve un excellent mouillage de quatre à six brasses de profondeur, depuis l'entrée du bassin jusqu'à la ville elle-même, qui occupe le fond de cette espèce de golfe. La marée suffit pour que des grands bateaux indigènes puissent y pénétrer : là on les couche sur le côté pour les réparer; et, pendant la foire, un grand nombre de ces petits navires sont amarrés sur la côte, tout près de la ville, et lui donnent l'apparence assez régulière d'un dock.

— On dirait au premier coup d'œil que c'est plutôt un ouvrage de l'art que celui de la nature. Le banc de sable ressemble à une jetée qui aurait été construite avec le plus grand soin et dans l'intention d'établir un port pour la commodité des navires.

Quatre à cinq mille huttes, de dimensions et de formes égales, de 6 pieds de large sur 9 de profondeur et 5 d'élévation, sont entassées les unes à côté des autres sur le rivage. Chacune d'elles se compose d'un toit formé avec des nattes de feuilles de palmier, ou avec de longues herbes sèches, ou bien encore avec des peaux à demi tannées et étendues sur le bâton qui sert ordinairement de squelette à toutes les cabanes. Les habitations d'un petit nombre de marchands étrangers, des Banians et des Arabes principalement, témoignent de prétentions à une certaine recherche. Elles se distinguent par leurs murs formés avec des nattes d'une hauteur de 4 à 5 pieds, et par leur toiture inclinée qui se compose de bambous posés transversalement sur des pieux et recouverts de feuilles desséchées.

Berbereh est la propriété de quatre tribus saumalis, nommées Yal-Horch, Yal-Chardône, Yal-Achmet, Yal-Guiditte, et qui sont issues d'une même souche. En arrivant dans la ville, on est obligé d'y choisir parmi ces Saumalis une sorte de protecteur faisant fonction à la fois de cicerone, de courtier et de garde de sûreté. Les deux tiers de la population des Saumalis trouvent une occupation dans cet emploi. A peine un nouveau venu arrive-t-il, qu'il se voit harcelé par les offres importunes de ces serviteurs, comme les voyageurs européens par les valets de place à leur entrée dans les villes de bains. Mais les Saumalis renchérissent encore sur ces derniers, en se jetant nus à la mer et en allant aborder, dans ce simple *costume*, les navires qui arrivent dans la rade.

Le principal personnage ou chef le plus influent de la population de cette ville est le fameux Cher-Markeh : c'est un homme de cinquante ans au moins, grand, maigre, légèrement voûté; son visage est long, ses yeux petits et pleins de vivacité, sa barbe blanche et fine. La seule différence entre son costume et celui des autres habitants consiste en un turban de coton blanc; distinction suivie du titre de cheik, que s'attribuent ordinairement ceux qui peuvent lire le Coran ou qui ont fait le voyage de la Mecque. Il y a environ quinze ans, le gouvernement des Indes le récompensa généreusement de l'assistance qu'il avait prêtée, au péril de sa vie, à un brick anglais, la *Mary-Anne*, attaqué et brûlé pendant la nuit par des indigènes, lors d'un mouillage sur la côte; il lui conféra, en outre, les priviléges d'un sujet anglais, avec liberté d'arborer le pavillon britannique sur ses baquélas (1). Cher-Markeh est maintenant l'agent de l'Angleterre dans toutes les transactions qui s'opèrent entre cette puissance et les habitants de Berbereh et de Zeyla. Grâce à son intelligence et à son esprit d'entreprise, il est devenu l'homme le plus riche de la côte.

Je ne restai à Berbereh que quelques jours. Je revins à Moka, et cette fois c'était décidément pour remonter la mer Rouge et retourner en Europe; mais, au moment où je rentrai à Moka, une épidémie de choléra sévissait sur une population de six à sept mille âmes : il y avait trente, quarante morts par jour. Je fus moi-même cruellement atteint par le fléau : pendant quinze jours ma vie fut en danger. Le propriétaire de la maison que j'habitais au bord de la mer venait souvent me voir avec ses amis; et plus d'une fois je les entendis se dire, le matin, que je ne pourrais pas vivre jusqu'au soir, — le soir, qu'ils s'attendaient à me trouver mort le lendemain. Cependant je triomphai du mal; mais je fus retenu plus de deux mois à Moka par une longue et pénible convalescence.

(1) Bateaux indigènes.

LE RETOUR. 289

La désolation que le choléra avait jetée dans Moka avait enlevé à cette ville le peu d'agréments qu'elle présente lorsqu'on la compare aux autres ports de la mer Rouge. Elle était délivrée, à la vérité, de la tyrannie du chérif Hamout, que le chérif Hussein avait enfin sacrifié aux plaintes de la population ; mais les désastres de l'épidémie avaient fait bientôt oublier ce léger soulagement. Vue de la rade, Moka présente une physionomie assez riante ; et, à voir de loin ses maisons blanchies à la chaux et terminées par des terrasses que couronnent des balustrades à jour, on s'attend à trouver une ville agréable à habiter : mais on est tristement détrompé lorsqu'on a pénétré dans ses rues étroites et sales, lorsqu'on a parcouru ses bazars petits et obscurs, lorsqu'on a passé près du cimetière situé au centre de la ville, qu'infectent les exhalaisons malsaines qui émanent des cadavres.

La population de Moka est composée d'Hindous, de Banians, de Persans, de Juifs, de Saumalis, de Danakils, d'Arabes du Hadramont et d'Arabes de la côte. Toute cette population ne s'occupe que de commerce et se signale par une mauvaise foi inouïe (1).

---

(1) Je renvoie le lecteur, pour ce qui est relatif au commerce de Moka et des autres ports de la mer Rouge, à ce que j'ai dit dans la relation de mon premier voyage; j'ajoute

Deux petits forts dominent la rade sous prétexte de la protéger. La ville est entourée d'un faible rempart flanqué, de loin en loin, de petites tours; elle manque d'eau : celle qu'on y emploie pour les usages les plus communs est tirée de trois puits, mais elle n'est guère potable ; et on fait venir de plus loin, en la payant fort cher, celle qu'on boit dans les repas. Le quartier des Juifs est en dehors des remparts. Hors des murs encore et à l'ouest, les Danakils et les Saumalis habitent un assez gros village composé de chaumières ovales. A un quart de lieue de la mer on voit une petite forêt de palmiers, c'est le bel endroit des environs de Moka. Les négociants aisés ont là leurs maisons de plaisance, et ils vont y passer quelques jours à l'époque de la récolte des dattes.

Rien de triste comme la vie des habitants de Moka; je ne leur connais pas d'autre plaisir que

seulement quelques détails que j'ai recueillis plus récemment.

Les négociants de Moka achètent le café en douane, en monnaie idéale, nommée *réal dahâbe* ou *daller d'or;* elle équivaut à trois quarts de daller.

Les droits de sortie pour les peaux seulement sont à la charge de l'acheteur; ils sont de 9 pour 100 : tous les objets sont rendus à bord aux frais du vendeur.

celui qu'ils se procurent en mangeant du *cât*. Le cât est un arbuste originaire d'Abyssinie, d'où il a été apporté dans l'Yemen en 1429 par le cheik Abou-Zerbin : on le cultive sur les montagnes voisines de Téher; c'est de là qu'on l'apporte à Moka par paquets de petites branches enveloppées soigneusement dans des feuilles de bananier qui en conservent la fraîcheur. On mange les bourgeons et les feuilles les plus tendres du cât; ces bourgeons et ces feuilles ont à la fois une vertu stimulante et une propriété rafraîchissante. Les habitants de l'Yemen éprouvent un tel plaisir et un tel bien-être à manger du cât, qu'il est maintenant devenu pour eux un objet de première nécessité : aussi est-il assez cher et occasionne-t-il, pour un grand nombre de personnes, de fortes dépenses. J'ai connu des négociants qui en consommaient, chaque jour, pour la valeur de 2 ou 3 talari. Mais ce qui paraîtra singulier, c'est qu'à Moka, où il y a le meilleur café du monde, on n'en fasse pas usage; on y emploie, au lieu du grain, la pulpe que les Arabes appellent *kisher* et avec laquelle on prépare une décoction qui tient lieu de café.

Il n'y a qu'un moment de la journée où Moka ait pris à mes yeux un caractère poétique; c'est le soir. Les nuits sont si belles sous cette latitude, qu'elles peuvent répandre des charmes, avec leur douce lumière et leur fraîcheur suave, sur les plages les plus arides et sur les paysages les plus désolés. Chose curieuse! la nuit, les femmes semblent prendre possession de la ville : de neuf à onze heures, elles se rendent visite ; on entend dans toutes les rues le léger craquement de leurs sandales sur le sol ; elles courent le long des maisons, enveloppées dans leurs voiles immenses et précédées par des domestiques qui portent des falots, à la lueur desquels on les voit glisser et disparaître comme des ombres dans les rues sinueuses.

Le port de Moka et celui d'Hodéida sont les deux issues par lesquelles les productions de l'Arabie prennent leur débouché. Les plus importantes parmi ces productions sont le café, le séné, la soude brute, la garance, l'encens, la gomme arabique et les peaux. Il sort annuellement de Moka et d'Hodéida 8,000 balles de café, pesant chacune 305 livres anglaises ou 9 farasels arabes; la première qualité, nettoyée, se vend de 3 talari à trois quarts le farasel rendu à bord du navire qui exporte, la deuxième qualité se paye 2 talari un quart le farasel. Il est très-rare que le café exporté d'Hodéida et de Moka soit amené directement sur les marchés d'Europe; il prend la route de l'Inde, d'où les négociants anglais l'envoient en Occident. On voit, chaque année, arriver à Moka trois ou quatre navires de l'Union américaine qui apportent des toiles de coton, du goudron et quelques objets de mercerie, et prennent en échange l'approvisionnement de l'Amérique en café de l'Yemen.

Le commerce extérieur de l'Arabie est entre les mains des Banians. Les Banians forment une des plus curieuses associations commerciales et religieuses qu'il soit possible de voir; Fourier doit leur avoir volé l'idée du phalanstère. Chacun d'eux apporte primitivement une mise de fonds qui lui donne droit à une part proportionnelle sur les profits généraux. Ils vivent en commun; leur société est strictement organisée selon le principe de la division du travail. Chaque membre a, suivant ses goûts et son aptitude, une fonction spéciale : les uns s'occupent d'administration intérieure, d'autres sont chargés des soins les plus infimes de l'économie domestique : parmi ceux auxquels sont dévolues les occupations commerciales, les uns ont la conduite des grandes opérations, la surveillance de la pêche des perles, dont ils ont le monopole dans la mer Rouge; les autres sont chargés de la vente en détail et débitent les marchandises de l'association dans les bazars. La plus haute position est celle du trésorier : il est nommé par les membres de la société. Les Banians sont habiles et très-rusés dans les affaires ; leur caractère doux et inoffensif les fait aimer des indigènes ; ils observent très-minutieusement les pratiques de leur religion. L'esprit de bienveillance universelle que leurs croyances répandent sur toute la nature s'accommode parfaitement avec l'islamisme. Les musulmans estiment beaucoup les égards avec lesquels les Banians traitent les animaux : le samedi, par exemple, ils nourrissent tous les chiens errants ; aussi marchent-ils presque toujours précédés et suivis d'un cortége de chiens reconnaissants. Les musulmans se conforment volontiers sur ce point aux scrupules auxquels les Banians obéissent. J'ai remarqué qu'à Moka les habitants ne frappent jamais leurs bœufs, et j'ai appris que c'est par déférence pour la pieuse superstition de leurs hôtes indous.

. . . .

Je partis de Moka avec une joie indicible, je remontai la mer Rouge et j'arrivai en Égypte. Une fois sur le sol égyptien, il me semblait que mon voyage était terminé et que j'étais rentré dans le mouvement et la sécurité de la vie européenne. Il n'y a cependant guère plus d'un demi-siècle, du temps des Volney et des Sonnini, c'était une grande aventure de parcourir seulement les bords du Nil. Qui sait si, avant une moins longue période, quelque voyageur venu du centre de l'Afrique n'entrera pas à Angobar d'un cœur aussi reposé que moi lorsque je suis arrivé au Caire, ou ne traversera pas les solitudes des Adels avec la tranquillité d'esprit et le confort que l'on trouve aujourd'hui dans le désert de Suez?

OBSERVATIONS SCIENTIFIQUES.

Observations météorologiques horaires ; — thermométriques ; — d'inclinaison de l'aiguille aimantée ; — de marées et de météorologie ; — d'astronomie ; — barométriques pour déterminer la hauteur. — Relèvements à la boussole.

/ATIONS MÉTÉOROLOGIQUES HORAIRES faites à l'observatoire royal de Marseille, ce d'hiver, avec un baromètre à siphon (n° 485) de Bunten : il a été comparé au ba : de l'observatoire de Paris; il donne des hauteurs plus grandes que celles qui s iées par le baromètre de l'observatoire : la différence est de $+ 0^{mm},59$ centièmes nètre. Le thermomètre attaché au baromètre donne des lectures plus faibles dixièmes que celles du thermomètre de l'observatoire. Cet instrument m'a : par l'Académie des sciences de Paris pour mon voyage d'Abyssinie.

, 43° 17′ 50″; longitude, 12′ 8″ en temps est de Paris : le baromètre était pl à 46 mètres au-dessus du niveau de la mer.

	HEURES.	BARO-MÈTRE, n° 485.	THERMO-MÈTRE du baromè-tre.	TEMPÉ-RATURE de l'air.	BARO-MÈTRE réduit à 0, corrigé de l'erreur de l'instru-ment.	THERMO-MÈTRE ramené à celui de l'obser-vatoire.	DIRECTION et FORCE DU VENT.	ÉTAT DU SOLEIL.	ÉTAT DU CIEL.
21	6 matin	747.53	+10.5	+12.8	745.60	+10.9	S. E. fort.	»	Nuageux.
	7	748.55	11.0	12.5	746.57	11.4	Idem.	»	Idem.
	8	749.52	11.0	12.5	747.54	11.4	Idem.	●	Couvert.
	9	749.56	10.0	13.0	747.79	10.4	Idem.	●	Idem.
	10	750.90	10.6	13.2	748.97	11.0	S.	●	Idem.
	11	751.30	10.5	13.5	749.37	10.9	Idem.	●	Idem.
	Midi.	751.10	10.6	13.7	749.17	11.0	S. E.	●	Idem.
	1 soir.	750.90	10.5	13.5	749.97	11.9	S.	●	Idem.
	2	751.25	10.6	13.5	749.32	11.0	S. E. frais.	●	Idem.
	3	751.73	10.6	13.4	749.80	11.0	S. E. ass. fort.	●	Idem.
	4	752.15	10.6	12.7	750.22	11.0	S.	»	Idem.
	5	752.63	10.6	12.6	750.70	11.0	S. E.	»	Idem.
	6	752.95	10.9	12.3	750.98	11.3	Idem.	»	Idem.
	7	753.90	11.2	12.2	751.90	11.6	Idem.	»	Idem.
	8	753.95	11.2	12.0	751.95	11.6	Idem.	»	Idem.
	9	754.30	11.0	11.5	752.32	11.4	S. E. fort.	»	Couvert et pluie
	10	754.60	11.0	11.0	752.52	11.4	S. E.	»	Couvert.
	11	754.60	10.9	10.6	752.63	11.3	S. E. fort.	»	Idem.
22	Minuit.	754.50	11.1	10.4	752.51	11.5	E.	»	Idem.
	1 soir.	754.15	11.2	10.0	752.15	11.6	Idem.	»	Idem.
	2	754.15	11.2	10.0	752.15	11.6	Idem.	»	Idem.
	3	754.13	11.2	10.5	752.15	11.4	Idem.	»	Quelq. éclaircies
	4	754.00	11.2	10.1	752.00	11.6	N. E.	»	Couvert.
	5	754.15	11.2	10.5	752.15	11.6	N. O.	»	Idem.
	6	754.55	11.1	10.2	752.56	11.5	Idem.	»	Nuageux.
	7	754.85	11.4	10.0	752.82	11.8	Idem.	»	Idem.
	8	755.10	11.2	9.7	753.08	11.6	Idem.	◐	Idem.
	9	755.70	11.3	9.6	753.66	11.7	Idem.	◐	Idem.
	10	755.00	11.2	10.0	753.00	11.6	Idem frais.	◐	Idem.
	11	755.80	11.3	10.2	753.76	11.7	Idem.	◐	Légers nuages.
	Midi.	755.70	11.0	10.4	753.70	11.4	Idem.	◐	Idem.
	1 soir.	755.20	11.0	10.6	753.20	11.4	Idem.	☉	Idem.
	2	755.10	11.1	11.5	753.09	11.5	Idem.	☉	Idem.

OBSERVATIONS MÉTÉOROLOGIQUES HORAIRES

faites à Kosseir, à l'équinoxe du printemps.

ude, 26° 7′; longitude, 2 h. 8′ 6″ est de Paris : le baromètre était placé à 6 1
5 décimètres au-dessus du niveau moyen de la mer.

DATES. Mars 1842.	HEURES.	BAROMÈTRE, n° 485.	THERMOMÈTRE du baromètre.	TEMPÉRATURE de l'air.	BAROMÈTRE réduit à 0, corrigé de l'erreur de l'instrument.	THERMOMÈTRE ramené à celui de l'observatoire.	DIRECTION et FORCE DU VENT.	ÉTAT DU SOLEIL.	ÉTAT DU
di 21	6 matin.	764.42	+16.50	+12.00	761.75	+16.90	N. léger.	☉	Beau ciel
	7	764.60	18.80	15.50	761.64	19.20	Idem.	☉	Idem.
	8	765.18	21.30	17.30	761.87	21.70	Idem ass. fort.	☉	Idem.
	9	765.66	22.70	20.00	762.17	23.10	Idem fort.	☉	Idem.
	10	765.80	23.70	20.50	762.19	24.10	Idem.	☉	Idem.
	11	765.63	24.00	20.30	761.99	24.40	Idem.	☉	Idem.
	Midi.	765.00	24.70	20.50	761.31	25.10	Idem.	☉	Idem.
	1 soir.	764.35	24.70	20.20	760.66	25.10	Idem.	☉	Idem.
	2	763.60	25.00	20.20	759.86	25.40	Idem.	☉	Idem.
	3	763.20	24.90	19.90	759.48	25.30	Idem ass. fort.	☉	Idem.
	4	762.52	24.60	19.60	758.84	25.00	Idem.	☉	Idem.
	5	762.80	24.20	19.50	759.18	24.60	Idem faible.	☉	Idem.
	6	763.04	23.00	18.70	759.56	23.40	Idem.	»	Idem.
	7	762.90	22.00	18.20	759.54	22.40	Idem.	»	Idem.
	8	762.80	20.90	17.20	759.58	21.30	Idem.	»	Idem.
	9	763.00	20.00	16.60	759.89	20.40	Idem.	»	Idem.
	10	762.92	19.30	15.90	759.89	19.70	Idem.	»	Idem.
	11	762.50	19.30	15.60	759.47	19.70	Idem.	»	Idem.
di 22	Minuit.	762.10	19.30	15.40	759.07	19.70	Idem.	»	Idem.
	1 matin.	761.74	18.90	15.10	758.76	19.30	Idem.	»	Idem.
	2	761.30	18.80	15.00	758.34	19.20	Idem.	»	Idem.
	3	761.20	18.50	14.70	758.28	18.90	Idem.	»	Idem.
	4	760.93	19.00	15.00	757.94	19.40	Idem.	»	Idem.
	5	761.63	19.40	15.40	758.59	19.80	Idem.	»	Idem.
	6	762.15	18.50	14.50	759.23	18.90	Idem.	☉	Idem.
	7	762.60	20.90	17.80	759.38	21.30	Idem.	☉	Idem.
	8	763.29	23.20	19.70	759.79	23.60	Idem.	☉	Idem.
	9	763.50	24.20	20.50	759.88	24.60	Idem fort.	☉	Idem.
	10	763.53	24.70	21.20	759.84	25.10	Idem.	☉	Idem.
	11	763.72	25.40	21.20	759.94	25.80	Idem ass. fort.	☉	Idem.
	Midi.	763.00	26.10	21.40	759.24	26.50	Idem.	☉	Idem.
	1 soir.	762.35	26.40	21.00	758.46	26.80	Idem fort.	☉	Idem.
	2	761.80	26.50	21.20	757.89	29.90	Idem faible.	☉	Idem.
	3	761.20	26.00	20.90	757.35	26.40	Idem.	☉	Idem.

OBSERVATIONS MÉTÉOROLOGIQUES HORAIRES

faites à Moka, au solstice d'été.

de, 13° 20′; longitude, 2 h. 43′ 58″ est de Paris : le baromètre était placé à 4 décimè
au-dessus du niveau moyen de la mer.

HEURES.	BAROMÈTRE, n° 485.	THERMOMÈTRE du baromètre.	TEMPÉRATURE de l'air.	BAROMÈTRE réduit à 0, corrigé de l'erreur de l'instrument.	THERMOMÈTRE ramené a celui de l'observatoire.	DIRECTION et FORCE DU VENT.	ÉTAT DU SOLEIL	ÉTAT DU CIEL
6 matin	758.00	+30.50	+31.60	753.70	+30.90	S. fort.	☉	Beau ciel.
7	759.76	31.40	32.30	755.24	31.80	Idem.	☉	Idem.
8	760.14	32.70	33.00	755.47	33.10	Idem.	☉	Idem.
9	760.15	33.60	34.60	755.36	34.00	Idem.	☉	Idem.
10	759.86	33.30	34.30	755.11	33.70	Idem.	☉	Lég. nuag. à l'h(
11	759.00	33.50	34.60	754.23	33.90	Idem.	☉	Beau ciel.
Midi.	758.66	34.20	35.30	753.80	34.60	Idem.	☉	Ciel nuageux.
1 soir.	758.13	34.40	35.30	753.24	34.80	Idem.	☉	Lég. nuag. à l'h(
2	757.39	34.60	35.60	752.48	35.00	Idem.	☉	Idem.
3	757.40	35.00	36.00	752.14	35.40	Idem faible.	☉	Idem.
4	756.23	35.00	36.00	751.27	35.40	Idem.	☉	Idem.
5	757.65	34.70	35.30	752.63	35.10	Idem.	☉	Ciel nuageux.
6	757.74	33.60	34.60	752.95	34.00	Idem.	◉	Ciel couvert.
7	757.46	33.40	34.60	752.70	33.80	Idem.	»	Quelq. nua. à l'h(
8	757.72	32.70	33.60	753.05	33.10	Idem.	»	Idem.
9	757.90	32.00	33.00	753.31	32.40	S. O. faible.	»	Idem.
10	757.63	31.50	32.60	753.10	31.90	N. fort.	»	Beau ciel.
11	757.90	31.00	32.00	753.43	31.40	O. idem.	»	Lég. nuag. à l'h(
Minuit.	759.00	30.70	31.60	754.57	31.10	S. O. faible.	»	Idem.
1 matin	758.34	30.20	31.60	753.98	30.60	S. faible.	»	Ciel couvert.
2	759.46	30.40	31.30	755.07	30.80	Idem.	»	Idem.
3	759.00	29.60	30.60	754.71	30.00	N. faible.	»	Idem.
4	758.90	29.20	30.60	754.66	29.60	Idem.	»	Idem.
5	759.32	29.40	30.30	755.05	29.80	Idem.	●	Idem.
6	759.75	29.80	31.00	755.44	30.20	O. faible.	●	Ciel nuageux.
7	760.13	31.00	32.00	755.66	31.40	S. idem.	●	Idem.
8	760.46	32.30	32.30	755.83	32.70	S. fort.	●	Idem.
9	760.80	32.30	33.30	755.17	32.70	Idem.	☉	Idem.
10	760.20	32.30	33.30	755.57	32.70	Idem.	☉	Lég. nuag. à l'h(
11	758.30	32.40	33.30	753.66	32.80	Idem.	☉	Idem.
Midi.	759.16	33.00	34.30	754.45	33.40	Idem faible.	☉	Idem.
1 soir.	758.70	33.50	34.60	753.93	33.90	Idem.	☉	Idem.
2	757.73	33.30	33.30	752.98	33.70	O. ass. fort.	☉	Ciel nuageux.
3	757.45	32.70	33.30	752.78	33.10	N. O. fort.	☉	Idem.

OBSERVATIONS MÉTÉOROLOGIQUES HORAIRES

faites à Angolola, dans une maison de Sahlé-Sallassi, à l'équinoxe du printemps.

on déduite des observations barométriques, 2,838 mètres au-dessus du n de l'océan Indien.

Latitude, 9° 37′ 45″; longitude, 37° 14′ est de Paris.

	HEURES.	BAROMÈTRE, n° 485.	THERMOMÈTRE du baromètre.	TEMPÉRATURE de l'air.	BAROMÈTRE réduit à 0, corrigé de l'erreur de l'instrument.	THERMOMÈTRE ramené à celui de l'observatoire.	DIRECTION et FORCE DU VENT.	ÉTAT DU SOLEIL.	ÉTAT DU CIE
Mar-i 21	6 matin	547.48	+ 8.9	+10.3	546.06	+ 9.3	E. S. E. t. faib.	●	Ciel couvert.
	7	548.15	8.3	9.3	546.78	8.7	Idem.	●	C. c., qq. g. d'e
	8	548.00	10.4	11.5	546.51	10.8	E. S. E.	●	Ciel couvert.
	9	548.51	11.5	12.6	546.93	11.9	Idem.	●	Idem.
	10	548.93	12.9	13.9	547.17	13.3	Idem.	●	Idem.
	11	548.79	13.8	14.7	546.93	14.2	Idem faible.	●	Idem.
	Midi.	549.10	16.0	17.2	547.05	16.4	Idem t. faible.	●	Idem.
	1 soir.	548.00	15.3	16.3	546.02	15.7	Idem.	●	Idem.
	2	547.50	15.2	16.2	545.52	15.6	Idem.	●	Idem.
	3	547.39	13.4	14.4	545.57	13.8	E. frais.		Pluie légère.
	4	547.20	12.5	13.4	545.47	12.9	Idem.		Temps orageu
	5	547.40	11.3	12.2	545.76	10.7	E. faible.	●	Ciel couvert.
	6	547.72	11.3	12.2	546.09	11.7	Idem.		Idem.
	7	547.94	10.7	11.7	546.37	11.1	N. E. faible.	»	Idem.
	8	548.10	10.5	11.6	546.54	10.9	Idem.	»	Idem.
	9	549.30	10.6	11.6	547.73	11.0	Idem.	»	Idem.
	10	548.95	10.3	11.3	547.41	10.7	N. frais.	»	Idem.
	11	548.80	10.6	11.2	547.23	11.0	N.	»	Ciel très-nuag
22	Minuit.	548.77	10.9	12.2	547.17	11.3	N. faible.	»	Idem.
	1 matin	548.37	10.7	12.0	546.79	11.1	Idem.	»	Ciel couvert.
	2	548.19	9.5	10.3	546.72	9.9	Idem.	»	Idem.
	3	547.70	9.7	10.7	546.21	10.1	N. frais.	»	Ciel couvert.
	4	547.50	9.5	10.4	546.03	9.9	Idem.	»	Ciel très-nuag
	5	547.69	8.7	9.4	546.29	9.1	Idem.	»	Idem.
	6	547.38	8.8	10.2	546.56	9.2	Idem.	●	Idem.
	7	548.39	8.0	9.0	545.97	8.4	N.	◒	Idem.
	8	549.11	10.0	11.0	547.59	10.4	N. t. faible.	◒	Ciel nuageux.
	9	549.00	12.2	13.1	547.29	12.6	N. frais.	◎	Qu. lég. n. à l'
	10	549.33	15.2	16.4	547.35	15.6	N. E.	◎	Idem.
	11	549.69	15.9	17.0	547.61	16.3	N.	◎	Ciel nuageux.
	Midi.	549.40	15.9	16.9	547.36	16.3	N. E. frais.	◒	Ciel très-nuag
	1 soir.	548.99	16.0	17.0	546.94	16.4	E. frais.	●	Ciel couvert.
	2	548.36	16.2	17.5	546.29	16.6	E. faible.	●	Ciel très-nuag

VATIONS THERMOMÉTRIQUES faites à Moka, en juin, juillet et août 1842; avec nomètre centigrade, de Bunten.

	DATES.	A 9 h. du matin.	A midi.	A 3 h. du soir.	DIRECTION ET FORCE DU VENT.		ÉTAT DU SOLEIL.	ÉTAT DU CIEL.
					LE MATIN.	DE MIDI A 3 HEURES.		
	♃ 23	31.7	33.3	33.3	E. frais.	S. ass. fort.	☉	Ciel nuageux.
	♀ 24	31.7	33.6	33.7	N. faible.	S. faible.	☉	Quelq. nuag. à l'h(
	♄ 25	31.8	33.9	34.0	N. O. faible.	Idem.	☉	Ciel nuageux.
	☉ 26	31.9	34.1	34.2	N. ass. fort.	N. O. fort.	☉	Idem.
	☾ 27	31.9	34.3	34.3	N. O. ass. fort.	O. ass. fort.	☉	Idem.
	♂ 28	32.2	34.7	34.8	N. faible.	E. fort.	☉	Idem.
	☿ 29	32.6	34.9	34.9	N. O. faible.	O. ass. fort.	☉	Lég. nuag. à l'hor
	♃ 30	32.8	35.2	35.2	Idem.	E. idem.	☉	Ciel nuageux.
t.	♀ 1	32.9	35.9	36.0	O. S. O. faible.	Idem.	☉	Quelq. nuag. à l'h(
	♄ 2	33.1	36.4	36.5	S. O. ass. fort.	Idem.	☉	Beau ciel.
	☉ 3	33.3	36.8	36.9	S. ass. fort.	Idem.	☉	Idem.
	☾ 4	33.4	36.9	36.9	S. faible.	Idem.	☉	Ciel nuageux.
	♂ 5	33.4	37.0	37.1	N. ass. fort.	Idem.	☉	Idem.
	☿ 6	33.4	37.0	37.1	N. faible.	Idem.	☉	Idem.
	♃ 7	33.8	38.6	38.7	N. O. faible.	Idem.	☉	Idem.
	♀ 8	33.8	38.7	38.7	O. faible.	Idem.	☉	Idem.
	♄ 9	33.8	39.0	39.1	N. O. faible.	Idem ass. fort.	●	Ciel couvert.
	☉ 10	33.8	39.0	39.1	N. O. ass. fort.	Idem.	☉	Ciel nuageux.
	☾ 11	33.8	39.0	39.0	N. O. faible.	Idem fort.	☉	Idem.
	♂ 12	33.8	38.9	39.0	Idem.	Idem.	☉	Idem.
	☿ 13	33.6	38.5	38.5	N. ass. fort.	Idem fort.	☉	Quelq. nuag. à l'h(
	♃ 14	33.4	38.2	38.3	N. faible.	Idem fort.	☉	Ciel nuageux.
	♀ 15	32.8	37.6	37.6	N. faible.	Idem fort.	☉	Idem.
	♄ 16	32.8	37.4	37.4	N. O. fort.	Idem.	●	Ciel très-nuageux.
	☉ 17	32.7	37.0	37.0	N. O. fort.	Idem.	☉	Idem.
	☾ 18	32.7	37.0	37.0	N. O. faible.	Idem.	☉	Ciel nuageux.
	♂ 19	32.7	36.6	36.6	N. O. ass. fort.	Idem.	☉	Quelq. nuag. à l'h
	☿ 20	32.6	36.5	36.5	N. O. ass. fort.	Idem fort.	●	Ciel très-nuageux.
	♃ 21	32.6	36.2	36.3	N. O. ass. fort.	Idem fort.	☉	Ciel nuageux.
	♀ 22	32.4	35.7	35.7	N. O. fort.	Idem.	●	Ciel couvert.
	♄ 23	32.4	35.7	35.7	N. O. ass. fort.	Idem.	●	Ciel très-nuageux.
	☉ 24	32.1	35.6	35.6	N. O. fort.	Idem.	☉	Idem.
	☾ 25	32.0	35.6	35.5	N. O. fort.	Idem.	●	Ciel couvert.
	♂ 26	31.7	35.4	35.4	N. O. fort.	Idem.	☉	Ciel nuageux.
	☿ 27	31.7	35.1	35.0	N. O. faible.	Idem.	☉	Idem.
	♃ 28	31.4	34.8	34.7	N. ass. fort.	S. ass. fort.	●	Ciel très-nuageux
	♀ 29	30.2	33.7	33.4	N. O. très-fort.	Idem.	☉	Idem.
	♄ 30	30.0	33.7	33.4	N. O. très-fort.	Idem.	☉	Ciel nuageux.
	☉ 31	29.4	32.8	32.7	N. O. très-fort.	Idem faible.	☉	Beau ciel.
t.	☾ 1	29.4	32.8	32.6	N. O. très-fort.	Idem faible.	●	Ciel tr.-nuag. ten
	♂ 2	27.3	30.6	29.8	O. très-fort.	N. O. faible.	●	Ciel tr.-nuag. ten
	☿ 3	29.0	31.4	31.1	O. ass. fort.	Idem faible.	☉	Ciel nuageux.

y. génér., 31.9 35.8 35.8

OBSERVATIONS THERMOMÉTRIQUES faites à Angobar en déc
Cet instrument m'a été confié par l'A

…IS.	DATES.		A 6 h du matin	A 9 h. du matin.	DIRECTION ET FORCE DU VENT. 6 H. DU MATIN.	9 H. DU MATIN.	ÉTAT DU …
…1. 1842	♀	23	4.7	5.7	E. S. E.	S. E. faible.	Ciel couvert, plui
	♄	24	4.5	5.8	E.	E. S. E. id.	Idem.
	☉	25	4.3	5.7	E. fort.	Idem.	Pluie assez forte.
	☾	26	4.2	5.6	E. S. E.	N. O.	Ciel nuageux, tem
	♂	27	4.0	5.7	O. N. O.	Idem fort.	Idem.
	☿	28	3.9	5.8	N. E.	Idem.	Ciel couvert, fort
	♃	29	3.9	5.7	E.	Idem faible.	Pluie légère.
	♀	30	3.7	5.6	O. S. O.	Idem.	Ciel couvert, tem
	♄	31	3.5	5.4	S.	S. O.	Idem.
…r 1843	☉	1	3.3	6.2	E. S. E.	Idem fort.	Idem.
	☾	2	3.1	6.3	Idem.	Idem.	Ciel très-nuageu
	♂	3	2.9	6.6	N.	Idem faible.	Temps brumeux
	☿	4	2.6	6.7	N. E.	Idem.	Idem.
	♃	5	1.7	6.9	Idem.	Idem.	Ciel très-nuageu
	♀	6	1.2	6.7	S.	S. O. fort.	Brume épaisse.
	♄	7	1.0	6.8	S. E.	Idem.	Ciel nuageux.
	☉	8	—1.7	6.4	N. E.	Idem.	Idem.
	☾	9	—1.4	6.7	Idem.	Idem.	A 6 heures, beau
	♂	10	—1.6	7.2	Idem.	Idem faible.	Idem.
	☿	11	—1.4	7.4	Idem.	Idem.	Idem.
	♃	12	1.7	7.5	E. N. E.	Idem.	Ciel nuageux.
	♀	13	3.8	7.6	Idem.	N.	Idem.
	♄	14	5.6	7.9	Idem.	Idem.	Idem.
	☉	15	5.7	8.4	Idem.	Idem.	Quelques nuages
	☾	16	5.9	8.6	O. S. O.	S. O. fort.	Ciel nuageux.
	♂	17	6.4	8.9	S. E.	S. faible.	Idem.
	☿	18	6.7	10.1	E. S. E.	S. E.	Idem.
	♃	19	8.1	10.0	Idem.	S. E.	Idem.
	☿	20	8.2	10.4	Idem.	Idem.	Ciel couvert, tem
	♄	21	8 1	10.7	Idem.	Idem.	Ciel nuageux.
	☉	22	8.4	11.1	O. N. O.	Idem fort.	Beau ciel à 6 heu
	☾	23	8.7	11.2	Idem.	Idem.	Idem.
	♂	24	8.6	11.5	N. O.	N.	Ciel nuageux.
	☿	25	8.8	11.4	O.	Idem.	Idem.
	♃	26	8.7	11.6	Idem.	Idem faible.	Idem.
	♀	27	9.1	11.7	Idem.	Idem.	Idem.
	♄	28	9.0	11.7	N. O.	N.	Idem.
	☉	29	9.2	11.6	E.	Idem.	Temps brumeux.
	☾	30	9.1	11.4	E. S. E.	Idem.	Ciel très-nuageu
	♂	31	9.3	11.6	Idem.	Idem.	Ciel nuageux.
…rier.	☿	1	9.4	11.7	E.	Idem.	Idem.
	♃	2	9.5	11.7	S.	Idem.	Ciel très-nuageux
	♀	3	9.4	11.7	Idem.	Idem.	Idem.
	♄	4	9.4	11.6	Idem.	Idem.	Idem.
	☉	5	9.5	11.7	Idem.	S. O.	Idem.
	☾	6	9.6	11.8	N.	Idem fort.	Ciel nuageux.
	♂	7	9.5	11.7	Idem.	Idem.	Idem.
	☿	8	9.4	11.3	S.	Idem faible.	Ciel nuageux, tem

er 1843, avec un thermomètre centigrade de Bunten.
is, pour mon voyage d'Abyssinie.

DIRECTION ET FORCE DU VENT.		ÉTAT DU SOLEIL.	ÉTAT DU CIEL.
MIDI.	3 HEURES DU SOIR.		
S. O.	O. S. O.	●	Ciel couvert et pluie assez forte.
E. S. E.	Idem.	●	Idem.
Idem.	Idem fort.	●	Idem.
O. N. O.	Idem.	●	Ciel nuageux.
N. O.	Idem faible.	●	Idem.
E.	Idem.	●	Idem très-nuageux.
E. S. E.	Idem.	●	Ciel couvert, temps brumeux.
O. S. O.	N. O.	●	Ciel couvert, pluie légère.
S. O.	Idem fort.	●	Idem.
E. S. E.	Idem.	●	Ciel couvert, temps brumeux.
Idem.	Idem.	●	Idem.
N. E.	N.	●	Ciel très-nuageux.
N. O.	Nord faible.	◐	Ciel nuageux.
Idem.	Idem.	●	Ciel très-nuageux, temps brumeu
O. S. O.	Idem.	●	Idem.
S. E.	Idem.	●	Idem.
N. E.	Idem.	◐	Quelques légers nuages à l'horizo
Idem.	Idem.	◐	Idem.
Idem.	Idem.	◐	Idem.
Idem.	Idem.	●	Ciel nuageux, temps brumeux.
N.	Idem.	◐	Ciel nuageux.
N. E.	N. fort.	●	Ciel très-nuageux.
Idem.	Idem.	◐	Idem.
Idem.	N. E.	●	Temps brumeux
S. O.	S.	◐	Ciel nuageux.
S.	Idem.	◐	Idem.
S. E.	Idem.	●	Ciel très-nuageux.
S. O.	S. E.	●	Idem.
S. E.	Idem.	●	Ciel nuageux, temps brumeux.
Idem.	Idem.	◐	Ciel nuageux.
N. E.	O. faible.	◐	Quelques nuages à l'horizon.
Idem.	Idem.	◐	Idem.
N.	Idem fort.	◐	Ciel nuageux.
O.	Idem.	◐	Idem.
Idem.	Idem.	◐	Idem.
Idem.	Idem.	◐	Idem.
N.	Idem.	◐	Ciel très-nuageux.
E.	Idem.	●	Ciel nuageux, temps brumeux.
E. S. E.	Idem faible.	●	Idem.
Idem.	Idem.	◐	Ciel nuageux.
E.	Idem.	◐	Idem.
S.	Idem.	●	Ciel très-nuageux, temps brumeu
Idem.	Idem fort.	◐	Ciel nuageux.
Idem.	Idem faible.	●	Temps brumeux.
Idem.	Idem.	◐	Ciel nuageux.
N.	Idem fort.	◐	Idem.

INCLINAISON

...eille, mardi, le 21 décembre 1841. — *Détermination de l'inclinaison dans le méri...*
...gnétique. Boussole de Lenoir, que l'Académie des sciences de Paris m'a confiée...
...n voyage d'Abyssinie.

...tifié le niveau qui est fixé à l'instrument en mettant l'instrument parallèle à deux pieds; j'ai amené l'une des...
...de la bulle dans les repères en faisant tourner l'un des pieds de l'instrument, ensuite j'ai fait tourner le plan...
...at de 180°, et, comme l'autre extrémité de la bulle ne tombait pas dans les repères, j'ai corrigé, avec la...
...ion qui est à l'une des extrémités du niveau, la moitié de la différence ; j'ai recommencé la vérification jus...
...e plan, étant ainsi placé successivement dans deux positions inverses, les deux extrémités opposées de l...
...aient la même lecture. puis j'ai nivelé l'instrument en suivant comme à l'ordinaire une seule et même extrém...
...lle. — Aiguille n° 1. Je l'ai aimantée par dix frictions sur les deux faces ; le point noir est en bas et la pla...
...ille fait face à l'arrière de l'instrument. — J'ai dirigé le fil vertical de la lunette d'épreuve sur un objet terr...
...obile situé au loin ; le vernier de la boussole correspondait à 163°3 du cercle horizontal. J'ai mesuré cette...
...n à l'observatoire. Latitude, 4°17'50''; longitude, 12°8'' est de Paris.

...mination du plan perpendiculaire au méridien magnétique. — Commen...
11 *heures du matin.*

..... {	Haut	98°1	98°7	98°7	M.	99°7	} M. 98°7	} M. 278°1	
	Bas	99°1	99°1	99°4	M.	99°2			
..... {	Haut	277°7	277°7	277°7	M.	277°7	} M. 277°4		
	Bas	277°3	277°2	277°1	M.	277°2			Moyenne générale, 27...

...ourne l'aiguille, la plaque de l'aiguille fait face à l'avant de l'instrument.

..... {	Haut	278°7	278°0	278°6	M.	278°6	} M. 278°4	} M. 279°0	
	Bas	278°2	278°3	278°3	M.	278°3			
..... {	Haut	99°6	99°6	99°5	M.	99°5	} M. 99°6		
	Bas	99°8	99°6	99°8	M.	99°8			

Plan perpendiculaire au méridien magnétique, conclu. . . . . 278°5
Donc le plan du méridien magnétique à l'est est. . . . . 188°5
Et le plan du méridien magnétique à l'ouest est. . . . . 8°5

...du méridien magnétique, face à l'est, 188°5. La plaque de l'aiguille fait face à l'avant de l'instrument.

st.... {	Sud +	62° 5'	62°27'	62°15'	62°15'	62°15'	M. 62°17'4 } M. 62°21'0
	Nord +	62°25'	62°30'	62°15'	62°30'	62°33'	M. 62°24'6

Face à l'ouest, 8°5.

uest. {	Sud +	66° 8'	66°15'	66°12'	66°15'	66°12'	M. 66°14'4 } M. 66°13'5	
	Nord +	66° 5'	66°12'	66°9'	66°15'	66°12'	M. 66°12'6	Moyenne génér. le retournem pôles, 64°15'8

...tourne l'aiguille, la plaque de l'aiguille fait face à l'arrière de l'instrument.

Même plan, face à l'ouest, 8°5.

uest. {	Sud +	61°57'	61°57'	61°57'	61°57'	61°59'	M. 61°57'4 } M. 61°54'4
	Nord +	61°53'	61°49'	61°53'	61°49'	61°57'	M. 61°51'4

Face à l'est, 188°5.

st.... {	Sud +	66°23'	66°30'	66°24'	66°18'	66°21'	M. 66°25'2 } M. 66°34'5
	Nord +	66°49'	66°46'	66°36'	66°39'	66°49'	M. 66°43'8

...vertical de la lunette d'épreuve correspond au même objet ; le vernier de la boussole marque 163°3 du cerc...
— Je retourne les pôles par dix frictions sur chaque face. Le point noir est en haut ; la plaque de l'aiguille f...
...it de l'instrument.

Même plan, face à l'est, 188°5.

st.... {	Sud +	63°49'	63°53'	63°53'	63°49'	63°53'	M. 63°51'4 } M. 63°54'2
	Nord +	63°57'	63°57'	63°51'	63°57'	63°57'	M. 63°57'0

Face à l'ouest, 8°5.

uest. {	Sud +	59° 5'	59°18'	59°21'	59°33'	59°18'	M. 59°21'0 } M. 59°16'8	
	Nord +	59°21'	59°15'	59°12'	59°9'	59°15'	M. 59°12'6	Moyenne génér le retournem pôles, 61°32'8

...tourne l'aiguille, la plaque de l'aiguille fait face à l'arrière de l'instrument.
Même plan, face à l'ouest, 8°5.

ouest. {	Sud +	63°49'	63°57'	63°57'	63°53'	63°57'	M. 63°54'6 } M. 63°52'6
	Nord +	63°47'	63°53'	63°53'	63°47'	63°53'	M. 63°50'6

Face à l'est, 188°5.

st.... {	Snd +	58°57'	58°57'	58°57'	58°57'	58°57'	M. 58°57'0 } M. 59°7'5
	Nord +	59°18'	59°18'	59°21'	59°18'	59°15'	M. 59°18'0

DE L'AIGUILLE AIMANTÉE.

aille, pour déterminer l'inclinaison de l'aiguille et dont j'ai donné les détails.

NOMS DES STATIONS.	DATES.	POSITION DES STATIONS.		INCLINAISONS OBTENUES.		INCLINAISON moyenne des deux aiguilles.
		Latitude N.	Longitud. E.	Aiguille n° 1.	Aiguille n° 2.	
		° ′ ″	° ′ ″	° ′	° ′	° ′
drie........	8 janvier 1842.	35.53.50	12.11. 6	+ 53. 4,4	»	+ 53. 4,4
re.........	18 janvier.	31.12.53	27.32.25	+ 43.44,3	+ 43.35,9	+ 43.40,1
ab.........	10 février.	30. 2. 4	28.55.12	+ 41.46,0	+ 41.39,2	+ 41.42,6
....	15 mars.	26. 8.36	30.16.11	»	+ 35. 8,6	+ 35. 8,6
....	25 mars.	27. 7. 0	32. 1.36	+ 34.48,1	+ 34.33,5	+ 34.40,8
o.........	25 avril.	21.29. 0	36.57.36	»	+ 25.12,3	+ 25.12,3
le.........	11 et 12 août.	13.20. 0	40.59.36	+ 6.53,1	+ 6.25,7	+ 6.39,9
la.........	7 septembre.	11.44. 0	40.33. 0	»	+ 2.39,9	+ 2.39,9
r..........	5 octobre.	11. 0.54	39.48. 0	»	+ 1.18,5	+ 1.18,5
	2 décembre.	9.36.30	37.14. 0	»	− 0.27,9	− 0.27,9
	21 janvier 1843.	9.34. 7	37.34. 0	»	− 1. 5,9	− 1. 5,9

OBSERVATIONS

OBSERVATIONS MÉTÉOROLOGIQUES et Observations de marées faites à Moka, en juin, juillet et août 1842.

HEURES.	Plus hautes marées 1,000.	Plus basses marées.	Différence.	Température de la mer, thermomètre centigr.	Direction et force du vent.	État du soleil.	Jours de la lune.	Passage de la lune au méridien du lieu. h. m.	ÉTAT DU CIEL. — Remarques.
3.57 m.	0.630		0.630	+17.5	N. faible.	»	13me	10.31'	Beau ciel, calme plat.
10. 3		0,000	0,000	17.3	N. frais.				Beau ciel, mer onduleuse.
4.38 s.	0.695		0.695	17.3	N. O.				Idem, calme plat.
10.40		0,024	0,671	17.8	N. O. frais.				Idem, idem.
4.45 m.	0.752		0.728	18.4	N. O. faible.		14me		Mer phosphorescente, beau ciel, calme.
5.00 s.	0,776	0,072	0,680	18.4	N. frais.				Beau ciel, mer onduleuse.
		0,704	0,704	19.7	N. faible.				Idem, calme.
11.25		0,008	0.768	19.0	Idem.			11.23'	Beau ciel, calme plat parfait.
6.10 m.	0.781		0.773	19.0	Idem.		15me		Beau ciel, calme plat parfait.
12.15		0,061	0,842	19.7	Idem.				Idem.
6.27 s.	0,669		0,730	19.7	Idem.			12.15'	Idem.
4.40 m.		0.238	0.762	+30,6	E. frais.	»	13me	10.11' s.	Quelques nuages à l'horizon, petites vagues.
10.50	1.026		0.788	33.5	S. assez fort.			11. 6' s.	Ciel nuageux, petites vagues.
5.30 m.		0.237	0.789	31.2	N. faible.		14me		Ciel couvert, calme.
11.45	1.051		0.814	33.3	S. idem.			12. 0 m.	Quelques nuages à l'horizon, mer onduleuse.
6.20 m.		0.216	0.835	31.2	N. O. faible.		15me		Ciel couvert, mer onduleuse.
12.35	0.984		0.765	33.5	Idem.			12.53'	Ciel nuageux, petites vagues.
7.15 m.		0.206	0.775	31.1	N. assez fort.		16me		Ciel couvert, petites vagues.
1.25 s.	0.991		0.785	33.3	N. O. fort.			13.42'	Ciel nuageux, grosses vagues.

MÉTÉOROLOGIQUES.

29	12.25 m. 6.35 s.	0.548	0.145	0.424 0.403	33.7	Idem.	☉		17.13'	Idem, petites vagues.
30	1.15 s. 7.25 s.	0.678	0.300	0.248 0.378	33.3 33.4	N. O. fort. S. O. faible.	☉ ☽	22°	17.55'	Beau ciel, mer onduleuse. Légers nuages à l'horizon, idem.
1er. let.	2.25 s. 8 35 s.	0.680	0.486	0.192 0.194	33.7 33.3	N. faible. S. assez fort.	☉ ☽	23°	18.38'	Ciel nuageux, petites vagues. Beau ciel, calme.
2	3.15 s. 9.30 s.	0.693	0.510	0.170 0.183	33.5 32.4	S. assez faible. Idem.	☉ ☽	24°	19.25'	Ciel nuageux, mer onduleuse. Idem.
3	10. 5 s. 4.20 s.	0.694	0.507	0.185 0.187	31.3 33.4	S. O. S. faible.	● ☉	25°	20.15'	Ciel couvert, mer onduleuse. Ciel nuageux, idem.
4	11. 5 m. 5.18 s.	0.759	0.504	0.245 0.248	33.1 33.4	Idem. Idem.	☉ ☉	26°	21.10'	Ciel nuageux, petites vagues. Idem.
5	12. 0 m. 6.15 m.	0.866	0.491	0.362 0.375	33.5 33.6	N. O. faible. N. assez fort.	☉ ☉	27°	22.8'	Ciel nuageux, petites vagues. Idem.
6	12.55 s. 7.10 s.	0.881	0.483	0.390 0.398	33.6 33.1	N. faible. Idem.	● ☉	28°	23.9	Ciel couvert, quelques gouttes d'eau. Ciel nuageux, petites vagues.
7	2. 0 s. 8.15 s.	0.900	0.465	0.417 0.435	33.9 33.2	N. O. faible. N. fort.	☽ ☽	29°	»	Ciel nuageux. Idem.
8	2.55 s. 9.15 s.	0.912	0.442	0.447 0.470	33.9 33.5	O. faible. Idem.	☉ ☽	1er.	Midi 10'	Ciel nuageux, mer onduleuse. Idem.
9	4. 4 s. 10.20 s.	0.937	0.424	0.495 0.513	32.8 32.1	N. O. faible. N. assez fort.	● ☽	2°.	1.9'	Ciel couvert, petites vagues. Ciel nuageux, idem.
10	4.45 m. 10.55 m.	0.938	0.403	0.514 0.535	30.7 32.6	N. faible. N. O. assez fort.	☽ ☉	3°.	2.5' s.	Ciel couvert, calme plat. Ciel nuageux, petites vagues.
11	5.35 m.	0.945		0.542	30.4	N. O. faible.	●	4°.	2.58'	Ciel couvert, calme plat parfait. Ciel nuageux, petites vagues.

OBSERVATIONS

HEURES	Hautes marées 1,000	Plus basses marées	Différence	la mer, thermomètre centigr.	Direction et force du vent	État du soleil	Jours de la lune	de la lune au méridien du lieu h. m.	ÉTAT DU CIEL
6.45 m. 1.0 s.	0.984	0.376	0.594 0.608	+29.4 32.7	N. faible. Idem.	●☉ ●☉	5ᵉ	3.49'	Ciel couvert, calme plat. Ciel nuageux, petites vagues.
7.45 m. 2.10 s.	1.040	0.347	0.664 0.693	29.6 32.4	N. assez fort N. fort.	●☉	6ᵉ	4.39'	Ciel couvert, petites vagues. Quelques nuages à l'horizon, idem.
8.40 m. 2.55 s.	1.051	0.318	0.704 0.733	29.7 32.5	N. faible. Idem fort.	◐	7ᵉ	5.29'	Ciel très-nuageux, calme. Ciel nuageux, mer agitée, grosses vagues.
9.35 m. 3.45 s.	1.050	0.306	0.732 0.744	30.2 32.7	Idem. Idem.	☉☉	8ᵉ	6.19'	Ciel nuageux, calme. Idem, petites vagues.
10.25 m. 4.35 s.	1.099	0.302	0.793 0.797	30.1 32.8	Idem faible. Idem.	☉☉	9ᵉ	7.12'	Idem. Idem.
11.35 m. 5.45 s.	1.119	0.297	0.817 0.822	30.2 32.3	Idem. Idem.	◐☉	10ᵉ	8.6'	Ciel très-nuageux, grosse mer. Idem.
12.25 m. 6.35 s.	1.121	0.304	0.824 0.817	29.8 30.1	Idem. Idem.	☉☉	11ᵉ	9.1'	Ciel nuageux, vagues ordinaires. Idem.
1.15 s. 7.35 s.	1.114	0.305	0.840 0.839	32.2 30.4	N. O. faible. Idem.	☉ »	12ᵉ	9.55'	Quelques nuages à l'horizon, petites vagues. Ciel nuageux, idem.
2.20 s. 8.30 s.	1.151	0.284	0.846 0.867	32.2 32.1	N. O. Idem.	◐ »	13ᵉ	10.47'	Ciel très-nuageux, grosse mer. Idem.

MÉTÉOROLOGIQUES.

Heure							Jour		Observations
7.45 m.	0.976		0.685	28.4	Idem.	●◉	18ᵉ	14.31'	Ciel couvert, idem.
2.00 s.		0.278	0.698	30.6	Idem.				Ciel nuageux, idem.
8.35 m.	0.882		0.604	29.3	Idem.	●◉	19ᵉ	15.11'	Ciel couvert, idem.
2.55 s.		0.307	0.575	31.1	Idem.				Ciel nuageux, idem.
9.35 m.	0.852		0.545	30.2	N. O. faible.	◉◉	20ᵉ	15.51'	Ciel nuageux, petites vagues.
3.55 s.		0.324	0.528	31.1	Idem.				Ciel nuageux, idem.
10.35 m.	0.824		0.500	29.6	N.	◉◉	21ᵉ	16.33'	Idem.
4.45 s.		0.357	0.467	31.1	S.				Idem.
11.25 m.	0.759		0.402	28.7	N. O. fort.	●●	22ᵉ	17.17'	Ciel très-nuageux, grosse mer.
5.40 s.		0.391	0.368	29.0	Idem.				Idem.
12.15 m.	0.748		0.357	29.2	Idem.	◉●	23ᵉ	18.5'	Ciel nuageux, grosse mer.
6.35 s.		0.404	0.344	28.0	Idem.				Ciel couvert, idem.
1.00 s.	0.735		0.331	29.0	Idem.	◉ »	24ᵉ	18.57'	Ciel nuageux, idem.
7.15 s.		0.423	0.312	27.8	Idem.				Idem.
1.55 s.	0.715		0.292	29.1	Idem.	◉ »	25ᵉ	19.53'	Idem.
8.00 s.		0.421	0.294	27.6	Idem.				Idem.
2.45 s.	0.656		0.235	29.3	O. fort.	◐ »	26ᵉ	20.51'	Ciel très-nuageux, grosse mer.
8.55		0.469	0.187	26.7	N. O. idem.				Quelques nuages à l'horizon.
3.30 s.	0.623		0.154	28.7	N. assez fort.	● »	27ᵉ	21.51'	Ciel couvert, forte pluie, tempête.
9.40 s.		0.480	0.143	25.4	Idem.				Ciel très-nuageux, grosse mer.

OBSERVATIONS

OBSERVATIONS MÉTÉOROLOGIQUES et obs

LS. 843.	HEURES.	Baromètre N.4.5.	THERMOMÈTRE du baromètre.	THERMOMÈTRE à air libre.	BAROMÈTRE réduit à 0, corrigé de l'erreur de l'instrument.	THERMOMÈTRE ramené à celui de l'observatoire.	PLUS hautes marées.	PLUS basse marée
8	8.10' m.	759.45	+ 32.6	+ 32.9	754.79	+ 33.0	1.257	0.00
	2.15 s.	757.90	34.2	34.1	753.04	34.6		0.64
	8.25 s.	757.50	33.3	33.5	752.75	33.7	1.296	
9	2.25 m.	759.16	35.8	31.5	754.35	34.2		0.01
	8.45 m.	759.89	34.1	34.6	755.04	34.5	1.845	
	2.55 s.	758.10	43.7	44.0	752.07	44.1		0.93
	9.10 s.	757.90	37.2	37.3	752.68	37.6	1.857	
10	3.35 m.	758.55	34.7	34.9	753.63	35.1		0.04
	9.35 m.	758.59	38.1	38.3	753.25	38.5	1.849	
	3.50 s.	757.10	43.6	44.3	751.08	44.0		0.38
	10.5 s.	756.19	36.7	36.3	751.03	37.1	1.762	
11	4.15 m.	757.50	32.5	32.2	752.85	32.9		0.22
	10.35 m.	757.94	32.1	32.1	753.39	32.5	1.894	
	4.50 s.	756.19	35.4	36.6	751.73	33.8		0.17
	11.00 s.	757.15	33.7	33.5	752.63	34.1	1.114	
12	5.15 m.	756.70	30.0	29.6	752.36	30.4		0.12
	11.35 m.	758.90	31.1	31.1	753.52	31.5	1.994	
	5.50 s.	755.70	34.9	35.1	750.75	35.3		0.52
	12.5 s.	757.90	35.6	35.4	752.21	34.0	1.482	
13	6.25 m.	757.99	30.5	29.9	753.59	30.9		0.50
	12.40 m.	760.40	31.7	31.2	755.85	32.1	1.592	
	6.50 s.	756.19	36.9	36.9	751.00	37.1		0.06
4	1.5 s.	758.59	34.7	34.9	753.97	35.1	1.921	
	7.20 m.	758.90	32.3	32.1	753.97	32.7		0.04
	1.30 s.	759.67	34.0	34.3	754.83	34.4	1.528	
	7.40 s.	757.59	33.5	33.0	753.21	33.9		0.15
5	1.50 m.	759.10	34.4	33.7	754.51	34.8	0.893	
	8.00 m.	758.59	32.3	32.7	753.96	32.7		0.17
	2.10 s.	760.11	37.8	38.1	754.81	38.2	1.538	
	8.20 m.	756.90	33.6	33.5	752.41	34.0		0.25
6	2.35 m.	759.40	31.5	31.6	754.82	31.9	0.918	
	8.45 m.	753.30	29.7	30.3	754.00	30.1		0.32
	2.55 s.	759.18	37.6	38.0	753.90	38.0	1.360	
	9.5 s.	756.52	31.6	31.7	751.98	32.0		0.70
7	3.15 m.	758.06	30.0	30.2	753.66	30.4	1.030	
	9.25 m.	759.99	26.0	26.2	756.14	26.4		0.75
	3.35 s.	760.79	37.9	38.0	755.47	38.3	2.010	
	9.45 s.	753.50	31.0	31.3	754.03	31.4		1.14
8	3.55 m.	758.79	30.5	30.7	754.39	30.9	1.608	
	10.7 m.	760.59	27.1	27.4	756.41	27.5		1.20
	4.17 s.	758.53	36.7	35.4	753.17	37.1	2.518	
	10.27 s.	757.50	31.3	31.0	752.79	31.7		1.63
9	4.40 m.	758.55	30.3	30.5	753.97	30.7	2.058	
	11.00 m.	7..55	29.5	30.0	754.27	29.9		

MÉTÉOROLOGIQUES.

à Ambabo en août 1843.

CTION et u vent.	ÉTAT du soleil.	JOUR de la lune.	PASSAGE de la lune au méridien du lieu.	ÉTAT DU CIEL.
-fort.	☉	13ᵐᵉ	10. 57' s.	Quelques nuages à l'horizon, grosse mer.
	●	»		Ciel nuageux, petites vagues.
ible.	»			Idem.
dem.	»	14ᵐᵉ	11.46'	Ciel nuageux, calme, mer phosphorescente.
rais.	◐	»		Quelques nuages à l'horizon, vagues ordinaires.
s.	◐	»		Idem.
	»			Beau ciel, petites vagues.
	»	15ᵐᵉ	12.31' m¹.	Ciel nuageux, mer phosphorescente, pet. vagu
aible.	◐	»		Idem.
	●	»		Ciel nuageux, temps vaporeux, petites vagues.
.	»			Idem, grosse mer.
	»	16ᵐᵉ	13.14'	Ciel couvert, vagues ordinaires.
ort.	●	»		Ciel très-nuageux, grosse mer.
	●	»		Ciel couvert, orage grosse pluie, grosse mer.
	»			De légers nuages à l'horizon, calme plat.
	»	17ᵐᵉ	13.56'	Ciel couvert, grosse mer.
ort.	●	»		Idem, petites vagues.
	◐	»		Ciel nuageux et orageux, petites vagues.
	»			Idem, calme plat.
	◐	18ᵐᵉ	14.38'	Idem.
.	◐	»		Beau ciel, grosse mer.
	◐	»		Ciel nuageux, grosse mer.
	»	19ᵐᵉ	15.19'	De lég. nuages à l'hor., mer phosph., pet. vagu
	◐	»		Legers nuages, très-petites vagues.
s.	◐	»		Beau ciel, vagues ordinaires.
	»			De lég. nuages à l'hor., vagues ord., mer phosp
de.	◐	20ᵐᵒ	16.2'	Idem, belle mer et phosphorescente.
	◐	»		Ciel nuageux, mer onduleuse.
n.	◐	»		Idem, calme plat.
lem.	»			Idem, mer onduleuse.
a.	»	21ᵐᵉ	16.47'	Idem, très-petites vagues.
	◐	»		Beau ciel, petites vagues.
ible.	◐	»		Temps vaporeux, calme.
u.	»			De legers nuages à l'horizon, petites vagues.
	◐	22ᵐᵉ	17.35'	Ciel très-nuageux, calme plat.
ible.	◐	»		Beau ciel, calme.
ais.	◐	»		Idem.
	»			De légers nuages à l'horizon.
	◐	23ᵐᵉ	18.24'	Beau ciel, calme.
	»			Legers nuages à l'horizon, calme.
ort.	◐	»		Idem, petites vagues.
	»			Idem.
	»	24ᵐᵉ	19.15'	Beau ciel, calme, mer phosphorescente.
ible	◐			Legers nuages à l'horizon

DÉTERMINATION

TERMINATION DE LATITUDE avec un sextant de Gambey, par l'observation d'u
du ☉, la mer servant d'horizon.

DATES. AMBABO.	♀ 22 septembre 1843.	☿ 27 septembre 1843.	♃ 28 septe 1843.
auteur observée, bord inférieur du ☉. emi-diamètre du ☉.	78° 34' 20'' + 15 58	76° 37' 30'' + 16 0	76° 14' + 16
épression pour 7 pieds de hauteur. .	78 50 18 — 2 45	76 53 30 — 2 45	76 14 — 2
auteur apparente. . . . . . éfraction — parallaxe.. . . .	78 47 33 — » 10	76 50 45 — » 11	76 27 — »
auteur vraie du centre du ☉. . . écl. nord et sud du ☉ à midi d'Ambabo	78 47 23 — 31 22	76 50 34 +1 25 43	76 27 +1 49
auteur de l'équateur à Ambabo. .	—78 16 01 90 » »	—78 16 17 90 » »	—78 16 90 »
Latitude d'Ambabo. . . .	11 43 59	11 43 43	11 43
Longitude d'Ambabo. . . .	40 33 est de Paris.		

TERMINATION DE LATITUDE avec un sextant de Gambey, par l'observation d'un
du ☉ sur un horizon artificiel.

DATES. ANGOLOLA.	☿ 30 novembre 1842.	☉ 4 décembre 1842.	☾ 5 déce 1842.
ouble hauteur observée, bord supér. auteur simple. . . . . emi-diamètre du ☉.	118° 3' 52'' 59 1 56 — 16 15	116° 49' 30'' 58 24 45 — 16 15	116° 33' 58 16 — 16
auteur apparente. . . . . . . fraction — parallaxe.	58 45 10 — » 31	58 8 30 — » 30	58 0 — »
auteur vraie du centre du ☉. . . . clinaison sud du ☉ à midi d'Angolola.	58 45 10 +21 37 54	58 8 0 +22 13 56	57 59 +22 21
auteur de l'équateur à Angolola. .	—80 23 4 90 » »	—80 21 56 90 » »	—80 21 90 »

DE LATITUDE.

MINATION DE LATITUDE avec un sextant de Gambey, par l'observation des d
bords du ☉ sur un horizon artificiel.

DATES. AMBABO.	☾ 23 octobre 1843.	♂ 24 octobre 1843.	☿ 25 octobr 1843.
l supérieur.	134° 36' 40"	133° 54' 20"	133° 13' 5(
l inférieur.	133 32 10	132 50 10	132 9 3(
inaison du ☉.	11 14 20	11 35 24	11 56 1%
ude conclue.	11 43 50	11 43 50	11 43 1%

ourra, ♀ 10 novembre 1843.
- Bord supérieur. . . . 123° 1' 30".
- Bord inférieur. . . . 121 56 10.
- Déclinaison du ☉. . . . 17 1 23.
- Latitude de Toujourra. . . 11 44 40.

RMINATION DE LATITUDE avec un sextant de Gambey, par l'observation d'un bo
du ☉ sur un horizon artificiel.

DATES. GAUBADE.	☿ 5 octobre 1842.	Angobar.	♂ 27 décemt 1842.
ole haut. observée, bord inf. du ☉.	148° 22' 38"	Bord sup. du ☉	114° 44' 32"
eur simple.	74 11 19		57 22 16
i-diamètre du ☉.	+ 16 1		— 16 17
eur apparente.	74 27 20		57 5 59
action — parallaxe.	— » 14		— » 32
eur vraie du centre du ☉. . .	74 27 6		57 5 27
nais. sud du ☉ à midi de Gaubade.	+ 4 37 58		+23 20 48
eur de l'équateur à Gaubade. . .	—79 5 4		—80 20 5
	90 » »		90 » »
Latitude de Gaubade. . .	10 54 56	Lat. d'Angobar.	9 33 45
Longitude de Gaubade. . .	39 40 est de P.	Long. d'Angob.	37 9 est d

RMINATION DE LATITUDE avec un sextant de Gambey, par l'observation d'un bo
☉ sur un horizon artificiel et par deux hauteurs du ☉ et l'intervalle de temps : Fi
i, aux sources d'eaux bouillantes ☉ 26 mars 1843.

8 heures 41 minutes 52 secondes. . . 65° 12' 30".
— 42 — 66 — . . . 65 50 10.
— 44 — 26 — . . . 66 11 30.
0 heures 40 minutes 43 secondes. . . 123° 36' 10".

OBSERVATIONS

HEURES.	BAROMÈTRE n° 485.	THERMO-MÈTRE du baromètre.	TEMPÉRA-TURE de l'air.	BAROMÈTRE réduit à 0, corrigé de l'erreur de l'instrum.	THERMOM. ramené à celui de l'observa-toire.	DIRECTION et force du vent.	ÉTAT DU SOLEIL.	ÉTAT DU CIEL, REMARQUES.
d. 9 matin.	777,01	+34,1	+35,3	772,06	+36,0	N. faible.	◐◖	Ciel nuageux.
10	776,72	35,5	36,6	771,59	35,9	Idem.		Idem.
Midi.	776,60	36,0	36,8	771,41	36,6	Id. très-faible.		Ciel très-nuageux.
	775,74	37,7	37,6	770,54	37,8	Idem.		Idem et orageux.
1 soir.	774,32	37,7	39,4	768,84	39,1	Idem.		Idem.
mes géner.,	776,07	36,3	37,3	770,85	36,7			

OBSERVATIONS BAROMÉTRIQUES faites sur le lac Salé en août 1843. — La cuvette du baromètre était 4 décimètres au-dessus des eaux du lac.

di 10 matin	776,80	+33,8	+33,3	771,89	+34,2	S. très-fort.	●●●	Ciel couvert.
10 1/2	776,80	34,1	33,6	771,85	34,5	Idem.		Idem.
11	776,60	34,1	33,8	771,74	34,5	Idem.		Ciel très-nuageux, de légères gouttes d'eau.
mes géner.,	776,73	34,0	33,5	771,83	34,4			

Dépression du lac Salé, 217m,7.

OBSERVATIONS BAROMÉTRIQUES faites à Mulkakouyou, sur les bords de l'Aouache, où les caravanes qui toujours passent le fleuve en allant au Choa. — La cuvette du baromètre était 6 décimètres au-dessus du ve dans sa plus grande hauteur.

e 8 matin.	700,90	+20,7	+22,0	697,91	+21,1	N. faible.	●●●●●	Ciel couvert, quelques gouttes d'eau.
9	701,10	21,6	23,3	697,97	22,3	Idem.		Ciel très-nuageux et orageux.
10	701,40	23,1	25,7	698,14	23,5	Idem.		Idem.
di 11	700,60	24,4	26,6	697,19	24,8	Idem.		Idem, sans orage.

BAROMÉTRIQUES.

2 1/2	700.10	31.9	32.9	695.83	32.3	Idem. ☉
3	700.10	32.0	32.8	695.82	32.4	Idem. ☉
3 1/2	699.70	31.9	32.6	695.13	32.3	Idem. ☉
4	699.70	31.8	32.6	695.45	32.2	Idem. ☉
Moyennes génér.,	699.90	32.3	32.8	695.63	32.3	

Hauteur de l'Aouache à Malkakouyou, 725^m,600^{mm} au-dessus du niveau moyen de l'océan Indien.

OBSERVATIONS BAROMÉTRIQUES faites à Aléyou-Amba en mai 1843.

1 1/2 soir	624.50	+26.0	+25.6	621.24	+26.3	Ciel nuageux. ☉
2 1/2	624.36	25.3	25.0	621.11	25.7	Ciel très-nuageux. ☉
3 1/2	624.68	24.5	24.1	621.57	24.9	Ciel nuageux. ☉
4 1/2	624.58	23.7	23.3	621.50	24.1	Quelques nuages à l'horizon. ☉
5 1/2	624.20	23.7	23.3	621.17	24.1	Idem. ☉
Moyennes génér.,	624.46	24.6	24.26	621.33	25.0	

Hauteur, 1,731 mètres au-dessus du niveau de l'océan Indien.

OBSERVATIONS BAROMÉTRIQUES faites à Farré, sous l'arbre, au milieu de la place, en juin 1843.

1 1/2 soir	658.57	+32.7	+33.2	654.33	+34.1	N. faible. De légers nuages à l'horizon. ☉
2	658.50	33.3	34.2	654.22	33.7	Idem. Idem. ☉
2 1,2	658.31	33.6	34.4	654.08	34.0	Idem. Ciel nuageux. ☉
3	658.70	33.5	34.2	554.46	33.9	Idem frais. Idem. ☉
4	658.40	33.5	34.5	654.26	33.9	Idem faible. Idem. ☉
Moyennes génér.,	658.50	33.3	34.1	684.27	33.9	

Hauteur, 1,372 mètres au-dessus de l'océan Indien.

HEURES.	BAROMÈTRE n° 485.	THERMO-MÈTRE du baromètre	TEMPÉRA-TURE de l'air.	BAROMÈTRE réduit a 0, corrigé de l'erreur de l'instrum.	THERMOM. ramené à celui de l'observa-toire.	DIRECTION et force du vent.	ÉTAT DU SOLEIL.	ÉTAT DU CIEL, REMARQUES.
10 matin	680.55	+29.0	+29.8	676.71	+29.4	N. E. faible.	◐◐◐	Ciel nuageux.
10 1/2	680.49	30.0	31.0	676.54	30.4	Idem.		Idem.
11	680.69	29.4	32.3	676.80	29.8	Idem.		De légers nuages à l'horizon.
nes génér.,	680.68	29.4	31.3	676.68	20.88			

Hauteur d'Asbouti, 972 mètres au-dessus du niveau moyen de l'océan Indien.

ERVATIONS BAROMÉTRIQUES faites à Kilalou, aux sources de la rivière, en juillet 1843. — La cuvette du baromètre était 5 décimètres au-dessus des sources.

d.								
Midi.	716.29	+34.6	+35.3	711.61	+35.0	S. O. frais.	◐◐◐	Ciel nuageux.
Midi 1/2.	716.60	34.3	35.0	711.94	34.7	Idem fort.		Idem.
1 soir.	716.20	34.7	35.4	711.61	35.1	Idem.		Idem.
nes génér.,	716.36	34.9	35.2	711.72	34.93			

Hauteur de Kilalou, 521m,4 au-dessus du niveau moyen de l'océan Indien.

ERVATIONS BAROMÉTRIQUES faites à Angobar, pour en déterminer la hauteur, en janvier 1843.
Latitude, 9°12'11''; longitude, 9° 37' est de Paris; altitude, 0.

7 matin.	549.90	+8.7	+9.5	548.50	+9.1	O. N. O. faib.	◐◐◐	Quelques légers nuages à l'horizon.
8	549.95	9.5	10.1	548.48	9.9	Idem.		Beau ciel.
9	549.95	10.4	11.1	548.40	10.8	Idem.		Ciel nuageux.
10	549.85	11.0	11.8	548.25	11.4	Idem.		Ciel couvert, temps brumeux.
11	549.93	11.4	12.1	548.29	11.8	N. E. faible.	●●●●	Idem.
Midi.	550.51	11.6	12.2	548.84	12.0	Idem.		Idem.
1 soir.	550.39	12.1	12.8	548.68	12.5	Idem.		Ciel très-nuageux.

BAROMÉTRIQUES.

	518.97	11.7	11.6	517.34	12.1

es génér., 518.97   11.7   11.6   517.34   12.1

Hauteur de Métatite = 3,278 mètres au-dessus du niveau moyen de l'océan Indien.

OBSERVATIONS BAROMÉTRIQUES faites à Angolola, pour en déterminer la hauteur.

Latitude, 9° 37′ 54″; longitude, 37° 14′ en novembre et décembre 1842.

		+			+10.4	S. E. frais.	☉	Ciel nuageux.
8	matin.	548.69	10.0	11.1	547.18	10.4	S. E. frais.	☉	Ciel nuageux.
9		549.91	12.2	13.3	548.20	12.6	Idem.	☉	Idem.
10		549.91	14.9	16.2	547.93	15.3	Idem.	☉	Idem.
11		549.29	16.4	17.7	547.20	16.8	Idem.	☉	Idem.
Midi.		549.21	18.1	19.5	546.98	18.5	Idem.	☉	Idem.
1	soir.	548.72	18.3	19.7	546.47	18.7	Idem.	☉	Idem.
2		549.58	17.9	19.4	547.37	18.3	Idem.	☉	Idem.
3		549.22	17.0	18.3	547.09	17.4	Idem.	◐	Ciel très-nuageux.
4		548.66	15.3	16.6	546.67	15.7	Idem.	●	Ciel très-nuageux et orageux.
5		549.80	13.3	14.6	547.99	13.7	Idem.	●	Ciel couvert.
6		549.61	12.2	13.6	547.90	12.6	Idem faible.	»	Idem.
7	matin.	550.10	8.1	9.7	548.75	8.5	N. O. faible.	●	Ciel couvert, quelques gouttes d'eau.
9		549.56	10.3	11.5	548.02	10.7	Idem.	●	Ciel couvert, pluie légère.
11		549.89	13.3	14.9	548.08	13.7	Idem.	●	Ciel couvert, quelques gouttes d'eau.
1	soir.	549.50	12.7	13.1	547.75	13.1	Idem frais.	●	Idem.
3		549.91	11.6	12.3	548.25	12.0	Idem faible.	●	Ciel couvert.
5		549.80	11.6	12.9	548.14	12.0	Idem.	●	Idem.
7	matin.	549.69	7.9	9.2	548.36	8.3	S. E. frais.	☉	Ciel nuageux.
8		549.50	8.9	10.3	548.09	9.3	Idem.	☉	Idem.
9		549.01	10.0	11.4	547.50	10.4	Idem.	◐	Ciel très-nuageux.
10		549.40	12.7	13.9	547.75	13.1	Idem fort.	☉	Idem.
11		549.80	14.5	15.8	547.89	14.9	Idem.	☉	Ciel nuageux.
Midi.		549.71	15.8	17.0	547.68	16.2	Idem.	☉	Idem.
1	soir.	549.72	16.2	17.5	547.65	16.6	Idem.	☉	Idem.
2		549.20	16.2	17.5	547.11	16.6	Idem.	☉	Idem.
3		549.20	16.2	17.5	547.11	16.6	Idem faible.	☉	Idem.
4		548.70	15.3	16.2	546.71	15.7	Idem.	☉	Idem.

es génér., 549.45   13.6   14.8   547.62   13.9

OBSERVATIONS

MÈTRES.	BAROMÈTRE n° 185.	THERMO-MÈTRE du baromètre.	TEMPÉRA-TURE de l'air, thermomètre centigrade.	BAROMÈTRE réduit à 0, corrigé de l'erreur de l'instrum.	THERMOM. ramené à celui de l'observatoire.	DIRECTION et force du vent.	ÉTAT DU SOLEIL	ÉTAT DU CIEL, REMARQUES.
10 h. m.	557.09	+17.0	+16.3	556.90	+17.4	S. E. faible.	●	Ciel couvert, quelques gouttes d'eau.
10 h. 1/2	557.20	19.2	21.0	557.24	19.4	Id. très-faible	●	Ciel couvert.
11 h.	555.36	13.9	20.1	555.27	19.3	Idem.	●	Idem.
11 h. 1/2	556.19	14.2	16.3	554.28	14.6	Idem.	○	Ciel très-nuag., temps orag., quelq. gout. d'eau.
Midi.	556.39	21.3	23.5	553.74	21.7	Idem faible.	○	Ciel très-nuageux, temps orageux.
12 h. 1/2	555.99	21.9	23.4	553.12	22.3	Idem.	○	Idem.
s génér.,	556.48	18.7	20.2	554.29	19.1			

Hauteur barométrique de la rivière, 2,700 mètres au-dessus du niveau de l'océan Indien.

SUR BAROMÉTRIQUE du bord supérieur du ravin au pied duquel coule la rivière Tchia-Tchia, dans la province de Chou-Méda, Pétus ♀ le 3 mars 1843, en face de la province Maraiété.

3h. 10' s.	561.30	+19.9	+20.4	558.87	+20.3	N. O. faible.	○	Ciel très-nuageux.
3h. 40'.	561.28	20.0	20.7	558.83	20.4	Idem.	○	Idem.
4 h. 20'.	561.40	20.3	21.3	558.92	20.7	Idem.	○	Idem.
s génér.,	561.32	20.0	20.8	558.87	20.4			

Hauteur barométrique du haut du ravin, 2,670 mètres au-dessus de l'océan Indien.

SUR BAROMÉTRIQUE de la rivière Tchia-Tchia, mesurée à Got au bas de Pétus, et qui donne en même temps la hauteur perpendiculaire du ravin. 5 4 mars 1843.

9 1/2 m.	649.20	+24.7	+25.8	645.96	+25.1	O. très-faible.	◉	Quelques nuages à l'horizon.
10	649.01	25.9	27.0	645.63	26.3	Idem.	◉	Idem.
10 1/2	648.89	27.9	28.9	645.30	28.3	Idem.	◉	Ciel nuageux.

BAROMÉTRIQUES.

nes génér.,	552.88	11.5	12.6	551.40	12.0

er-Meder est une nouvelle ville que Sahlé-Sallassi fait construire à 15 lieues au S. O. d'Angolola; elle est assise à moitié hauteur rs qui fait partie du plateau de Choa.

Hauteur de Messer-Meder = 2,729 mètres au-dessus du niveau moyen de l'océan Indien.

HAUTEUR BAROMÉTRIQUE de Fine-Fini, mesurée aux sources d'eaux chaudes.— La cuvette du baromètre était 2 mètres 4 décimètres au-dessus des sources.

2 soir.	580.15	+20.6	+19.8	577.58	+21.0	E. S. E. frais.	Ciel très-nuageux, temps orageux.
2 1/2.	579.79	22.7	22.2	577.04	23.1	Idem.	Idem.
3	580.00	24.6	23.1	577.06	25.0	Idem.	Idem.
nes génér.,	579.98	23.0	21.7	577.22	23.3		

Hauteur des sources de Fine-Fini = 2,365^m,7 au-dessus du niveau moyen de l'océan Indien.

HAUTEUR BAROMÉTRIQUE de l'Aouache, mesurée à 4 lieues environ plus bas que ses sources, à 1 lieue à est-sud-ouest d'Andothé, à Dabali, où l'on passe le fleuve de ce côté pour aller au Gouragué. — La cuvette baromètre était 5 décimètres au-dessus des eaux du fleuve.

10 45' s.	601.05	+17.0	+18.2	598.76	+17.4	S. E. faible.	Ciel nuageux.
11 15	601.10	16.3	16.9	598.88	16.7	Idem.	Idem.
11 45	600.82	16.6	17.3	598.57	17.0	Idem.	Idem.
12 15	600.49	16.5	17.1	598.26	16.9	Idem.	Idem.
nes génér.,	600.86	16.6	17.4	593.61	17.0		

OBSERVATIONS BAROMÉTRIQUES.

TABLEAU des principaux points dont j'ai déterminé la dépression et les hauteurs au-dessus de l'océan Indien par l'observation du baromètre.

NOMS des LIEUX.	HAUTEUR au-dessus du niveau DE LA MER.	DÉPRESSION.
Salé.	. . . .	217 mètres.
lou.	521 mètres.	
kakouyou.	725	
outi.	972	
'é.	1,372	
. . . .	1,406	
ou-Amba.	1,731	
ali.	2,027	
-Fini.	2,365	
s.	2,670	
ia-Tchia (rivière). . .	2,700	
ser-Meder.	2,729	
obar.	2,777	
olola.	2,838	
itite.	3,278	

RELÈVEMENTS A LA BOUSSOLE

PRIS DANS LE PAYS D'ADEL ET LE ROYAUME DE CHOA.

De Maro-le-Grand.

yalou...............	N.	25°	O.	Ancien volcan.
bida...............	=	8	O.	Idem.
ɩnda...............	=	35	E.	Montagne Itou-Tcher-Tcl
bouti...............	S.	22	O.	Idem.
fdebbe.............	=	00	O.	Idem.

Du cratère de Léhádo.

ɩmbrate............	N.	50°	O.	Montagne du Choa.
esille...............	S.	43	O.	Idem.
ufâne...............	=	19	O.	Volcan.
ɔouti...............	=	37	E.	Montagne.
bita...............	N.	5	E.	Montagne des Modéitos.

De Farré.

ramba.............	N.	69°	O.	Village.
kala...............	=	14	E.	Idem.
coup...............	S.	51	O.	Idem.
ufâne...............	=	23	E.	Volcan.

D'Angolola, sur la butte où sont les chaumières du roi.

gasasse............	S.	14°	O.	Montagne du Mindjar.
tatite..............	E.	15	S.	Montagne.
guère.............	O.	42	N.	Idem.
adinga.............	N.	14	E.	Idem.
aufite..............	=	13	E.	Village.
letti...............	=	20	O.	Idem.
utikarensa..........	=	70	E.	Idem.
obèrette............	E.	28	S.	Idem.
bia-Tchia...........	O.	27	S.	Idem.

De Débrabrame.

ɩdjira..............	N.	25°	E.	Village.

RELÈVEMENTS A LA BOUSSOLE.

Fitché, ferme de Sahlé-Sallassi, située à 1 lieue ½ à l'ouest de Messer-Λ

Fouri....................	S.	44°	O.	Montagne.
ndotto...................	=	58	O.	Idem.
Jierer....................	=	18	O.	Idem.
Magasasse	N.	82	E.	Idem.

Aux sources d'eau chaude de Fine-Fini.

ndotto...................	S.	80°	O.	Montagne.
Fouri....................	=	30	O.	Idem.
Séguala..................	=	12	E.	Idem.
Jiérer....................	=	58	E.	Idem.

De la rivière de Houâtira, kabyle Bétchio-Ouèreppe-galla.

Houédadalatchia............	N.	25°	E.	Montagne.
Honètchatchia	=	42	E.	Idem.
Andaudhé.................	=	39	E.	Idem.
Sankouri.................	S.	2	O.	Idem.
Gara-Gauba...............	N.	51	O.	Idem.

De Métatite, au point le plus élevé.

Mambrate.................	N.	60°	E.	Montagne.
Islam-Amba...............	=	12	E.	Idem.
Magasasse................	S.	64	O.	Idem.

D'Angobar, sur la butte où sont les chaumières du roi.

Rase-Tchaka..............	S.	80°	O.	Montagne.
Mambrate.................	N.	14	E.	Idem.
Magasasse................	S.	32	O.	Idem.

D'Aléyou-Amba.

Mambrate.................	N.	18°	O.	Montagne.
Angobar..................	=	76	O.	Ville.
Lauza....................	O.	75	S.	Village.
Bitchiène-Kagne...........	S.	34	O.	Idem.
Hiltoki...................	=	22	O.	Idem.
Abderasoul................	=	6	E.	Idem.
Sharamba.................	=	31	E.	Idem.
Dedma-Koro...............	=	49	E.	Idem.
Koldas...................	E.	84	S.	Idem.

OBSERVATIONS GÉOLOGIQUES.

Observations géologiques recueillies en Égypte, sur la mer Rouge, le golfe d'Aden, le pays d'Adel et le royaume de Choa.

OBSERVATIONS GÉOLOGIQUES.

En sortant du Caire, à une demi-lieue à l'est, on voit s'élever un monticule nommé Djebel-Hacmar (montagne rouge) : ce nom lui a été donné, par les Arabes, à cause des grès rouges, compactes, à l'état amorphe et à cassures vitreuses qui en forment le principal élément. Ce monticule est un phénomène d'éruption; on y remarque des traces d'origine volcanique; on observe, au centre, une soufflure de terrain assez semblable à une cheminée de haut fourneau et enveloppée d'une lave ferrugineuse. En suivant la direction du nord au sud-est, on voit au milieu des sables, de distance en distance, un assez grand nombre de monticules semblables, qui sont le résultat de productions volcaniques : ce travail plutonien se continue dans la même direction et à moitié chemin de Suez au Caire. En suivant la route dite *du bas*, on observe une montagne d'origine volcanique.

A 2 lieues et demie à l'est-sud-est du Caire, on remarque dans le désert une vaste forêt pétrifiée ; elle est variée de plusieurs espèces d'arbres ; il y en a dont les troncs atteignent jusqu'à 18 mètres de longueur : d'ailleurs ils sont tous si bien conservés, que l'on peut reconnaître les diverses espèces auxquelles ils appartiennent. Plusieurs hypothèses ont été émises sur cette forêt ; voici pourtant celle qui me paraît conforme à la vérité : le sol sur lequel reposent ces curieuses pétrifications est un terrain de soulèvement de productions éminemment volcaniques ; la violente commotion qu'a dû éprouver ce terrain en s'exhaussant a sans doute renversé les arbres de la forêt ; couchés sur le sol, ils se sont trouvés en contact avec la cause immédiate du phénomène qui s'est opéré en eux : les terres égyptiennes contiennent, en effet, une grande quantité de nitrate de potasse ; ce nitrate de potasse, uni au silex qui était sur les lieux, a formé, par le dégagement de la chaleur du sol, un silicate de potasse qui a été l'élément actif de la pétrification.

Quant à l'opinion qui prétend que ces arbres ont été pétrifiés avant d'avoir été renversés, leur disposition actuelle me paraît suffire à la démentir. Si cette opinion était vraie, la secousse volcanique aurait infailliblement brisé les pétrifications ; on ne verrait aujourd'hui que des fragments dispersés au hasard : au contraire, on voit des troncs d'arbres encore entiers et d'une longueur remarquable.

La montagne du Mokkatam, qui suit le cours du Nil à l'est, forme une chaîne irrégulière dont la direction est du nord au sud ; elle est généralement composée de calcaire grossier, de calcaire coquillier et de calcaire crayeux. Près du Caire, on trouve, sur le revers du Mokkatam, des fossiles de plusieurs espèces et de plusieurs variétés, surtout des nummulites et des lenticulites.

De Rosette jusqu'à Siout, capitale de la haute Égypte, le Nil coule sur un terrain de transport, puis il se promène, sur un terrain secondaire crayeux, jusqu'aux environs d'Edfou.

De Keneh à Kosséir, en se dirigeant vers l'est et après avoir traversé la chaîne calcaire qui fait suite au Mokkatam, on arrive à une nouvelle chaîne qui sépare la vallée du Nil de la mer Rouge ; ses premiers mamelons sont le résultat d'un soulèvement volcanique et sont formés de basalte et de trachyte : on observe aussi ces roches sur les sommets les plus élevés. On perd insensiblement ces roches plutoniennes pour rentrer dans les roches de granit, de porphyre, de siénite et de gneiss de toutes nuances, et qui se prolongent jusqu'à l'embouchure de la vallée de Kosséir, où l'on rencontre le calcaire crayeux et le calcaire grossier. Les roches volcaniques se représentent de nouveau sur les bords de la mer et forment une série de petits cônes qui bordent la côte sur une assez grande longueur.

Sur la côte orientale du golfe Arabique, de Suez à Aden, on observe, entre la chaine des montagnes et la mer, un terrain d'alluvion généralement bas et dont la largeur varie. En quelques endroits (de Ras-Mahamet, à moitié hauteur du golfe de l'Akabah, dans le voisinage du port de l'Oiedge, aux environs de Yambo), on remarque des collines calcaires de formations nouvelles et dans lesquelles on trouve des corps organisés fossiles de même espèce que ceux que l'on rencontre aujourd'hui dans la mer Rouge.

Le golfe Arabique offre, pour la géologie, un phénomène plein d'intérêt ; il peut se diviser en deux parties : le nord, de Suez à Djedda, est, sur ses deux rives, bordé de récifs de madrépores qui, en certains endroits, obstruent la mer jusqu'à une assez grande distance du rivage ; dans la partie méridionale, les récifs deviennent moins fréquents et sont remplacés par des bancs de sable, des ilots, des iles dont la plupart sont des volcans éteints. Je citerai principalement les iles de Djebel-Tar ou Djebel-Cabret (montagne de soufre), à 20 lieues à l'ouest de Lohéia ; l'ile Nora, à 4 lieues au nord de Dalack ; l'ile de Zébayer, à 18 lieues à l'ouest-nord-ouest de Hodéida ; les volcans qui bordent le port de Rayéta sur la rive africaine, au parallèle de Moka ; le Grand-Sian, volcan qui forme un cône assez élevé sur la rive occidentale, à l'entrée du détroit ; sept volcans sur une ligne parallèle qui obstruent le détroit de ce côté, dont un porte le nom de Petit-Sian, deux celui d'Hamra, et les suivants ceux de Sababo et Sababé ; l'ile de Périm, à l'entrée du détroit, sur la rive orientale.

De Confonda jusque près de Djézan, la côte est bordée de volcans éteints, et, à quelques lieues au sud de Moka jusqu'à Aden, qui est circonscrite de volcans éteints, le même travail souterrain se reproduit.

En sortant de la mer Rouge et en face de la côte d'Aden, on retrouve des phénomènes analogues. Les environs de Toujourra, village situé sur la rive africaine, au parallèle d'Aden, sont aussi de productions volcaniques : le basalte et le trachyte s'y font remarquer. A vingt minutes derrière ce village, dans la direction nord-ouest, en se dirigeant vers une chaine de montagnes, on rencontre une roche peu élevée au-dessus de la mer : elle suit un plan presque horizontal; elle renferme des fossiles de plusieurs variétés et fort intéressants. La contrée que l'on traverse en allant de Toujourra au royaume de Choa et le Choa lui-même se font remarquer par leur constitution plutonienne. A 24 lieues à l'ouest-sud-ouest de Toujourra, il y a un lac qui est circonscrit de volcans éteints et qui n'est séparé du golfe de Toujourra que de 4 à 5 lieues : d'après mes observations barométriques, sa dépression n'est pas moins de 217 mètres. Dans le pays d'Adel, on observe un nombre infini de volcans éteints ; plusieurs ont jeté sur le sol des quantités de laves prodigieuses, notamment ceux qui s'élèvent en face de Coummi, au milieu du désert, et ceux de Dabita, près de l'Aouache. Dans plusieurs des vallées du désert, on rencontre des fossiles du genre mélanie et d'une espèce inconnue; je donnerai à cette espèce le nom de *Beaumont-Dufrenosia*.

Le sol du royaume de Choa se compose généralement de granit, de porphyre, de siénites et de roches cristallines qui leur sont associées, tandis que des éruptions de basalte et de trachyte, qui se sont fait jour de distance à autre, ont superposé leurs cônes sur les terrains anciens : quelquefois ces cônes atteignent une assez grande hauteur et embrassent une vaste étendue.

La montagne qui domine Angobar, capitale du

Choa, et sur la pente de laquelle cette ville est bâtie, est un cône de soulèvement; le trachyte en forme la masse et le basalte en recouvre les pentes. Angolola, seconde capitale du Choa, est bâtie sur une butte de soulèvement dont le basalte est le principal élément. A 14 lieues nord-ouest d'Angolola, dans les provinces de Choa-Méda, Morot et de Marabété, on rencontre un ravin gigantesque qui n'a pas moins de 1,254 mètres de profondeur et qui coupe le plateau du Choa comme une hachure : malgré la profondeur extraordinaire de cette gorge, les parois, presque verticales, en sont très-rapprochées; au sommet même, elles ne sont éloignées l'une de l'autre que d'une distance de 7 à 800 mètres. Le fond du ravin sert de lit à une rivière qui renferme un grand nombre d'hippopotames. On dirait que, pendant le travail plutonien qui a donné à ce pays sa configuration et son exhaussement, le plateau s'est un jour fendu par le milieu pour offrir un moyen unique d'étudier l'assiette et la composition géologique du plateau du Choa. Les deux coteaux dont l'écartement a ouvert cette fente ont pour base l'élément primitif sur lequel repose le tuf volcanique qui forme, en beaucoup d'endroits, la couche supérieure du plateau. Dans un lieu nommé Got, situé au pied des coteaux, on voit un grès ferrugineux, rougeâtre et à cassure luisante : cette roche est fort élevée et se continue assez loin, de l'est à l'ouest, sur un plan presque horizontal; elle renferme des turquoises d'une dureté remarquable et d'une belle couleur.

Débrabrame, village du Choa, situé entre Angobar et Angolola, est bâti sur une butte formée de siénites zirconiennes, renfermant de l'or argentifère. A une demi-lieue du village, en se dirigeant au nord-ouest, on remarque deux pyramides de basalte qui ont 3 mètres 8 décimètres d'élévation au-dessus du sol, et 1 mètre 6 décimètres de circonférence. Une semblable pyramide existe à Bolorké, village situé à 1 lieue au sud-ouest du précédent : plusieurs de ces pyramides sont couchées sur le sol, dans la cour où sont les maisons du roi, à Débrabrame; on les dirait taillées de main d'homme; elles sont absolument semblables à celles que l'on voit au Jardin du roi, à l'entrée du cabinet de géologie.

Les échantillons volcaniques que j'ai recueillis pour prouver la vérité des descriptions que j'avais données dans le récit de mon premier voyage font bien connaître la formation du terrain que j'ai parcouru, depuis l'Égypte jusqu'au Choa : on voit par là qu'une partie de l'Égypte, toute la mer Rouge, le golfe d'Aden, ainsi que le pays d'Adel et le royaume de Choa, sont le résultat de productions volcaniques.

Au Choa, où se rencontrent les obsidiennes en quantité considérable, dans ce travail des feux souterrains, la chaleur est arrivée à son plus haut degré d'intensité.

Des variétés de laves que j'ai recueillies sur les volcans que je viens de désigner ou à leur pied, je nommerai ici les principales :

Obsidiennes de formes sphérique et parallélipipède, avec une croûte extérieure tuberculeuse, recueillies à 3 lieues au nord de Fouri, royaume de Choa ;

Lave obsidiennique légèrement schisteuse, pailletée et renfermant des cristaux de feldspath vitreux, recueillie sur le revers du coteau de Pétas ;

Lave porphyrique renfermant des cristaux de feldspath vitreux (la même variété se rencontre près du port de Biracmet, sur le golfe d'Aden), recueillie aussi au bas de Pétas ;

Lave avec du péridot, recueillie à 2 lieues à l'ouest d'Angolola ;

Laves basaltiques et trachytiques, recueillies à Angolola et à Angobar ;

Lave obsidiennique celluleuse, basalte et trachyte qui se trouvent presque sur toute la surface du pays d'Adel, entre Toujourra et le Choa ;

Lave amphigénique, renfermant des cristaux de

fer titané, recueillie près de Dafarré, voisin du lac Salé : la même variété se rencontre auprès du port de Biracmet, sur le golfe d'Aden ;

Lave ferrugineuse, recueillie sur le Grand-Sian, à l'entrée du détroit, sur la rive occidentale ;

Obsidienne sphéroïdale, recueillie auprès du port Ibraim, en face de l'île de Périm, sur la rive orientale du détroit ; des échantillons de basalte et de trachyte, recueillis de Confonda à Kosséir, et de cette dernière ville à Keneh.

BOTANIQUE.

Désignation des plantes de l'herbier du second voyage de M. Rochet d'Héricourt au royaume de Choa ; par M. le professeur Delile. — Note sur le cousso.

BOTANIQUE.

Numéros d'ordre de l'herbier.

1 Hypericum leucoptycodes, Steudel, *Herb.* Schimp., n° 834.
   Amadja (Abyss.).

2 Brayera anthelminthica, Kunth, notice 1824; DC., *Prodr.* II, p. 558.
   Cusso ou Banksia abyssinica, Bruce, pl. 22 et 23.
   Cousso (Abyss.).

3 Myrsine africana, Lin.
   Katchamo (Abyss.).

4 Guicho (Abyss.).
   Arbrisseau cultivé qui sert à la préparation de l'hydromel.

5 Phytolaca abyssinica, Hoffmann.
   Indote (Abyss.).

6 Vernonia.
   Gouryo (Abyss.).
   Arbrisseau.

7 Urticée.
   Arbre appelé *hamararo* par les Abyssins.

8   Stengelia adoensis, C. H. Schultz, *Herbar.* Schimp., n° 318.

9   Hypericum.
Amadja (Abyss.).

10   Solanum cosmeticum, Delile. *Plantes du voyage de M. R. d'Hér. au Choa.*
Hamararo (Abyss.).

11   Capparis globifera, Delile; *Pl. nov. choenses, Herb. R. d'Hér.*
Goumaro (Abyss.).

12   (Manque.)

13   (Manque.)

14   Erythrina gourgaud, Delile.
Gourgaud (Abyss.).

15   Rubus exsuccus, Steudel, *Herb.* Schimp., n° 867.
Indjoné (Abyss.).

16   Strychnos abyssinica, Hochst., *Herb.* Schimp., n° 254.
Marèse (Abyss.).

18   Terminalia Brownei, Fresenh., *Herb.* Schimp., n° 583.
Houeba (Abyss.).
Tephea æquipetala, Delile.
Téphé (Abyss.).
   Nouveau genre d'apocynée. *Caractères essentiels :* tube de la fleur dilaté en boule par la maturation;

limbe plane à cinq divisions égales entre elles, linéaires-obovées ; orifice du tube fermé par cinq écailles.

19 Barleria adelensis, Delile.

19 bis Nidorella choensis, Delile.

Natchillo (Abyss.).

<blockquote>Recueilli à moitié hauteur de la montagne Métalite.</blockquote>

20 Mœsa picta, Hochst., *Plantes de Schimp.,* n° 286.

Kalhahò (Abyss.).

<blockquote>Arbre de petite taille, dont l'écorce est lisse et mouchetée de points blancs : cet arbre croît parmi les rochers ; son fruit est employé pour extirper le ténia. Recueilli près d'Angobar. (*Note de M. Rochet d'Héricourt.*)</blockquote>

20 bis Ziziphus adelensis, Delile.

<blockquote>Arbre de taille ordinaire, portant des fruits mangeables. Recueilli sur le chemin de Farré à Aléyou-Amba.</blockquote>

21 Buddleia polystachya, Fresenh., *Herb.* Schimp., n° 266.

Amphare (Abyss.).

22 Inula arbuscula, Delile, *Plantes d'Abyssinie de MM. Feret et Galinier.*

— fruticosa, C. H. Schultz, *Herb.* Schimp., n° 664.

Houenaguéphe (Abyss.).

23 Kleinia....

Herché (Abyss.).

24 (Manque.)

25 Helichrysum Rochetii-Delili.
   Nebasel (Abyss.).
26 Thymus serrulatus, Hochst., *Herb.* Schimp., n° 368.
27 Hebenstretia...
28 Senecio myriocephalus, C. H. Schultz, *Herb.* Schimp., n° 837.
   Plante recueillie sur la montagne Goucabéla.
29 Helichrysum decorum, Delile.
30 Solanum erysimifolium, Delile.
   Katchené et Mengora (Abyss.).
31 Asparagée? Ruscus?.....
   Sans fleur ni fruit. Roseau à tige, recueilli à Angobar. Rameau effilé, anguleux, garni de feuilles très-rapprochées les unes des autres, opposées ou alternes, sessiles, linéaires-lancéolées, un peu courbées en faux, longues de 10 à 12 centimètres, larges de 5 millimètres.
31 bis Salvadora persica, Lin.
   Dadaho (des Danakyles).
32 Rumex alismæfolius, Hochst.
   Amboiatchio (Abyss.).
33 (Manque.)
34 Grewia discolor, Fresenh.
   Somaya (Abyss.).
35 Tamarindus indica, Lin.
   Boka (Abyss.).
36 Carissa edulis, Vahl. *Symb. bot.*, p. 22.

Aga (Abyss.).

37 Cordia africana, Lamck.
— abyssinica, Salt.
Wanzey, Bruce, pl. 17.
Houantcha (Abyss.).

38 Myrsine Kellau, Hochst., *Herb.* Schimp., n° 159.
Kourkoura (Abyss.).

39 Jasminum choense, Delile.

40 Pavetta adelensis, Delile.

41 Mærua angolensis, Richard, *Fl. senegamb.*, p. 27; Delessert, *Icones*, tab. XIII.
Komantino (Abyss.).

42 Ximenia?....
Ankohé (Abyss.).

43 Sterculia setigera, Delile, *Centurie de plantes de Caillaud*, p. 61, n° 47.
Culhamia, Forsk., *Descr.*, p. 96.
Sterculia tomentosa, Guillemin et Perrottet, *Fl. senegamb.*, p. 81, tab. XVI.
Karinocha (Abyss.).

44 Grewia.....
Malangourré (Abyss.).
(Il est probable que cette plante est connue par les herbiers que l'on possède à Paris et qu'elle a été nommée par Fresenhius.)

45 Cucumis dipsaceus, Ehrenb.

Amora mésa (Abyss.).

46 Kersché (nom chez les Danakyles).
>A comparer sur les herbiers. Arbre à feuilles ovoïdes, orbiculaires, opposées. Fruit ovoïde, oliviforme, monosperme, indéhiscent, devenant une coque fragile, tuberculeuse.

47 Rochetia choensis, Delile.
>Nouveau genre. *Caractère essentiel :* filets des étamines bifides à leur sommet. Pour tout le reste, la description du genre *trichilia* convient.

48 Cissus rotundifolia, Vahl.

Tchaubé (Abyss.).

49 Cissus....

Aser kouche (Abyss.).

50 Capparis macrosperma, Delile.

51 Physalis somnifera, Lin.

52 Rhamnus....

53 Un rameau sans fleur ni fruit.
>Arbre de grandeur et grosseur ordinaires : il porte de petits fruits ronds de la grosseur du poivre et enveloppés dans une coque lisse. Recueilli sur le volcan Habida.

53 bis, 19 ter Balanites ægyptiaca, Delile, *Fl. d'Ég.*, pl. 28, f. 1.

Dyémo (Abyss.).

54 Bryonia.

55 Ficus.
>Recueilli, à Holma, au pays d'Adel.

56 Mærua....

Hadé (des Arabes-Danakyles).

Arbrisseau qui croît sous forme de buisson. Recueilli près de Léhado.

56 bis Stapelia congestiflora, Delile.

Plante visqueuse portant des fleurs rapprochées en boule et violacées : elle se trouve en plusieurs localités du désert du pays d'Adel. (*Note de M. Rochet d'Héricourt.*)

57 Poinciana elata, Lin.; DC., *Prodr.* II, p. 184, n° 3.

Recueilli à Moka.

58 Grewia echinulata, Delile, *Centurie de Caillaud.*
— corylifolia, *Fl. senegamb.*, p. 95, t. XX.

59 (Manque.)

60 Ærua tomentosa, Forsk., *Descr.*, p. 170.

61 Solanum adelense, Delile.

62 Calotropis procera, Rob. Brown.

63 Lawsonia alba, Lamck.
— inermis, Lin., et L. spinosa, Lin.
Henné (Abyss.).

64 Cassia acutifolia, Delile, *Fl. d'Ég.*, tab. XXVII.

Le véritable séné de la meilleure espèce, le même que celui de Nubie, fourni à l'Europe par Alexandrie, qui en tire aussi de la mer Rouge.

65 Catha edulis, Forsk., *Descr.*, p. 63.

66 Corchorus olitorius, Lin.
Meloukié (arabe), à Moka.

67 Tchaï (Abyss.).

68 Parkinsonia aculeata, Lin.
Seseben (à Moka).

LE COUSSO.

Tel est le nom par lequel est désigné, en Abyssinie, un arbre dont la fleur a la propriété de guérir du ver solitaire. Je donne ici le dessin d'une branche de cet arbre, avec une panicule de sa fleur

Tous les Abyssins, sans exception, sont affectés du ténia ; heureusement la nature a placé le remède à côté du mal. Dès l'âge de quatre ans, les enfants commencent à prendre la fleur du cousso, qui a la propriété d'extirper le ver solitaire. Voici comment ce remède se prépare et s'emploie : on prend 4 gros de fleurs de cousso parfaitement desséchées que l'on réduit en poudre en les broyant à l'aide d'une molette, sur une pierre placée horizontalement ; on délaye cette poudre dans un demi-litre d'eau froide, et l'on boit cette infusion d'un seul trait. Une heure et demie après, les premières selles ont lieu ; elles amènent plusieurs fragments de ver ; à la quatrième, qui suit les précédentes de quelques instants, on évacue le ver en entier sous forme de boule. Après s'être ainsi débarrassé du ténia, on prend un quart de litre d'eau tiède, afin de rendre tout le cousso.

Note sur le squelette d'une tête d'hippopotame d'Abyssinie, rapportée du royaume de Choa, par M. Rochet d'Héricourt, lue par M. Duvernoy, membre de l'Institut, professeur d'histoire naturelle organique au collége de France.

M. Rochet d'Héricourt a bien voulu, dans son second et périlleux voyage au royaume de Choa, penser à la recommandation que je lui avais faite en partant, de se procurer, s'il lui était possible, un fœtus d'hippopotame.

Les chasses dangereuses qu'il a faites dans ce but lui ont du moins fourni l'occasion de rapporter une tête d'hippopotame en squelette.

Ce qu'il en a dit lui-même dans la *Note sur les résultats scientifiques de son voyage*, qu'il a communiquée à l'Académie le 13 octobre dernier (1), m'impose le devoir de faire connaître les conclusions que j'ai cru pouvoir tirer de l'étude de cette tête, sous le rapport des caractères spécifiques qu'elle m'a présentés.

(1) Voir encore la *Revue nouvelle*, t. V, p. 430.

J'ai pu la comparer avec celles des deux squelettes complets du Sénégal et d'un squelette du Cap (1), qui font partie des belles collections d'anatomie du muséum d'histoire naturelle, et avec cinq autres têtes isolées, qui existent dans les mêmes collections et dont l'origine est inconnue, mais que j'espère être parvenu à préciser avec une grande probabilité.

Il s'agissait de décider si l'*hippopotame d'Abyssinie* forme une espèce distincte, et d'abord si celui du *sud de l'Afrique* diffère, comme on l'a dit, de l'*hippopotame du Sénégal*.

Ensuite, dans le cas d'une réponse affirmative à cette dernière question, si l'*hippopotame d'Abyssinie* se rapporterait à l'une ou à l'autre de ces deux origines, ou s'il en différerait par des caractères évidents tirés de la forme et des proportions de quelques parties du squelette de la tête.

Ces questions sur la simple détermination des espèces de grands mammifères ont un double intérêt.

Elles tiennent, d'une part, à la géographie zoologique, c'est-à-dire au mode de distribution des espèces à la surface du globe; elles se lient, d'autre part, à l'histoire de ses révolutions, par la compa-

---

(1) Cette dernière provient, comme celle d'Abyssinie que nous lui avons comparée, d'un *hippopotame mâle*.

raison plus complète qu'elles permettent de faire entre les espèces vivantes et les espèces fossiles.

Lorsque M. Cuvier vint lire, à l'Institut national, le 1er pluviôse an IV (en 1796), son *Mémoire sur les espèces d'éléphants vivantes et fossiles*, il prévoyait déjà, au moment où il faisait son premier pas dans la carrière paléontologique, qu'il a tant éclairée et illustrée, toute la portée de l'étude approfondie et détaillée du squelette des espèces vivantes pour la détermination certaine des espèces fossiles. Dès l'instant de ses premières recherches, il avait conclu que les espèces fossiles sont, en général, différentes des espèces vivantes ; il les regardait « *comme ayant appartenu* (ce sont ses expressions) *à un monde antérieur au nôtre, comme ayant été détruites par quelques révolutions de ce globe.* »

On sait que les zoologistes considèrent généralement comme appartenant à une seule et même espèce les *hippopotames* provenant des différentes contrées de l'Afrique, seule partie du monde où l'on en ait observé, jusqu'à présent, de vivants.

C'était encore l'opinion de M. Cuvier dans la dernière édition du *Règne animal*, tandis que, dans ses *Recherches sur les ossements fossiles* (sect. I, 2e édit., 1821), il en détermine, avec exactitude, deux es-

pèces éteintes qui vivaient anciennement en Europe ;
ce sont les *hippopotamus major et minutus*.

Quant à l'*hippopotamus medius*, que M. Cuvier
n'avait ainsi déterminé qu'avec doute et en indiquant
des différences sensibles dans les dents et la nécessité d'avoir les incisives et les canines (p. 333),
M. Cristol a montré, au moyen de fragments plus
complets qu'il a pu étudier, que ces restes fossiles
avaient appartenu à une espèce d'un sous-genre particulier compris dans le genre *dugong*, sous-genre
qu'il a désigné sous le nom de *metaxytherium* (*Annales des sciences naturelles*, 2e série, sect. I, p. 282,
sect. III, p. 257, et sect. XV, p. 307 et suiv.).

A la vérité, suivant les procès-verbaux de l'*Académie des sciences naturelles de Philadelphie de* 1844,
p. 186, et les *Annales d'histoire naturelle*, sect. XIV,
p. 75, M. Morton présume que l'on doit distinguer
une deuxième espèce d'hippopotame sous le nom
d'*hippopotamus minor*.

Il fonde cette présomption sur l'inspection de deux
crânes qu'il a reçus de *Monsoria*, dans l'ouest de
l'Afrique, qui proviennent d'hippopotames de la rivière de Saint-Paul.

L'un de ces crânes a appartenu à un individu très-vieux, dont les sutures sont entièrement effacées et
les dents très-usées.

Cette tête n'a, depuis l'extrémité du museau jusqu'à la saillie de l'occipital, entre les deux condyles, que 12,3″ de long.

Un autre caractère distinctif est pris de la courbure uniforme de la voûte du crâne, aussi bien d'une orbite à l'autre qu'entre les os du nez et l'occiput ; tandis que, dans l'*hippopotame ordinaire*, les orbites font une saillie très-sensible vers le haut et que leur intervalle est creux. De plus, dans l'*hippopotamus minor*, les orbites sont situées à égale distance de l'occiput et du museau ; tandis que, dans le grand hippopotame, elles ne sont éloignées que d'un tiers de cette différence du côté de l'occiput.

L'*hippopotamus minor* aurait encore, dans son système de dentition, un caractère distinctif dans l'existence de deux incisives seulement à la mâchoire inférieure ; les petites molaires sont rapprochées des canines ; enfin l'os molaire a sa base dans le même plan que celle du maxillaire supérieur.

En faisant connaître ces différences (dans les *Archives d'histoire naturelle d'Erichson pour* 1845, p. 38), M. le professeur André Wagner conclut que, après les avoir comparées à trois crânes de la collection de Munich, elles méritent la plus grande attention et qu'elles permettent, en tout cas, d'admettre l'existence d'une seconde espèce d'hippopotame.

On voit qu'ici il est question d'une espèce nouvelle découverte depuis peu de temps et signalée pour la première fois par M. Morton, que ce naturaliste distingue surtout de l'espèce anciennement connue par sa petite taille, par l'existence de deux incisives seulement au lieu de quatre à la mâchoire inférieure, par un développement remarquable du crâne et par la position des yeux; mais les individus provenant du Cap, du Sénégal et du Nil sont tous rapportés, par ce naturaliste, à la grande espèce, qu'il appelle ainsi en la comparant à sa nouvelle espèce, qu'il désigne sous le nom de *minor*.

Quant aux hippopotames de ces origines bien connues, M. le docteur Ruppel m'écrit, dans une lettre du 10 de ce mois, que, après avoir examiné, il y a plus de vingt-six ans, à Pavie, deux crânes d'hippopotames provenant du Sénégal et du Cap, et un à Florence, originaire de l'Égypte, il avait déjà supposé, à cette époque, l'existence de deux espèces d'hippopotames dans les différents fleuves de l'Afrique.

Le catalogue des animaux empaillés et des squelettes du musée Seckenberg, publié en 1843, ne renferme cependant d'autre nom que celui de l'espèce unique de Linné (*hippopotamus amphibius*), à laquelle on rapporte l'hippopotame de Nubie, comme celui du Cap (1). Je ne connais pas, d'ailleurs, les caractères distinctifs que M. Ruppel aurait aperçus entre les deux espèces qu'il annonce avoir reconnues.

Desmoulins est allé plus loin ; il a publié, dans le *Journal de physiologie* de M. Magendie pour 1825 (2), une comparaison détaillée des mesures de différentes parties de la tête et des membres du squelette de l'*hippopotame du Sénégal* et de *celui du Cap;* comparaison dont il a cru pouvoir conclure que les *hippopotames* de ces deux origines sont spécifiquement distincts.

En comparant entre elles, sous d'autres points de vue, les têtes des deux squelettes du Sénégal et de celui du Cap, je suis parvenu aux mêmes résultats que Desmoulins, mais après des aperçus plus faciles à saisir et plus concluants, du moins à ce qu'il me semble.

Le second résultat, entièrement nouveau, que j'ai pu tirer de la comparaison détaillée de ces deux têtes avec celle de l'*hippopotame d'Abyssinie* est que celle-ci appartient à la même espèce que l'*hippopotame du Sénégal*.

(1) *Museum seckenbergianum*, Ban, t. III. Lef., t. II.
(2) *Détermination de deux espèces d'hippopotames*, par M. Desmoulins, p. 314 et suiv.

Ce résultat me paraît intéressant sous le rapport de la géographie physique de l'Afrique.

Il me semble, en effet, que l'on peut en déduire, avec beaucoup de probabilité, qu'il existe une communication facile entre les eaux qui, du centre de l'Afrique, se dirigent vers les côtes occidentales de ce continent pour se répandre dans l'Océan, et celles du versant opposé, d'où vient l'*hippopotame d'Abyssinie,* ou, du moins, que les sources des eaux de ces deux versants ne sont pas séparées par un grand espace, et que cet intervalle, sorte de bief de partage, est un sol humide et couvert d'une abondante végétation que les hippopotames peuvent brouter et traverser.

L'Académie comprendra, par ces aperçus, le service que M. Rochet d'Héricourt a rendu à la science en recueillant, non sans beaucoup de danger, et en transportant, à ses frais, d'Abyssinie à Paris, un moyen précieux d'avancer cette partie si intéressante de la zoologie classique.

Je joins à cette *note* les détails descriptifs qui ont servi à mes déductions, avec une planche dessinée par M. Werner, qui en facilitera l'intelligence. M. de Blainville doit reprendre ce sujet incessamment pour son grand ouvrage d'*ostéographie*, et l'étendre, suivant le plan de cet ouvrage, aux espèces fossiles, dont la détermination recevra peut-être quelques lumières de ces données nouvelles : je les communique avec d'autant plus de confiance que, ayant adressé une copie au trait de la planche de M. Werner à M. Van-der-Hœven, à Leyde, et une à M. Ruppel, à Francfort, en ajoutant la prière de comparer ces dessins et les caractères qui y sont indiqués avec les têtes d'hippopotames qui pourraient exister dans les collections de ces deux villes, j'ai reçu immédiatement de mon ami M. le professeur Van-der-Hœven une réponse confirmative de toutes les différences principales que j'avais trouvées.

Ce savant avait pu comparer, à cet effet, une tête d'hippopotame du Cap avec une tête provenant, à ce qu'il pense, du nord de l'Abyssinie (1).

(1) Voici d'ailleurs un extrait de la lettre que m'a écrite M. Van-der-Hœven :
« J'ai examiné les deux crânes d'hippopotames qui se
« trouvent au muséum d'histoire naturelle; l'un est du Cap
« et l'autre d'Abyssinie et provient des voyages de Ruppel.
« Ces crânes présentent des différences assez marquées.
« L'esquisse que vous m'avez envoyée du crâne de l'hippo-
« potame d'Abyssinie convient avec le crâne que nous
« devons à Ruppel; tandis que l'autre, plus allongé et
« moins large, ressemble à la figure que Cuvier a publiée
« dans ses ossements fossiles de l'hippopotame du Cap. »

La longueur du crâne A du Cap est de 0^m,61 ; le crâne de l'hippopotame d'Abyssinie, plus robuste, est un peu plus grand et mesure 0^m,69.

Dans le crâne A, la plus grande distance des arcades zygomatiques est de 0^m,38 ; cette mesure est à la longueur de la tête comme 1 : 1,6. Dans le crâne B, les arcades zygomatiques, qui sont plus évasées, ont 0^m,46 de largeur, et la proportion de cette mesure à la longueur de la tête est comme celle de 1 : 1,5.

Non-seulement les arcades zygomatiques, mais aussi la partie antérieure du crâne, qui porte les canines et les incisives, sont plus larges dans la tête d'Abyssinie que dans celle du Cap.

Dans le crâne d'Abyssinie, le diamètre vertical des orbites et le diamètre horizontal sont égaux.

Dans le crâne du Cap, le diamètre horizontal des autres parties est plus grand que le diamètre vertical.

§ Ier. *Forme générale de la tête.*

Dans l'hippopotame du Cap, le crâne est plus long, à proportion, que dans l'hippopotame du *Sénégal* et dans celui d'*Abyssinie*.

Les arcades zygomatiques sont plus droites dans

le premier, moins obliques d'arrière en avant vers la ligne médiane.

Dans les hippopotames du *Sénégal* et d'*Abyssinie*, le crâne est plus court, les fosses temporales sont plus étendues en largeur, les arcades zygomatiques plus distantes par leur angle postérieur, s'inclinant vers la ligne médiane d'arrière en avant, en sorte que ces deux lignes, prolongées de la face externe de ces arcades, se rencontreraient déjà à l'extrémité de la suture des os du nez; tandis que, dans l'hippopotame du Cap, elles iraient, avant de se joindre, à près d'un décimètre au delà de cette suture.

Les orbites ont la forme d'un trapèze dans l'hippopotame du Cap; leur plus grand diamètre est l'horizontal.

Dans les hippopotames du *Sénégal* et d'*Abyssinie*, leur forme est ovale et leur plus grand diamètre est le vertical.

Le chanfrein, dans l'hippopotame d'*Abyssinie* et celui du *Sénégal*, est plus cambré; il est surtout relevé d'une manière sensible dans la partie la plus étroite de la tête et s'abaisse de là vers l'extrémité du museau.

Ces différences dans la forme générale de la tête, que j'ai remarquées entre celles du *Sénégal* et de l'*Abyssinie*, d'une part, et celle du *Cap*, d'autre part, peuvent être aperçues au premier coup d'œil sans mesurer. M. Laurillard, qui était présent lorsque je me livrais à cette étude, dans les galeries d'anatomie comparée du muséum, les a saisies avec moi : nous avons été parfaitement d'accord l'un et l'autre sur leur exactitude. De même nous avons trouvé les cinq têtes isolées (1), qui font partie de ces mêmes collections, sans désignation d'origine, assez conformes, sous ce rapport, aux têtes des deux squelettes du Sénégal et à celle d'Abyssinie. Il était facile d'en conclure qu'elles proviennent, selon toute probabilité, de notre colonie du Sénégal.

§ II. *Mesures détaillées des différentes parties de la tête, ou prises dans ses différents points, et quelques autres détails de forme et de proportion des os particuliers de la face et du crâne.*

Nous signalerons, en premier lieu, la différence

(1) Je trouve, dans le catalogue raisonné, encore manuscrit, des squelettes du muséum que j'avais fait en 1802, à l'invitation de M. Cuvier, qu'il y avait alors, dans cette collection, huit têtes séparées. Cette belle série de têtes, avais-je écrit, est extrêmement propre à étudier les changements que l'air et le frottement font éprouver aux dents des herbivores.

que présentent les os incisifs vus dans la voûte palatine : ils sont saillants et arrondis de ce côté dans l'hippopotame du Sénégal et dans celui d'Abyssinie, et montrent moins de saillie dans l'hippopotame du Cap.

Nous ferons remarquer, en second lieu, la plus grande largeur proportionnelle de la branche horizontale de la mâchoire inférieure dans l'hippopotame du *Sénégal* et dans celui d'*Abyssinie*. Cette largeur, prise verticalement entre la dernière et la pénultième molaire, est comprise quatre fois, dans la longueur de cette même branche horizontale, dans l'*hippopotame du Sénégal*, trois fois et deux tiers dans celui d'*Abyssinie*, et cinq fois dans celui du *Cap*. Sous ce rapport, le grand hippopotame fossile se rapproche davantage de l'hippopotame du Cap.

MESURES DE QUELQUES PARTIES DE LA TÊTE DES HIPPOPOTAMES

		DU SÉNÉGAL.		D'ABYSSINIE	DU CAP.
		n° 1.	n° 2.		
A.	Longueur de la crête médiane pariétale.	0,060	0,070	»	0,100
B.	Distance d'un point de la crête occipitale pris à 0,030 de la ligne médiane jusqu'à l'extrémité antérieure de l'os de la pommette.	0,230	»	»	0,240
C.	Distance du bord de l'orbite jusqu'à la partie la plus reculée de la crête occipitale.	0,222	»	»	0,240
		0,215	0,223	0,220	0,203
D.	Plus grande largeur de la fosse temporale.				
E.	Hauteur de l'occipital prise du bord supérieur du trou occipital, au sommet de la crête de ce nom.	0,165	0,162	»	0,130
F.	Distance depuis la crête médiane occipitale jusqu'à l'extrémité de la suture naso-maxillaire.	0,560	0,565	»	0,570
G.	Plus grande largeur de la tête entre la partie la plus saillante des maxillaires.	0,255	0,258	0,236	0,233
H.	Distance des incisives moyennes supérieures au sortir des alvéoles.	0,110	0,115	0,112	0,100
I.	Longueur de la ligne médiane palatine.	»	»	0,468	0,405
K.	Longueur de l'espace alvéolaire comprenant les six molaires principales, à la mâchoire supérieure.	0,250	0,250	0,275	0,247
	— à la mâchoire inférieure.	»	côté gauche	0,268 (*)	0,260
L.	Distance de la première molaire supérieure de remplacement à l'alvéole de l'incisive externe.	»	»	0,130	0,162
M.	Distance de la première molaire supérieure à l'alvéole de la même incisive.	»	»	0,080	0,112

(*) La dernière molaire n'est pas bien sortie.

§ III. *Des dents.*

Dans l'état actuel de la science, et grâce aux progrès qu'elle doit aux études suivies et approfondies de G. et de F. Cuvier sur les mammifères, on peut déterminer, par la structure, la forme et le nombre des dents, principalement des molaires, et par leur degré d'usure, par la présence ou l'absence des dents de lait ou des dents qui les remplacent et de celles dites permanentes, qui sortent après les dents de lait, sans les remplacer, on peut, dis-je, déterminer non-seulement l'âge et le régime, mais encore l'ordre, la famille, le genre et même, dans quelques cas, l'espèce de mammifère dont on a sous les yeux le système complet de dentition.

L'*hippopotame* étant herbivore et rhizivore, ses dents ont les caractères appropriés à cette espèce de régime : elles s'usent, surtout les molaires, par la résistance de cette dernière espèce de substance alimentaire.

Chez l'adulte, il y a quatre incisives à chaque mâchoire, deux canines et douze molaires, trois arrière-molaires permanentes plus compliquées et trois de remplacement de chaque côté (1).

(1) Le squelette n° 2, provenant du Sénégal, nous a pré-

Outre ces six molaires, il y en a une petite en avant, qui peut avoir la figure pointue et tranchante d'une fausse molaire de carnassier.

Cette petite molaire, souvent rudimentaire, est à peu de distance de la série continue des autres molaires, dans un espace vide, entre la seconde molaire et la canine : cet espace est plus long dans l'*hippopotame du Cap* que dans l'*hippopotame d'Abyssinie* (1).

Voici d'ailleurs l'état dans lequel j'ai trouvé les dents dans la tête d'Abyssinie et leur comparaison avec celles des squelettes du Sénégal et les dents de celui du Cap.

senté à ce sujet une circonstance exceptionnelle bien singulière ; il n'a, à la mâchoire inférieure, que deux molaires permanentes de chaque côté, au lieu de trois, nombre normal, la deuxième et la troisième ; la première manque. La troisième de remplacement, sortie récemment, est très-peu usée, ce qui montre que cet animal n'était pas vieux.

A la mâchoire supérieure on trouve les trois molaires permanentes normales.

Si cet animal était devenu fossile, il aurait pu donner lieu à une fausse détermination d'espèce. J'ai cru devoir signaler cette circonstance exceptionnelle extrêmement rare que je regarde comme accidentelle.

(1) M. Van-der-Hoeven m'écrit que c'est le contraire dans ses divers exemplaires.

1. *Dans l'hippopotame d'Abyssinie.*

A. *A la mâchoire inférieure,* la dernière molaire du côté droit commençait à sortir, la gauche était un peu plus avancée. Cette molaire se distingue des deux précédentes par une demi-colline de plus en arrière, comme dans le genre *sus*.

Du côté droit, la seconde colline de la *pénultième* est à peine entamée à ses pointes : la première colline est déjà usée. Du côté gauche, les deux collines le sont.

La première molaire permanente est usée des deux côtés.

La *troisième molaire* de remplacement est de forme conique et usée à sa pointe; elle est sortie, comme à l'ordinaire, après la première permanente.

La *deuxième* est de même forme et plus usée du côté gauche.

La *première*, un peu distante de la seconde, est à peine usée à sa pointe : sa forme est conique.

La fausse molaire rudimentaire, qui tombe sans être remplacée, subsiste du côté droit; il n'y a aucune trace du côté gauche.

Elle est un peu plus rapprochée de l'incisive externe que de la première molaire de remplacement.

B. *A la mâchoire supérieure*, la dernière n'a que deux collines, comme les deux précédentes, tandis qu'à la mâchoire inférieure elle a deux collines et demie, ainsi que nous venons de le dire.

Cette dernière molaire est aussi sortie plus tôt; elle présente un commencement d'usure aux deux pointes de la première colline.

La première molaire de remplacement est peu usée;

La seconde l'est davantage;

La troisième ne l'est pas du tout.

La fausse molaire rudimentaire du côté gauche (1) est moins distante de la première de remplacement que de l'incisive externe; celle de droite est tombée, mais l'alvéole subsiste.

Il en est de même dans l'hippopotame du Cap.

On peut conclure de ces détails que l'individu d'où provient cette tête n'était pas encore adulte, puisque la sortie de la dernière molécule n'était pas complétement terminée.

(1) M. Cuvier a oublié de parler de cette fausse molaire dans l'article *Hippopotame* du *Règne animal*, quoiqu'il la décrive avec beaucoup de soin dans les *Recherches sur les ossements fossiles*. Malheureusement, cette omission a été copiée dans un ouvrage élémentaire nouveau de paléontologie.

Il y avait d'ailleurs peu de différence d'âge entre cet individu d'*Abyssinie* et celui du *Cap*, envoyé au muséum par Delalande. La sortie de cette même dent était récente, ainsi qu'on peut en juger avec certitude par son peu d'usure (sa première colline était seule usée).

Voici d'ailleurs un résumé des différences spécifiques que nous croyons pouvoir tirer, soit de la comparaison des dents, soit de celle des proportions et de la forme de la tête et de ses parties, soit de celle des os considérés séparément.

A. Relativement aux dents, nous avons trouvé des différences

1° Dans la plus grande longueur du bord alvéolaire, renfermant la serre continue des six molaires principales, dans l'hippopotame d'*Abyssinie*, comparé à celui du *Cap* (1).

2° A la mâchoire supérieure la troisième molaire de remplacement est plus forte et plus compliquée dans l'hippopotame d'*Abyssinie* et dans celui du *Sénégal* que dans celui du *Cap*.

La deuxième molaire de remplacement, à la même mâchoire, est même plus forte que la troisième. La

(1) Il est vrai que cette différence existe aussi, quoique moindre, entre l'hippopotame du Sénégal et celui d'Abyssinie.

première seule a une forme conique à base large.

3° Dans l'hippopotame du *Cap*, la première et la deuxième molaire correspondantes sont coniques et un peu comprimées latéralement, à peu près comme des fausses molaires de carnassiers, d'hyène en particulier.

4° Les canines nous ont paru plus fortes et leurs cannelures plus prononcées dans l'hippopotame d'Abyssinie.

B. Relativement aux différences que nous avons énoncées dans la forme de la tête, nous rappellerons

5° Qu'elle est un peu plus longue proportionnellement à la longueur dans l'hippopotame du Cap que dans ceux du Sénégal et d'Abyssinie ;

6° Que la direction des arcades zygomatiques est plus oblique dans l'hippopotame du *Sénégal* et dans celui d'*Abyssinie* que dans celui du *Cap;*

7° Que les cavités orbitaires sont à peu près rondes ou même ovales et ayant, dans ce cas, leur grand diamètre vertical dans l'hippopotame d'*Abyssinie* et dans celui du *Sénégal*, tandis qu'il est horizontal dans l'hippopotame du *Cap*.

8° Enfin nous indiquerons la moindre épaisseur de la mâchoire inférieure de ce dernier, qui le rapproche davantage de la grande espèce fossile, ainsi que nous l'avons déjà exprimé.

L'ensemble de ces caractères différentiels permet de conclure

1° Que l'hippopotame du *Cap* appartient à une espèce distincte ;

2° Que celui du Sénégal et l'hippopotame d'Abyssinie forment ensemble une autre espèce.

Il aura suffi d'indiquer aux *zoologistes* ces différences, dans le squelette de la tête, que nous regardons comme spécifiques, pour les engager à multiplier les observations qui pourront conduire à confirmer l'existence des deux espèces que nous croyons devoir leur signaler.

Nous leur proposons de désigner l'espèce du Sénégal ou d'Abyssinie (la même sans doute observée par Zeronghi dans le Nil égyptien au commencement du xviie siècle) sous le nom d'*hippopotamus typus* comme la plus anciennement connue, et celle du Cap serait l'*hippopotamus australis*.

Quant aux détails sur les mœurs de l'hippopotame d'Abyssinie, que M. Rochet d'Héricourt a été à même d'observer, ils confirment en tous points ceux qu'Adanson avait publiés sur l'hippopotame du Sénégal.

Je suppose, par l'inspection du crâne, que cette

espèce est plus brute que celle du Cap, dont Kolbe a fait connaître les mœurs depuis longtemps, et sur laquelle M. Smith a donné récemment d'intéressants détails ; il lui accorde beaucoup d'intelligence, quoiqu'elle soit bien au-dessous de celle de l'éléphant. Il parle surtout de sa prudence, lorsqu'il a été chassé dans une localité, et des précautions qu'il prend après avoir acquis cette expérience, précautions qui supposent beaucoup de mémoire et un jugement exact des événements passés ; absolument comme Leroy le dit des loups qui ont été souvent traqués par les chasseurs.

M. Delgorque d'Anay, qui a séjourné longtemps dans le midi de l'Afrique, m'a confirmé que l'hippopotame de cette contrée, malgré sa lourde masse, avait une allure assez vive à terre ; M. Rochet d'Héricourt la compare à celle du bœuf.

L'hippopotame, qui a d'ailleurs tant de rapport d'organisation avec le sanglier, se défend comme lui avec fureur quand on l'attaque. La troisième et dernière chasse que M. Rochet d'Héricourt a faite à ces animaux, dans laquelle quatre hommes ont été mis en morceaux, pour ainsi dire, en une minute, par un hippopotame mâle dont ils avaient porté l'irritation au plus haut degré, en le piquant, à fois réitérées, de leurs lances, en est une preuve bien malheureuse.

Ce voyageur a observé que les mâles sont moins nombreux que les femelles : ils se réunissent par paires à l'époque des amours ; hors de cette époque, on en trouve d'assez nombreuses troupes dans la même localité. De jour ils se tiennent dans l'eau, nagent lourdement, et de temps à autre lancent de leurs narines ou de leur gueule une gerbe d'eau. Après le coucher du soleil, ils quittent le fleuve, la rivière ou le lac qu'ils habitent, pour aller paître les herbes aquatiques ou les racines des localités voisines.

A l'époque du rut, le mâle et la femelle sortent de l'eau pour s'accoupler dans les joncs ou les grandes herbes.

Le mâle dont j'ai rapporté la tête, ajoute M. Rochet d'Héricourt, était couché hors de l'eau, avec une femelle, dans un fourré de plantes aquatiques; c'était le 7 mars 1843.

J'ai tué six hippopotames, ajoute ce voyageur dans la même note, qu'il a bien voulu me communiquer ; après leur mort, il sortait de leur gueule une eau verdâtre, fétide, accompagnée d'une forte odeur d'hydrogène sulfuré.

Une circonstance singulière, écrit encore M. Rochet en terminant cette note, c'est que, dans les prairies où ils paissent ou dans les eaux où ils séjournent, ils choisissent toujours les quartiers de roches qui sont à leur portée, pour y déposer leurs fèces qui ressemblent à celles des vaches que l'on nourrit de trèfle.

TRAITÉ POLITIQUE ET COMMERCIAL.

Traité politique et commercial entre le grand Louis-Philippe, roi de France, et Sahlé-Sallassi, roi de Choa, et ses successeurs.

TRAITÉ POLITIQUE ET COMMERCIAL.

ደብጻቤውንም ፡ ሰራውንም ፡ ንግዲንም ፡ ላታላቅ ፡
ሊዊ ፡ ፊልጱ ፡ የፈረንሲስ ፡ ንጉሥ ። ሣህል ፡ ሥላሴ ፡
የሾዋ ፡ ንጉሥ ፡ በስቃም ፡ መንግሥት ፡ በልጀቃም ፡
በልጁ ፡ ልጀቃም ፡ መንግሥት ፡ ኵሉ ፡ ይደረግልን ።

Traité politique et commercial entre le grand Louis-Philippe, roi de France, et Sahlé-Sallassi, roi de Choa, et ses successeurs.

ሣህል ፡ ሥላሴ ፡ የሾዋ ፡ ንጉሥ ። ከታላቅ ፡ ሌዊ ፡
ፊልጱ ፡ የፈረንሲስ ፡ ንጉሥ ፡ ጋራ ፡ ፍቅር ፡
ዚምረዋል ፡ በእቶ ፡ ሮሼ ፡ ዲሪኩር ፡ በረከት ፡
ትላልካው ፡ እሁን ፡ ወዳጅነት ፡ እንዲ ፡ ባረታ ፡
በሾዋ ፡ ንጉሥ ፡ እና ፡ በፈረሲስ ፡ መኪከል ፡ ንጉሥ ፡
መኪከል ፡ ንግድ ፡ እንዲ ፡ ጸና ፡ መሐላ ፡ ይፈልጋሉ ፡
ይህነን ፡ መልክት ፡ የነገረን ፡ እቶ ፡ ሮሼ ፡ ነው ፡
ንጉሥ ፡ የሾለሙት ፡ እንደ ፡ ሸለቾት ፡ ታላቆት ፡
ነው ።

Vu les rapports de bienveillance qui existent entre Sa Majesté Louis-Philippe, roi de France, et Sahlé-Sallassi, roi de Choa ; vu les échanges de cadeaux qui ont eu lieu entre ces souverains, par l'entremise de Monsieur Rochet d'Héricourt, chevalier de la Légion d'honneur et décoré des insignes de grand du royaume de Choa, le roi de Choa désire alliance et commerce avec la France.

የፈረንሲስ ፡ ሰዎችና ፡ የሻዋ ፡ ሰዎች ፡ ሃይማኖታቸው ፡ አንጽሊሆን ፡ ተቃርቡአል ። በሻዋ ፡ ንጉሥ ፡ ሊላ ፡ ጠላት ፡ ፈረጅም ፡ እስላምም ፡ ቢሆን ፡ የተነሰ ፡ እንጸሆን ፡ የፈረንሲስ ፡ ንጉሥ ፡ ይጣላተዋል ፡ ያሻዋ ፡ ንጉሥ ፡ ያንገዜ ፡ እጅግ ፡ ዶስ ፡ ይለዋል ።

Vu la conformité de religion qui existe entre les deux nations, le roi de Choa ose espérer que, en cas de guerre avec les musulmans ou autres étrangers, la France considérera ses ennemis comme les siens propres.

ኢየሩሳሌም ፡ በፈረንሲስ ፡ ንጉሥፓላ ፡ ተጠብቋል ፡ የሻዋ ፡ ልጆች ፡ ወጸ ፡ ኢየሩሳሊም ፡ መሄደ ፡ ቢፈልጉ ፡ ሊሰሙ ፡ የፈረንሲስ ፡ ንጉሥ ፡ ሹሞት ፡ በየሀገሩ ፡ ያሉ ፡ እንደ ፡ ፈረንሲስ ፡ ልጆች ፡ ደጠብቋተዋል ።

Sa Majesté Louis-Philippe, roi de France, protecteur de Jérusalem, s'engage à faire respecter comme les sujets français tous les habitants du Choa qui iront au pèlerinage, et à les défendre, à l'aide de ses représentants, sur toute la route, contre les avanies des infidèles.

የሻዋ ፡ ንጉሥ ፡ የፈረንሲስን ፡ ልጆት ፡ ከሌላው ፡ አገር ፡ እንግዳ ፡ በላይ ፡ ያደርጋተዋል ፡ ለሌው ፡ አገር ፡ እንግዳ ፡ ፈቃድ ፡ የሰጠ ፡ እንሆን ፡ ለኛ ፡ ከፉ ፡ ያለ ፡ ፈቃድ ፡ እንዲሰጡን ።

Tous les Français résidant au Choa seront considérés comme les sujets les plus favorisés, et, à ce titre, outre leurs droits, ils jouiront de tous les priviléges qui pourraient être accordés aux autres étrangers.

የፈረንሲስ ፡ እቃ ፡ ለንግድ ፡ የመጣ ፡ እንደሆን ፡ በሻዋ ፡ ተመቶ ፡ ሶስት ፡ ለንጉሥ ፡ ስጦቶ ፡ እንደ ፡ ልብህሻዋ ፡ ብለው ፡ ሊጠብቂት ፡ ነው ።

Toutes les marchandises françaises introduites dans le Choa seront soumises à un droit de trois pour cent une fois payé, et ce droit sera prélevé en nature, afin d'éviter toute discussion d'arbitrage sur la valeur desdites marchandises.

የፈረንሲስ ፡ ነጋጁች ፡ በሻዋ ፡ ንጉሥ ፡ አገር ፡ ሁሉ ፡ እንደ ፡ ልገተውእንዲ ፡ ዐነጋዲ ፡ ይሁን ።

Tous les Français pourront commercer dans tout le royaume de Choa.

የፈረንሲስ ፡ ሰዎች ፡ በሻዋ ፡ ቢትም ፡ ምድርም ፡ ቢገዙ ፡ እንዳ ፡ ይቢየሉ ፡ ንጉሥ ፡ ይወብቃችዋል ፡ ቢሸጡም ፡ ቢሰጡም ፡ እንደ ፡ ፈቃዳቸው ፡ ያድርጉት ።

Tous les Français résidant au Choa pourront acheter des maisons et des terres dont l'acquisition sera garantie par le roi de Choa : les Français pourront revendre ou disposer de ces mêmes propriétés.

CHRONOLOGIE DE L'ÉGLISE ÉTHIOPIENNE.

	ANS.
Les Abyssins comptent, de la création du monde au concile de Nicée..	5815
De la naissance du Christ au concile de Nicée (325)........	317
Le concile de Constantinople fut tenu dans l'année du monde...	5873
Du concile de Nicée à celui de Constantinople on compte...	56
De la naissance de N. S. au concile de Constantinople (381).	373
Le concile d'Éphèse fut tenu dans l'an du monde..........	5923
De la naissance de N. S. au concile d'Éphèse on compte....	423
Du concile de Nicée à celui d'Éphèse.....................	106
Du concile de Constantinople à celui d'Éphèse............	50
Le quatrième concile de Chalcédoine fut tenu dans l'année du monde..	5944
Idem, après celui d'Éphèse.............................	21
Idem, après celui de Constantinople....................	71
Idem, après celui de Nicée.............................	127
Idem, après la naissance du Christ.....................	444
D'Alexandre à la naissance du Christ.....................	319
— au concile de Nicée................................	636
De la création du monde à Alexandre......................	5181
De la naissance du Christ à l'ère des martyrs............	276
De l'ère des martyrs au concile de Nicée.................	41
— au concile de Constantinople.......................	97
— au concile d'Éphèse................................	147
— au concile de Chalcédoine..........................	168
De la création du monde à l'ère des martyrs..............	5776
Des martyrs aux califes..................................	338
De la naissance du Christ aux califes....................	614
De la création du monde aux califes......................	6114
D'Alexandre aux califes..................................	933
Des califes à la vingt-neuvième année du règne de Sahlé-Sallassi, roi de Choa, fils de Woosen-Segguède.........	1220
De l'ère des martyrs à la vingt-neuvième année du règne de Sahlé-Sallassi..	1558

CHRONOLOGIE DE L'ÉGLISE ÉTHIOPIENNE.

	ANS.
De la naissance du Christ à la vingt-neuvième année du règne de Sahle-Sallassi...............................	1834
De la création du monde à la vingt-neuvième année du règne de Sahle-Sallassi...............................	7332

LOUANGE A DIEU, QUI DONNE L'INTELLIGENCE! AMEN!

Note. — Le calendrier suivant, traduit du latin de Ludolph, a été considérablement augmenté par la comparaison qu'on en a faite à Angobar avec la copie complète du « Senkesar. » Les vies des saints (ou le détail des miracles écrits en regard de chaque jour) sont lues publiquement dans les églises, au service qui commence au premier chant du coq.

MASKA'RRAM. — SEPTEMBRE.

PREMIER MOIS DE L'ANNÉE ABYSSINIENNE.

ÈRE JULIENNE.	ÈRE ÉTHIOPIENNE.	JEUNES ET FÊTES.	OBSERVATIONS.
Août 29	Sept. 1.	Jour de l'an................	Appelé amedalem ou auda-amed.
		Melius ou Milius............	Il fut appelé aussi Abilius et fut le troisième patriarche d'Alexandrie après saint Marc.
		Saint Jean-Baptiste.........	Ce jour-là on célèbre, dans l'Église grecque et romaine, son exécution; mais, dans l'Église éthiopienne et copbte, on ne solennise que son nom, sa mort étant reportée au jour suivant.
		Barthélemy.................	Il fut mis dans un sac et jeté à la mer.
		Job.	
		Raguel, l'ange.	
30	II.	Abba Malki.................	Un des principaux personnages de Clysma.
		Dasias, martyr de Tayda.	
		Jean, le prêtre.............	Qui est aussi appelé le jeûneur, parce qu'il s'abstenait de viande et de vin.
		Marina, martyr.	
		Exécution de saint Jean-Baptiste.	
31	III.	Abba Moïse, l'ermite.	
		Abba Anbasa...............	C'est-à-dire le lion, parce qu'il montait à cheval sur un lion.
Sept. 1.	IV.	Macaire, patriarche d'Alexandrie.	Le soixante-quatrième patriarche.
		Siméon le dévot.	
		Tekla, le théologien.	
2	V.	Sophie et ses deux filles.......	Sophie est appelée par le poète - précieuse reine de la cité de Rome.
		Barnaba et Axosie.	
		Saint Mamas, le martyr.	
		Théodote et sa femme Théophane.	
3	VI.	Isaïe, le prophète.	
		Abnodius.	
		Besintia, le martyr.	
		Jacob, le moine.	
		Antimus, l'évêque...........	De Nicomédie : il souffrit le martyre sous Maximilien.
4	VII.	Orontes, Raurawa, Saulas et Sawa, les martyrs.	
		Basile.	
		Severianus.	
		Agaton, Ammon, Ammonius, Petrus et Johannes, les martyrs, avec leur mère Rafika...............	De Rome.
		Élisabeth, fille de Sophie.	
		Marie, sa sœur.	

ÈRE JULIENNE.	ÈRE ÉTHIO-PIENNE.	JEUNES ET FÊTES.	OBSERVATIONS.
Sept. 5	Sept. VIII.	*Dioscorus, patriarche d'Alexandrie.* Dimadius, martyr. Moïse, le prophète. Zacharie, le prêtre, fils de Barachias. Un autre Zacharie et Joseph.	Ce fut le vingt-cinquième patriarche, et, ne reconnaissant pas le concile de Chalcédoine, il fut déclaré schismatique; c'est pourquoi il est considéré comme un saint par les Abyssins.
6	IX.	Abba Bissora, évêque de Massilia, avec ses compagnons Bisacar, Fanabicus et Théodore. *Michel*............	L'archange qui, suivant les Grecs, à Colosse, en Phrygie, frappa de sa baguette et renversa un rocher que les hérétiques avaient jeté dans la rivière pour détourner son cours.
7	X.	Cyrien, évêque Jassaï, le roi. Nativité de Notre-Dame Marie. Judith............ Matrona. Athanasia. Roi David d'Éthiopie............	Qui tua Holopherne. Qui institua la fête de la Croix d'Abyssinie.
8	XI.	Datrarca. Portrait de la sainte Vierge, peint par Lucas. Panephysis............ Cornelius. Theodora, la bénie. Basile. Les trois hommes d'Asna.	Nom d'une femme martyre et d'une ville dans le voisinage d'Alexandrie.
9	XII.	*Michel, l'archange*............ Les deux cents évêques rassemblés à Éphèse. Aflachus et ses compagnons.	Le 12 de chaque mois est dédié à saint Michel.
10	XIII.	Basilius, évêque de Césarée. Isaac Badasœus.	
11	XIV.	Abba Agathou. Degana, le prêtre.	
12	XV.	Pierre, l'ermite. Martyre d'Étienne.	
13	XVI.	Édification de l'église de Jérusalem. Tobie. Abba Agaton.	C'est-à-dire sa restauration par Constantin et Hélène.
14	XVII.	Theognosta, la Romaine............ *Denis, patriarche d'Alexandrie*.... Eudoxius, le prêtre. *Fête de la glorieuse Croix.*	Ou plutôt la Grecque; elle prêcha l'Évangile dans l'Inde. Le quatorzième patriarche d'Alexandrie, sous l'empereur Décius.
15	XVIII.	Jacob, l'ascète. Mercurius. Nicétas, le martyr. Thomas.	

CALENDRIER ABYSSIN.

ÈRE JULIENNE.	ÈRE ÉTHIOPIENNE.	JEUNES ET FÊTES.	OBSERVATIONS.
Sept. 16	Sept. XIX.	Hélène, mère de l'emp. Constantin. Eustache............ Anoreus. Quiricus. Grégoire, le patriarche d'Arménie. Athanase, le patriarche d'Alexandrie..	Ressuscita un enfant mort. Il y en a plusieurs de ce nom ; c'est probablement le second ou le vingt-septième.
17	XX.	Madilama, la sainte vierge et martyre.	
18	XXI.	Marie, la sainte Vierge........... Justine. Tibère, le disciple................. Les trois cent dix-huit évêques...... Mathieu, l'ascète.	La mémoire de la sainte Vierge est célébrée le 21 de chaque mois. Un des soixante-douze disciples du Christ. Dans le premier concile de Nicée.
19	XXII.	Cotolas, le frère d'Axuus. Julius Akfahasi. Junius, son frère. Théodore, son fils. Ariste.	
20	XXIII.	Salama, c'est-à-dire Frumentius.... Eunobius. André, son fils. Tekla, la sainte martyre. Eustache, sa femme et ses fils.	Qui convertit l'Éthiopie au christianisme. La femme s'appelait Théopiste, et ses fils Agapius et Théopistus.
21	XXIV.	Grégoire et son compagnon Quadratus.	
22	XXV.	Jonas, le prophète. Kephas et Saulus. Barbara et Juliana.	
23	XXVI.	Obolius, fils de Justus. Conception de Jean dans le sein d'Élisabeth.	
24	XXVII.	Eustache...................... Tekla.	Le même que ci-dessus, XXIII.
25	XXVIII.	Abadirus et sa sœur Iraja, martyrs.. Abraham, Isaac et Jacob............ Suzanne, la chaste. Enkua Mariam................... Étienne, son fils.	Abadirus, au lieu de Obed-Edom. Ces patriarches ont ce jour à chaque mois du calendrier éthiopien. C'est-à-dire la perle de Marie.
26	XXIX.	Naissance du Christ.............. Translation du corps de Jean le pur (évangéliste). Arsima et sa mère Agathe avec les vierges.	Célébrée douze fois par an.
27	XXX.	Abba Salasi. Jacob et Jean...................... Absadius et Aaron. Athanase. Grégoire.	Les apôtres, fils de Zébédée.

Fin du mois abyssinien Maska'rram.

TEKEMT. — OCTOBRE.

DEUXIÈME MOIS.

ÈRE JULIENNE.	ÈRE ÉTHIOPIENNE.	JEUNES ET FÊTES.	OBSERVATIONS.
Sept. 28	Oct. I.	Anastasie, martyre de Rome.	
		Suzanne, la vierge.	
		Marthe, sœur de Lazare et de Marie.	
29	II.	Sévère, évêque d'Antioche..........	
30	III.	Theodora, fille d'Arcadius, le roi.	
		Siméon..................	Le cinquante et unième patriarche.
Oct. 1.	IV.	Ananias, qui baptisa saint Paul.......	Il est appelé apôtre, et on dit qu'il fut fait évêque de Damas.
		Bacus.	
		Papa et Mamma.	
		Abreha et Atzbeha................	Ces deux frères furent les premiers empereurs chrétiens d'Éthiopie convertis par saint Frumentius.
		Guebra Christos.....	C'est-à-dire serviteur du Christ.
2	V.	Cyriacus et sa mère Hanna.	
		Admonius.	
3	VI.	*Denis, l'aréopagite.*	
		Usifos et Urianos.	
		Antonius et Rawack, martyrs.	
		Pantaléon......................	Un des neuf saints éthiopiens.
		Hermolaus, le prêtre.	
		Hermacletus et Anamœus...........	Les frères du premier.
		Paul, patriarche de Constantinople.	
		Batzalota Michael.	
		Hanna, mère de Samuel.	
4	VII.	Cyprien.	
		Justine.	
		Abba Baula, le juste.	
		Menas et Hasina.	
5	VIII.	Horus et Agatho, enfants de Suzanne.	
		Metras.	
6	IX.	*Thomas, apôtre de l'Inde.*	
		Athanase, patriarche d'Antioche.	
		Étienne, fils de Basile.	
		Liberius, patriarche de Rome.	
		Empereur David, d'Éthiopie.	
7	X.	Sergius	*Vide* Hedar.
8	XI.	Jacob, patriarche d'Antioche.	
		Eumène, patriarche d'Alexandrie...	Il fut le septième.
9	XII.	*Michel, l'archange.*	
		Mathieu, l'évangéliste et l'apôtre.	
		Démétrius, patriarche d'Alexandrie.	Il fut le douzième.
10	XIII.	Ptolemachus et ses frères, les martyrs.	
		Paul et Zacharie, les ascètes.	

CALENDRIER ABYSSIN.

ÈRE JULIENNE.	ÈRE ÉTHIO-PIENNE.	JEUNES ET FÊTES.	OBSERVATIONS.
Oct. 11	Oct. XIV	Philippe, *l'apôtre*.	De Césarée.
		Moïse, le moine.	
		Guebra Christos...............	*Vide* Tekemt.
		Michel, appelé *Aragawi*.........	C'est-à-dire le vieillard des neuf saints abyssins.
12	XV.	Askirus et Cyriacus.	
		Silas.	
		Bifamon de Nicomédie.	
13	XVI.	Abba Agathus, patriarche d'Alexandrie.	Le trente-neuvième.
		Macrobius.	
		Petrus.	
14	XVII.	*Dioscorus, patriarche d'Alexandrie*.	*Vide* Maska'rram.
		Filjas, évêque de Tamois.	
		Naissauce de Hanna.............	Mère de Samuel.
		Stephanus, le premier martyr.	
		Théophile, patriarche d'Alexandrie.	Le vingt-troisième.
15	XVIII.	Romanus, le martyr.	
16	XIX.	Johannes et Kedwa Maza.	
		Jemrah, martyr.................	Sur la terre où fut répandu son sang s'eleva une superbe vigne.
		Barthélemy, le martyr.	
		Les treize évêques.............	A Antioche.
		Siméon.	
		Élisée, le prophète.	
17	XX.	*Marie, la sainte Vierge*.	
18	XXI.	Mathias.......................	Arraché a la prison par l'intervention de la sainte Vierge.
		Joel, le prophète.	
		Lazare.	
19	XXII.	Luc, *l'évangéliste*.	
20	XXIII.	*Joseph, patriarche d'Alexandrie*....	Il fut le cinquante-deuxième.
		Denis, l'évêque.	
21	XXIV.	Hilarion.	
		Paul et son ami.	
		La sainte Zaina, martyre.	
		Tzabala Mariam.	
22	XXV.	Aba Abib, moine.	
		Julius.	
23	XXVI.	Timonas.	
		Huras, martyr.	
24	XXVII.	Abba Macaire, martyr, évêque de Kau.	Kau, ville située au haut du Nil.
25	XXVIII.	*Abraham, Isaac et Jacob*.	
		Abba Jemata.	
		Marcianus et Mercurius..........	Ils étaient disciples de Paul, patriarche de Constantinople.
26	XXIX.	*Naissance du Christ*.	
		Démétrius, martyr.	
		Sektar.	
27	XXX.	*L'empereur Isaac*.	
		Abraham, le pauvre.	

Fin du mois abyssinien Tekemt.

HEDAR. — NOVEMBRE.

TROISIÈME MOIS.

ÈRE JULIENNE.	ÈRE ÉTHIO-PIENNE.	JEUNES ET FÊTES.	OBSERVATIONS.
Oct. 28	Nov. I.	Maxime, Victor, Philippe.	
29	II.	Sa*vitius, patriarche d'Alexandrie*..	Le soixante-troisième.
		Pierre, patriarche d'Alexandrie....	Le vingt-septième.
		Naakweto-Laab......................	Dernier empereur d'Éthiopie, de la famille de Zague : il ne mourut point.
30	III.	*Habakkuk, le prophète.*	
		Cyriacus............................	Dont le corps demeura longtemps incorruptible.
31	IV.	Athanase et Irée, martyrs.	
		Jacob et Jean, évêques de Perse.	
		Thomas, compagnon de Zacharie, évêque de Damas.	
		Epimacus et Acirianus.	
		Jean et Abaidus, disciple de ce dernier.	
Nov. 1	V.	Timothée, martyr.	
		Longin.	
		Translation du corps de Marc-Théodore.	
2	VI.	Fuite du Christ de Mehsa à Koskuama.	Villes d'Égypte.
		Josa, fille de Joseph d'Arimathie.	
		Félix, archevêque de Rome.	
3	VII.	Georges, un des premiers martyrs...	D'Alexandrie.
		Abba Rehru.	
		Menas, évêque de Tamois	Égypte.
		Mercure et Jean.	
		Zénobius et Zénobie...............	
4	VIII.	Abba Kefri.	
		Les quatre chérubins..............	C'est-à-dire les quatre bêtes. *Apocalypse*, IV, 6.
		Egzie Kebra.	
		Jean montrant la croix à Constantin.	
		Afnen, ange.	
		Constantin voyant la croix........	Avec ces mots : « Tu seras victorieux avec ce signe. »
5	IX.	*Isaac, le juste, patriarche d'Alexandrie.*	Le quarante et unième.
		Les pères assemblés à Nicée.	
6	X.	Les vierges immolées par Julien.	
		Assemblée des prêtres pour fixer les épactes............................	Sous Démétrius, patriarche d'Alexandrie.
		Guebra Mariam.	
7	XI.	*Anne, grand'mère du Christ*......	Son mari était Joachim Cléopbas.
		Archelaüs et Élisa.	

CALENDRIER ABYSSIN.

ÈRE JULIENNE.	ÈRE ÉTHIO-PIENNE.	JEUNES ET FÊTES.	OBSERVATIONS.
8	XII.	Menas et sa mère Uranie. *Michel, l'archange.* Philoteus, *patriarche d'Alexandrie.* Adamas. Séraphins et chérubins.	Le soixante-troisième.
9	XIII.	Ascanafrus. Timothée, évêque d'Esna. Zacharie, *patriarche d'Alexandrie.* Jean, le prêtre. Martianus, évêque de Thrace........	Guérit un paralytique. Le soixante-quatrième : il fut macluré avec du sang et jeté aux lions, qui ne lui firent aucun mal. Il fut arraché à son siège par les ariens, et, après un long voyage, ressuscita un mort.
10	XIV.	Daniel, le moine.. .... Les Machabées.	Qui baptisa un roi de Perse.
11	XV.	Menas, martyr. Abba Menas, patriarche d'Alexandrie.. Inauguration de l'église de Pacôme. Victor. Sebkat......................	Le soixante et unième. Commencement du jeûne avant Noël, appelé Hodadi.
12	XVI.	Jatia, martyre. Anoreus, roi, et son compagnon Daniel, l'antistes................. Aulacetus. Cerius, appelé le pauvre Jean........ Cistus, martyr. Consécration de l'église d'Abunafer en Égypte.	Qui mit la robe d'un ange, c'est-à-dire qui devint moine. Au temps d'Héraclius, quarante et unième patriarche d'Alexandrie. Abunafer, appelé Onufrius en grec, était ermite; son église était située au-dessus de Memphis.
13	XVII.	Abraham et son épouse. Arika et Kedoosa Amlac, leurs fils. Les cent anachorètes dans le désert de Watzif. Abba Sinodius. Jean Chrysostôme.................	Jour de la translation de ses cendres à Constantinople.
14	XVIII.	Jona et Atrasessa................. Philippe, l'apôtre. Eleutherus et Enthis. Athanase.	Martyres.
15	XIX.	Théophile et sa femme Patricia, et leur fils Damalius. Consécration de l'église de Sergius...	Son corps exhalait une odeur parfumée après sa mort.
16	XX.	*Barthélemy, l'apôtre.* Anianus, patriarche d'Alexandrie..... Théodore, martyr.	Le second, successeur de saint Marc.
17	XXI.	Marie, la sainte Vierge. Grégoire, le thaumaturge.	

CALENDRIER ABYSSIN.

ÈRE JULIENNE.	ÈRE ÉTHIOPIENNE.	JEUNES ET FÊTES.	OBSERVATIONS.
		Cosmas, métropolite.	On ne sait pas, d'une manière certaine, s'il fut le cinquante-quatrième patriarche d'Alexandrie ; on rapporte que l'image de Marie versa des larmes à la vue de ses tortures.
18	XXII.	Jean de Sijut. Alphœus, Romanus et Zachœus d'Asmunaja avec leurs compagnons. Les enfants de Theodata. Les deux cent quatre-vingt-douze frères et quarante-neuf sœurs de Cosmus.	
19	XXIII.	Obadias	Qui nourrit les prophètes dans la grotte au temps du roi Achab. 1 *Chron.* XVIII, 13.
20	XXIV.	Cornélius. . . . . Seraphim. Les vingt-quatre vieillards. . . . . Askyre et Cyriaque.	Un des soixante-douze disciples. *Apocalypse*, IV, 4.
21	XXV.	Mercurius, le Romain.	
22	XXVI.	Les martyrs de Negra. . . . . Selarianus avec sa sœur Tatusbaya. Grégoire, évêque de Nyssa.	Trois cent quarante, avec leur chef Aretas.
23	XXVII.	Jacob, le martyr... . . . . Philémon, l'apôtre. Tekla Hawary et Guebra Johannes. Timothée et sa femme Mora. Sarabarnon, évêque de Nagos.	Il eut le corps partagé en deux et pria encore de la moitié de son corps.
24	XXVIII.	Abba Sikanus. . . . . Abraham, Isaac et Jacob.	Un des neuf saints d'Abyssinie.
25	XXIX.	Nativité de Jésus-Christ. Petros, patriarche d'Alexandrie. . . . . . Clemens, disciple de Petros.	Il protégea le peuple de Mermoken contre l'hérésie.
26	XXX.	Guebra Maskal.. . . . . Acacius, évêque de Constantinople. Guebra Maskal, empereur d'Éthiopie. Grégoire.	C'est-à-dire serviteur de la croix, empereur d'Éthiopie.

Fin du mois abyssinien Hedar.

TAHSAS. — DÉCEMBRE.

QUATRIÈME MOIS.

Nov. 27	Déc. I	Asnadius, patriarche d'Alexandrie. Le prophète Élie. Patros, évêque de Gaza. Johannes, patriarche d'Alexandrie. Auctianus.	Le soixante et douzième.
28	II.	Sadrach, Mesach et Abed Nego. Abba Hor et trente-deux martyrs.	
29	III.	Entrée de Marie au temple.	

CALENDRIER ABYSSIN.   389

ÈRE JULIENNE.	ÈRE ÉTHIO-PIENNE.	JEUNES ET FÊTES.	OBSERVATIONS.
30 Déc.1	IV. V.	Phanel, archevêque. André, apôtre. Le prophète Nahume. Éleuthère, martyr. Eugenia, fille du roi Philippe. Arsima. Johannes. Théodore.	
2	VI.	Victor, évêque. Translation du corps d'Arsima. Anatole, prêtre et martyr. Abraham, patriarche d'Alexandrie. Siméon................	Appelé Afa Mariam.
3	VII.	Eliabus. Mathieu, le pauvre. Daniel, le moine.	
4	VIII.	Eulogius. Diontyras. Jean de Damas. Esi et sa sœur Tekla. Herakla, patriarche d'Alexandrie. Barbara.	
5 6	IX. X.	Auba et Abba Marina. Saba, martyr. Theophanius, patriarche d'Alexandrie. Sévère, père d'Antioche. Nicolas de Myr. Thalassius et Éléazar. Sursita de Constantinople.	
7	XI.	Pacôme et Barthélemy, évêques. Théodore.	
8	XII.	Michel, archange. Amiet et Photius, martyrs. Hydra de Syène. Abba Samuel.	
9	XIII.	Raphaël, archange. Macaire. Barsufius. Abracius.	
10	XIV.	Mizael, diacre................ Mermena. Siméon, Belior et Menas. Abba, Guebra Christos, patriarche d'Alexandrie. Ammonius. Nasahita, fille de roi. Arianus, prêtre. Arshalèdes, son frère.	Anachorète du couvent de Kelmon.
11	XV.	Grégoire, évêque d'Arménie. Lucas, le stylite................	Une fois par semaine il mangeait un peu de pain et jeûnait les six autres jours.

ÈRE JULIENNE.	ÈRE ÉTHIO-PIENNE.	JEUNES ET FÊTES.	OBSERVATIONS.
12	XVI.	Abba Jemsah. Eustache. Conception de sainte Marie. Ananias et Cazius. Abba Herwag, martyr. Gedéon, chef des Israélites.	
13	XVII.	Translation du corps de Lucas, le stylite.	
14	XVIII.	Heraclas, le martyr. Philémon, l'ermite. Tite, disciple de saint Paul. Salama ou Frumentius............	Apôtre des Éthiopiens.
15	XIX.	Gabriel, l'archange. Jean, le prêtre.	
16	XX.	Agée, le prophète.	
17	XXI.	Marie, la sainte Vierge. Barnabé, de Chypre.	
18	XXII.	Denise, de Rome. Anastase, patriarche d'Alexandrie. Archélaüs, évêque.	
19	XXIII.	David, roi d'Israël. Abba Timothée. Isaac. Samuel et ses fils Siméon et Gabriel.	
20	XXIV.	Abba Pauli. Jérémie, le prophète. Obolius. Ignace, martyr. Fulgose. Tekla-Hairmanot.................	Qui a introduit la vie monastique en Éthiopie.
21	XXV.	Esther, reine de Perse. Les Machabées. Jean Carna. Abba Darudi.	
22	XXVI.	Anastasie, martyre. Julienne.	
23	XXVII.	Abba Abashadi, évêque martyr. Abba Hellanikus, évêque d'Égypte. Abba Bege. Philippe, moine.	
24	XXVIII.	Fête de Gena............... Abraham, Isaac et Jacob. Paul martyr.	Vigile de Noël.
25	XXIX.	Naissance de Notre-Seigneur Jésus-Christ.....................	En 1843, Noël tombait le 5 janvier.
26	XXX.	Les rois de Saba. Les martyrs d'Achmin. Korilas et Abba Gizé. Acarius. Les Innocents.	

Fin du mois abyssinien Tahsas.

TER. — JANVIER.

CINQUIÈME MOIS.

ÈRE JULIENNE.	ÈRE ÉTHIO-PIENNE.	JEUNES ET FÊTES.	OBSERVATIONS.
Déc. 27	Janv. 1	Étienne, premier martyr. Dioscore et Esculape. Léonce, martyr. Macaire, patriarche d'Alexandrie.	
28	II.	Abel, frère de Caïn. Sabela....................	Femme renommée pour son habileté à interpréter les songes.
		Hellanicus. Théonas, patriarche d'Alexandrie. Abba Sinoda.	
29	III.	Le prophète Isaïe. Les Innocents. Abba Libanos. Adanius et Astea, ses compagnons. Ammonius.	
30	IV.	Jean, l'apôtre.	
31	V.	Augénius, martyr................	Il interpréta le signe que Constantin vit dans le ciel et eut la tête tranchée à cent dix ans.
		Mathieu, patriarche d'Alexandrie. Ausia.	
Janv. 1	VI.	Noé. Basile. Abba Moses. Marcien, patriarche d'Alexandrie. Circoncision du Christ.	
2	VII.	Pierre de Sola. Éphrem, Syrien.	
3	VIII.	Adranicus, patriarche d'Alexandrie. Benjamin, patriarche d'Alexandrie. Dédicace de l'Église de saint Macaire. Le prophète Malachie.	
4	IX.	Abraham.	
5	X.	Jeûne nommé babed.	La veille de l'Épiphanie.
6	XI.	Synode d'Alexandrie. Baptême du Christ................ Juste et Guedèbe. Anatolius.	Épiphanie.
7	XII.	Jean, patriarche d'Alexandrie. Noces de Cana. Michel, archange. Théodore d'Orient. Léonce et Bénikare.	

ÈRE JULIENNE.	ÈRE ÉTHIO-PIENNE.	JEUNES ET FÊTES.	OBSERVATIONS.
8	XIII.	Troisième fête de l'Épiphanie. Les sept dormeurs.	Nommés Arsalidis, Dicomidos, Augaméso, Démétrius, Buratos, Stéphanos et Cyriacos.
9	XIV.	Nacaro. Mebraela, martyr. Abhor, son frère. Emraisa. Maxime.	
10	XV.	Abdias.	
11	XVI.	Daniel, l'ennemi des femmes. . . . . Ijaluta. Jean, patriarche d'Alexandrie.	Fit vœu de ne jamais regarder de femmes.
12	XVII.	Dumathée.	
13	XVIII.	Jacob de Nisibe.	
14	XIX.	Les Béhurjens et leur mère Nera. Jafkerana-Egsia. Dédicace de l'église des Martyrs à Esneh.	
15	XX.	Prochose, évêque de Nicomédie. Behnu, sainte martyre. Abba Nabjud.	
16	XXI.	Mort de la sainte Vierge. Le prophète Jérémie.	
17	XXII.	Antoine.	
18	XXIII.	Timothée, disciple de saint Paul. L'empereur Théodose. George et Mercora.	
19	XXIV.	Bifa de Softi.	
20	XXV.	Pierre. Sébastien. Ascelas, martyr.	
21	XXVI.	Les quarante-neuf ermites.	
22	XXVII.	Abba Bifamon. Serapio. Translation du corps de Timothée. . . . . Enoch. Suriel, archange.	A Constantinople.
23	XXVIII.	Abba Acauh et ses huit compagnons. . Clément, évêque et martyr.	Du Kodjam.
24	XXIX.	Naissance de Notre-Seigneur. Xena. Stephanus. Les moines de Zaga-Milad. . . . . Guebra Nazraoui.	Dans le pays des Agows.
25	XXX.	Menas, patriarche d'Alexandrie. Chrestos. Marie et Marthe, vierges. Tekla et Abja. Irène.	

Fin du mois abyssinien Ter.

YEKATIT. — FÉVRIER.

SIXIÈME MOIS.

ÈRE JULIENNE.	ÈRE ÉTHIO-PIENNE.	JEÛNES ET FÊTES.	OBSERVATIONS.
Janv. 26	Fév. I.	Les pères du concile œcuménique de Constantinople............... Thomas.	Cent cinquante évêques.
27	II.	Paul, l'ermite. Longin.	
28	III.	Jacob, moine. Zénon, le thaumaturge.	
29	IV.	Jeûne du Christ................. Agebus, apôtre. Zacharie.	Commencement du carême.
30	V.	Agrippinus, patriarche d'Alexandrie. Bessoi. Nobus. Hippolyte, évêque de Rome. Abba Ebloi. Abba Eblo.	
31	VI.	Aboukir et Jean. Amagi et Athanase. Marie.......................... Théodore, patriarche d'Alexandrie.	Qui lava les pieds du Christ.
Fév. 1	VII.		
2	VIII.	Entrée du Christ au Temple. Siméon, le prophète. Hanne, la prophétesse. Élie. Les trois femmes ermites.	
3	IX.	Paul, Esi et Tekla.	
4	X.	Jacques, apôtre et martyr. Just. Ezra. Felo, évêque de Perse.	
5	XI.	Belatianus, évêque de Rome. Leoninus Eulogius. Abba Betra, disciple de Sylvie.	
6	XII.	Michel, archange.	
7	XIII.	Sergius, l'ascète. Timothée, trente-deuxième patriarche d'Alexandrie. Eusèbe......................	Menacé d'être brûlé, l'archange Uriel l'enleva au ciel, où il resta quatorze ans.
8	XIV.	Cyrille, vingt-quatrième patriarche d'Alexandrie. Sévère, patriarche d'Antioche.	

ÈRE JULIENNE.	ÈRE ÉTHIO-PIENNE.	JEUNES ET FÊTES.	OBSERVATIONS.
9	XV.	Jean. Zacharie. Bebnuda. Inauguration de l'église des Quarante-Guerriers.	
10	XVI.	Marie, la sainte Vierge. Élisabeth, mère de saint Jean. Mort de Moïse.	
11	XVII.	Menas, évêque d'Achmime.	
12	XVIII.	Abba Abraham.	
13	XIX.	Petru................................	Successeur de saint Athanase, vingt-cinquième patriarche d'Alexandrie.
14	XX.	Basile, Théodose et Timothée. Philémon.	
15	XXI.	Marie, la sainte Vierge. Gabriel...............................	Cinquante-huitième patriarche d'Alexandrie.
16	XXII.	Onésime, disciple de Paul. Marana, évêque.	
17	XXIII.	Eusèbe, fils de Basile, martyr.	
18	XXIV.	Mathias et Timothée.	
19	XXV.	Agapetus, évêque. Ausanius. Lucie, vierge. Konas, diacre. Menas et Elmadius.	
20	XXVI.	Abu-Phanas. Antoine Raweh.	
21	XXVII.	Le prophète Osée. Sadok, martyr...................	Égorgé avec deux mille autres par ordre du roi de Perse.
22	XXVIII.	Anastase. Abraham, Isaac et Jacob. Théodore, le Romain.	
23	XXIX.	Naissance du Christ. Polycarpe............................	Évêque de Smyrne.
24	XXX.	La tête de saint Chrysostôme retrouvée.	

Fin du mois abyssinien Yekatit.

MAGHÉBIT. — MARS.
SEPTIÈME MOIS.

25	Mars I.	Barkisus, évêque de Jérusalem. Mercure, évêque. Mathusalem.	
26	II.	Grégoire de Roha.	
27	III.	Cosme................................	Quarante-quatrième patriarche d'Alexandrie.
		Abba Berfonius.	

CALENDRIER ABYSSIN.

ÈRE JULIENNE.	ÈRE ÉTHIOPIENNE.	JEUNES ET FÊTES.	OBSERVATIONS.
28	IV.	La pâque des évêques............	Probablement le concile de Nicée.
		Anulius de Terha.	
		Gasma....	Cinquante-huitième patriarche d'Alexandrie.
Mars 1	V.	Sarabamon, martyr.	
		Eudoxie.	
		Abba Germanos.	
		Guebra Mautas Kedoos............	Un des principaux saints d'Éthiopie.
2	VI.	L'empereur Théodose.	
		Raphaël, l'archange.	
3	VII.	Apollonius.	
		Philémou.	
		Théodote d'Athènes.	
4	VIII.	L'apôtre Mathias.	
		Julien.	Onzième patriarche d'Alexandrie.
		Les sept dormeurs.	
5	IX.	Adrien.	
		Eusèbe et Arma.	
		Cuetenus.	
6	X.	Invention de la sainte Croix.	
		Abba Alef..................	Un des neuf saints d'Abyssinie.
7	XI.	Basile, évêque d'Hermon.	
		Théodicien.	
8	XI.	Michel, l'archange.	
		Démétrius.................	Douzième patriarche d'Alexandrie.
		Joseph, fils de Jacob.	
9	XIII.	Dionathée...................	Quarante-quatrième patriarche d'Alexandrie.
		Les quarante martyrs de Sebaste.	
10	XIV.	Thomas.	
		Abba Batli.	
		Sara.	
11	XV.	Siphonie.	
		Silaphique et sa fiancée Stratonice.	
12	XVI.	Michel.	Le quarante-sixième patriarche d'Alexandrie.
13	XVII.	Lazare, l'ami du Christ.	
		Abba Garima................	Un des neuf saints d'Abyssinie.
14	XVIII.	Isidore, martyr de Ferma.	
15	XIX.	Aristobule, ami de saint Paul.	
16	XX.	Stratonice.	
		Michel....................	Cinquante-septième patriarche d'Alexandrie.
		Résurrection de Lazare.	
17	XXI.	Marie, la sainte Vierge.	
		Lamech.	
18	XXII.	Entrée de Jésus-Christ à Jérusalem...	Dimanche des Rameaux.
19	XXIII.	Le prophète Daniel.	
20	XXIV.	Macaire....................	Cinquante-neuvième patriarche d'Alexandrie.
21	XXV.	Onésiphore.	
22	XXVI.	Farius et Euphraxie.	
23	XXVII.	Amata-Hanna et Amata-Ouahed.	

ÈRE JULIENNE.	ÈRE ÉTHIO-PIENNE.	JEÛNES ET FÊTES.	OBSERVATIONS.
24	XXVIII.	La passion du Christ. Abraham, Isaac et Jacob. L'empereur Constantin. Hélène.	
25	XXIX.	Conception du Christ. Fête de la Résurrection.	
26	XXX.	Gabriel, l'archange. Siméon, le Nazaréen. Jacob, martyr.	

Fin du mois abyssinien Maghébit.

MIAZIAH. — AVRIL.

HUITIÈME MOIS.

27	Avril 1.	Le grand prêtre Aaron. Silvanus.	
28	II.	Siméon. Christophore.	
29	III.	Jean, évêque de Jérusalem. Marcus et Fekurus. Michel..........................	Soixante et onzième patriarche d'Alexandrie.
30	IV.	Semrata Zion. Victor, Dacius et Ermo.	
31	V.	Le prophète Ézéchiel.	
Avril 1	VI.	Adam et Ève. Apparition de Jésus-Christ après sa résurrection. Marie l'Égyptienne, enterrée par Zosime. Noé.	
2	VII.	Joachim, grand-père du Christ.	
3	VIII.	Abba Timothée. Les cent cinquante martyrs de Perse.	
4	IX.	Sanitius.........................	Cinquante-cinquième patriarche d'Alexandrie.
5	X.	Isaac, l'ascète. Gabriel..........................	Dix-septième patriarche d'Alexandrie.
6	XI.	Théodore.	
7	XII.	Gaïus et Esdras. Michel, l'archange. Alexandre.......................	Patriarche d'Alexandrie.
8	XIII.	Dionysia et Gelves...............	Martyrs.
9	XIV.	Maxime.........................	Quinzième patriarche d'Alexandrie.
10	XV.	Jean-Baptiste. Nicolas de Myrrhe.	
11	XVI.	Antippas.	

CALENDRIER ABYSSIN.

ÈRE JULIENNE.	ÈRE ÉTHIO-PIENNE.	JEUNES ET FÊTES.	OBSERVATIONS.
12	XVII.	Jacob, l'apôtre. Zara Mariam. Melchisédech.	
13	XVIII.	Fête de Racab....................	Entre Pâques et la Pentecôte.
14	XIX.	Siméon, évêque d'Arménie.	
15	XX.	Bebnuda........................	Martyr de Tentyra. Le palmier auquel il fut pendu porta des fruits au même instant.
16	XXI.	La sainte Vierge. Isaac.	
17	XXII.	Alexandre......................	Dix-neuvième patriarche d'Alexandrie.
		Marc, le riche..................	Quarante-neuvième patriarche d'Alexandrie.
		Michel........................	Cinquante-troisième patriarche d'Alexandrie.
18	XXIII.	Georgis. Korus. Tsanas.	
19	XXIV.	Sanitius.	
20	XXV.	Sarah et ses deux enfants, martyrs.	
21	XXVI.	Le prophète Jonas.	
22	XXVII.	Aboun-Victor. Abba Noda, Zosime et Stephana.	
23	XXVIII.	Abraham, Isaac et Jacob.	
24	XXIX.	Naissance du Christ.	
25	XXX.	Marc, fils de Marie.	

Fin du mois abyssinien Miaziah.

GENBOT. — MAI.

NEUVIÈME MOIS.

26	Mai I.	Nativité de la Vierge.	
27	II.	Job.	
28	III.	Abba Bessoi.	
29	IV.	Jean............................	Quarantième patriarche d'Alexandrie.
30	V.	Le prophète Jérémie.	
Mai 1	VI.	Isaac de Tafra. Abba Macarius. Abba Ammon. Pelagia et ses quatre enfants, d'Esneh. Senodius, l'anachorète.	
2	VII.	Athanase.......................	Vingtième patriarche d'Alexandrie.
3	VIII.	L'Ascension. Abba Daniel.	
4	IX.	La découverte de la sainte Croix.	
5	X.	Anania, Azaria, Mizael. Abba Michael. Trois cent cinquante-sept martyrs.	

ÈRE JULIENNE.	ÈRE ÉTHIO-PIENNE.	JEUNES ET FÊTES.	OBSERVATIONS.
6	XI.	Paphnutius......	Évêque de Damas.
		Sosthène et Jektras.	
		Jared.	
7	XII.	Apparition de la Croix au Golgotha.	
		Michel, l'archange.	
		Jean Chrysostôme.	
		Translation des ossements de Tekla-Haïmanot.	
8	XIII.	Arsène, de Rome.	
9	XIV.	Symmachus.	
		Belamon.	
		Abba Pachôme.	
10	XV.	Les quatre cents guerriers et le diacre Menas.	
		Néouaïé-Christos........	Empereur d'Abyssinie.
11	XVI.	Jesu Sirach.	
12	XVII.	Épiphane.	
13	XVIII.	Descente de la sainte Croix.	
14	XIX.	Quatre-vingt mille martyrs et Isidore.	
15	XX.	Caleb........	Roi d'Éthiopie.
		Abba Derma, anachorète.	
16	XXI.	La sainte Vierge.	
		Abba Mardaliens.	
		Le prophète Amos.	
17	XXII.	Andronic.	
18	XXIII.	Julien.	
19	XXIV.	Entrée du Christ en Égypte.	
		Le prophète Habakkuk.	
		Salomé, compagne de la Vierge Marie.	
20	XXV.	Abba Herodas.	
21	XXVI.	Thomas, apôtre.	
22	XXVII.	Jean........	Trentième patriarche d'Alexandrie.
23	XXVIII.	Am. ta-Christos.	
		Abraham, Isaac et Jacob.	
24	XXIX.	Nativité du Christ.	
25	XXX.	Michel........	Soixantième patriarche d'Alexandrie.
		Arwa, femme.	

Fin du mois abyssinien Genbot.

SANNÉH. — JUIN.

DIXIÈME MOIS.

26	Juin I.	Léontius, martyr des Sarrasins.	
27	II.	Apparition des corps de Jean-Baptiste et d'Élisée.	
28	III.	Marthe.	
		Koréon.	

CALENDRIER ABYSSIN.

ÈRE JULIENNE.	ÈRE ÉTHIO- PIENNE.	JEUNES ET FÊTES.	OBSERVATIONS.
29	IV.	Jean, l'ornement d'Héraclie. Sanuse et Marie de Belkim. Ammon et Sophie.............. Acronius et Demonasia............ Ammonius et Menas..............	Martyrs sous Dioclétien.
30	V.	Marc, le submergé. Feck. Ablak.	
31	VI.	Les quatre princes d'Esneh.	
Juin 1	VII.	Achéron, martyr.	
2	VIII.	Tim..da et ses fils.	
3	IX.	Le prophète Samuel.	
4	X.	Dibamona, Bistamona et Warsenopha.	
5	XI.	Claudius, martyr, et ses quatre-vingt-huit compagnons.	
6	XII.	Michel, l'archange. Juste................... Cyrille...................... Lalibela, empereur d'Éthiopie.	Septième patriarche d'Alexandrie, baptisé par saint Marc. Soixante-quatrième patriarche d'Alexandrie.
7	XIII.	Gabriel, l'archange.	
8	XIV.	Ptolémée et Philippe.	
9	XV.	L'église de Menas.	
10	XVI.	Abounakre. Zézous et Yekouéno-Amlou.	
11	XVII.	Abba Batatzoun. Abba Garima.............	Un des neuf saints d'Abyssinie.
12	XVIII.	Dimanios, patriarche d'Alexandrie.	
13	XIX.	Anoub-Bissoi................ Tesfa-Michael.	Martyr d'Héliopolis.
14	XX.	Le prophète Élie.	
15	XXI.	Marie, la sainte Vierge. Cedrianus...............	Quatrième patriarche d'Alexandrie.
16	XXII.	Paul, l'ermite.	
17	XXIII.	Le roi Salomon. Abba Nob.	
18	XXIV.	Abba Moïse et ses sept frères.......	Ancien voleur.
19	XXV.	Pierre et Paul. Abba Petrus, docteur............ Pilate et sa femme Procla. Josué, fils de Noun.	Trente-quatrième patriarche d'Alexandrie.
20	XXVI.	Thomas, martyr.	
21	XXVII.	Abraham, Isaac et Jacob.	
22	XXVIII.	Théodose	Trente-troisième patriarche d'Alexandrie.
23	XXIX.	Nativité du Christ. Marius, roi de Rome. Théodore, fils de Léon, roi d'Éthiopie. Besoi, le guerrier, son frère. Noc et sa mère Didara.	
24	XXX.	Nativité de saint Jean-Baptiste.	

Fin du mois abyssinien Sannéh.

HAMLEH. — JUILLET.

ONZIÈME MOIS.

ÈRE JULIENNE.	ÈRE ÉTHIOPIENNE.	JEUNES ET FÊTES.	OBSERVATIONS.
25	Juillet I	Calacus, patriarche de Rome.	
26	II.	Thaddée.	
27	III.	Cyrille.....	Président du concile d'Éphèse contre Nestorius.
28	IV.	Le prophète Sophonias.	
29	V.	Pierre et Paul, apôtres.	
		Caustus.	
		Acrosia.	
		Les femmes d'Agrippa.	
		Deucris.	
		Sakuel.	
		Les soixante-dix disciples.	
		Maskal Kebra, femme.	
30	VI.	Sutuel.	
Juillet 1	VII.	Abba Synoda.	
		Magabis.	
		Ignace........	Évêque de Rome.
2	VIII.	Aburom et son frère.	
		Belana, prêtre.	
		Beimas.	
		Phaulius de Tama.	
3	IX.	Claudien.....	Neuvième patriarche d'Alexandrie.
4	X.	Nathanael de Canaa.	
5	XI.	Gabriel.....	Soixante-dix-huitième patriarche d'Alexandrie.
6	XII.	Michel, l'archange.	
		Abba Kor, martyr.	
7	XIII.	Abba Basenda, évêque.	
8	XIV.	Prochore.	
		Pierre et Paul.	
9	XV.	Abba Éphrem, de Syrie.	
10	XVI.	Jean, possesseur du Testament d'or.	
		Jertzé-Haouariet.	
11	XVII.	André.....	Moine du monastère de Debra-Libanos : il tua Mafoudi, roi d'Herrar.
12	XVIII.	Jacques, frère de Notre-Seigneur.	
13	XIX.	Batalanes et Cyriacos, martyrs d'Esneh	
		Abel, de la confrérie de Tekla-Haïmanot.	
14	XX.	Purification d'Anne, mère de Marie.	
		Guebra Jesous.	
15	XXI.	Marie, la sainte Vierge.	
		Ariel, l'archange.	

CALENDRIER ABYSSIN.

ERE JULIENNE.	ÈRE ÉTHIOPIENNE.	JEUNES ET FÊTES.	OBSERVATIONS.
16	XXII.	An-Christos.	
17	XXIII.	Therapio.	
		Marina.	
18	XXIV.	Nobus....................	Quarante-deuxième patriarche d'Alexandrie.
		Siméon.	
19	XXV.	Za-Jesous.	
		Abba Carazoun.	
		Les vingt-cinq mille martyrs de la ville d'Atribe.	
		Merkour, martyr de la Thébaïde.	
20	XXVI.	Joseph, époux de Marie.	
		Salama ou Frumentius.............	Apôtre de l'Abyssinie.
21	XXVII.	Siméon...................	Cinquante et unième patriarche d'Alexandrie.
		Le prophète Ézéchiel.	
22	XXVIII.	Abraham, Isaac et Jacob.	
		Philippe, compagnon de Tekla-Haïmanot.	
23	XXIX.	Nativité du Christ.	
		Ouarsenopha.	
24	XXX.	Mercure et Éphrem.	

Fin du mois abyssinien Hamleh.

NAHASSEH. — AOUT.

DOUZIÈME MOIS.

25	Août I.	Joseph d'Arimathie.	
		Nicodème.	
		Obale, martyr.	
		Foi, Espérance et Charité, vierges.....	Pistis, Elpis, Agapi.
26	II.	Athanasia.	
27	III.	Sophie, reine.	
		Siméon, stylite.	
28	IV.	Ézéchias....................	Roi de Jérusalem.
29	V.	David et ses frères.	
		Tekla-Michael, prophète sacré.	
		Tekla-Jesous.	
30	VI.	Abba Ouitza.	
		Marie-Madeleine.	
31	VII.	Conception de Marie.	
		Aaron, frère de Moïse.	
		Pierre, apôtre.	
		Naissance de Joseph.	
Août 1	VIII.	Éléazar et Machabée.	
2	IX.	Ori, de Setnouf.................	Ville d'Égypte.
3	X.	Abba Bicabous.	
4	XI.	Moïse, évêque d'Ausim.	

ÈRE JULIENNE.	ÈRE ÉTHIO- PIENNE.	JEUNES ET FÊTES.	OBSERVATIONS.
5	XII.	Michel, l'archange.	
6	XIII.	Transfiguration de Jésus au mont Thabor	
7	XIV.	Basilicus. Damiates.	
8	XV.	Ensevelissement du corps de la sainte Vierge.	
9	XVI.	Ascension du corps de la sainte Vierge.	
10	XVII.	Acrates. Aragaoui.	
11	XVIII.	Justin.	
12	XIX.	Phinéas. Jacob, évêque d'Éthiopie............	Étant allé en Égypte, il y passa six ans, et, à son retour, il retrouva le feu de son foyer allumé.
13	XX.	Les sept dormeurs.	
14	XXI.	Marie, la sainte Vierge.	
15	XXII.	Le prophète Michée.	
16	XXIII.	Les trente mille martyrs tués par les sectateurs d'Arius. Abraham.	
17	XXIV.	Isaac, fils d'Abraham. Tekla-Haïmanot.	
18	XXV.	Jacob.	
19	XXVI.	Tekla-Saloum et Agabous. Sara, femme d'Abraham.	
20	XXVII.	Le prophète Samuel.	
21	XXVIII.	Abraham, Isaac et Jacob.	
22	XXIX.	Nativité du Christ. Salama, traducteur des saints livres.	
23	XXX.	Moïse évêque de Fermeh.	

Fin du mois abyssinien Nahasseh.

PAGMEN.

Jours complémentaires entre août et septembre (Nahasseh et Maska'rram) pour achever l'année solaire.

24	Pagm. I	Ouétoukis. Incarcération de Jean-Baptiste.	
25	II	Titus, disciple de Paul.	
26	III.	Raphaël, l'archange. Zara-Yakoub..................	Empereur d'Abyssinie.
27	IV.	Amda-Mariam. Liberius, patriarche de Rome........	Trente-septième pape.
28	V.	Jacob, évêque d'Égypte. Le prophète Amos. Abba Magder.	
29	VI.	....	Ce sixième jour n'est compté qu'aux années bissextiles.

Fin de l'année éthiopienne.

TABLE DES MATIÈRES.

Préface. v
Rapport fait à l'Académie des sciences, par M. Arago, sur le second
voyage en Abyssinie de M. Rochet d'Héricourt. xiii

PREMIÈRE PARTIE.
LA MER ROUGE.

Motifs de mon second voyage au Choa. — Arrivée en Égypte. — Keneh. — Le temple de Denderah. — Le désert. — Laghittah. — Un fort et des guérites françaises. — Le puits d'Hammamat. — Le puits de Sedeh. — Ambegea. — Arrivée à Kosseïr. — L'agent français, M. Élias. — Départ. — Navigation de la mer Rouge. — Djedda. — Situation actuelle de l'Arabie. — Osman-Pacha. — Aventures d'un moine abyssin. — Hodeïda. — Le mauvais œil du pèlerin persan. — Moka. — Le chérif Husseïn. — Son insulte au pavillon anglais. — Rencontre de MM. Krapf et Bel. — Je pars pour Toujourra. — Le sultan de Toujourra refuse de me laisser passer sur son territoire. — Je retourne à Moka. — Tempête sur le détroit de Bab-el-Mandel. — Visite au chérif Hamout. — Le danakil Mahamet-Chème. — Départ pour Ambabo. — Les malades de Rahiéta. — Arrivée à Ambabo. — Lettres de Sahlé-Sallassi et de la reine Betsabèche. 1

SECONDE PARTIE.
LE PAYS DES ADELS.

Ambabo. — Origine du hameau. — Ibrahim-Chème. — Difficultés pour la location des chameaux. — Cérémonie funéraire en l'honneur de la fille d'Ibrahim-Chème. — Départ. — Douloulle. — Aspect général du pays des Adels. — Le lac Salé. — Dépression de ses eaux. — Gorge de Gongonta. — Tombeaux des soldats anglais de l'expédition de M. Harris, assassinés par des Danakiles. — Récit du meurtre. — Mes précautions contre une surprise nocturne. — Crainte que les armes à feu inspirent aux Bédouins. — Gaubâde. — Rencontre de Modéitos. — Arbaïm-Loéta, chef de la kabyle Débenet, me rend visite. — Omar-Goulouf. — Des voleurs de nuit. — La kabyle des Achemalis. — Arbaïm-Amadou. — Une délibération dans une tribu danakile. — Les voleurs sont découverts et punis. — Station de Kilalou. — Réservoir de Maro-le-Petit. — Ouais-Agaïo, chef des Débenet-Buéma. — Maro-le-Grand. — Volcans d'Ayalou, Habida, Manda, Komé. —Station de Bordouda. — Omer-Bata, chef des Takahides. — Je tire sur un éléphant. — Arrivée aux bords de l'Aouache. — La caravane attaquée par des Bédouins de la kabyle Guindosso. — Arrivée à Dénémali, première station du royaume de Choa. — La Bédouine Néfiz. — Le gouverneur de la province d'Éfate, Mahamet-Abogaze, vient à ma rencontre. — Je pars pour Angolola. 59

TROISIÈME PARTIE.

LE CHOA.

Aspect du Choa. — Montagne de Métatite. — Chaumières, costumes des Abyssins.— Mon arrivée à Angolola.— Sahlé-Sallassi. — Ma réception. —Présentation de mes cadeaux au roi ; à la reine Betsabèche.—Le festin royal. — Le capitaine Harris, chef de l'ambassade anglaise. — MM. Harris et Graham me rendent visite. — But et situation de l'ambassade anglaise dans le Choa. — Mon stratagème pour me procurer un fœtus d'hippopotame. — Je vais à la chasse. — La rivière Tchia-Tchia. — La chasse aux hippopotames. — Retour à Angolola. — Je revois la reine Betsabèche. — Départ de l'ambassade anglaise.— Arrivée de MM. Lefebvre et Petit dans le Choa. 115

QUATRIÈME PARTIE.

LA GUERRE AUX GALLAS.

Je retourne sur la Tchia-Tchia pour chasser aux hippopotames. — Une comète.— Départ de Sahlé-Sallassi pour la guerre. — Les Gallas, leur origine. — Digression historique. — Les expéditions annuelles du roi de Choa.—Résultats politiques de ces expéditions.—Réunion, départ et marche de l'armée du Choa. — Je vais rejoindre Sahlé-Sallassi à Fine-Fini.—Les tentes du roi.—Nous traversons l'Aouache. — Les costumes de bataille.— Les Gallas abandonnent leurs vieillards, leurs femmes, leurs enfants et leurs troupeaux. — Affreuse cruauté des Amharras.— Trophées guerriers des Abyssins. — Je parcours le champ de bataille. — Mon cheval Debrabraine. — Je défends contre les Abyssins des femmes et des enfants gallas. — J'entre dans un village abandonné. — Je fais trois Gallas prisonniers. — Je rejoins le roi. — L'armée entre dans les montagnes des Gallas-Soddos. — Retraite de l'armée. — Butin de la guerre. — Le roi rend la liberté aux prisonniers. — L'armée se disperse, retour à Angolola. — Chansons guerrières des prêtres d'Angobar. — Départ de MM. Petit et Lefebvre.   169

CINQUIÈME PARTIE.

MOEURS. — GOUVERNEMENT. — RELIGION.

Religion des Abyssins. — Hiérarchie ecclésiastique. — L'*aboune*. — Les *defteras*. — Les *alakas*. — Dogmes et superstitions du christianisme d'Abyssinie. — Grande vénération pour la sainte Vierge. — Técla-Haimanot. — Jeûnes. — La reine de Saba. — Costume des prêtres et cérémonies. — La fête de saint Jean-Baptiste et le baptême annuel. — Histoire d'Abyssinie. — Menelek, fils de Salomon. — Dynastie du Choa. — Les prédécesseurs de Sahlé-Sallassi. — Gouvernement et administration. — La justice. — Les assises royales. — Autorité absolue du roi.   219

DERNIÈRE PARTIE.

LE RETOUR.

Aleyou-Amba. — Le marché. — Harrar et ses habitants. — Excursion aux eaux thermales de Medina. — Chasse aux léopards. — Le roi me renvoie encore à la chasse aux hippopotames. — Renseignements sur des fleuves de l'Afrique orientale. — Je prends congé de Sahlé-Sallassi et de la reine Betsabèche. — Mon départ. — Mes lettres changées en amulettes dans le désert. — Rencontre des deux Saumalis assassins des Anglais, Homet-Soboreyto et Mahamet-Soboreyto. — La Bédouine Néfiz.— Arrivée à Toujourra.— Je vais à Zeyla. — Je pars pour Aden. —Je me rends à Berbereh. — Foire de Berbereh. — Cher-Markeh. — Retour à Moka. — Le choléra. — Je tombe malade. — Population de Moka. — Le *cât*. — Les soirées de Moka. — Les Banians. — Mon arrivée en Égypte.   259

OBSERVATIONS SCIENTIFIQUES.

Observations météorologiques horaires ; — thermométriques ; — d'inclinaison de l'aiguille aimantée ; — de marées et de météorologie ; — d'astronomie ; — barométriques pour déterminer la hauteur. — Relèvements à la boussole.   297

OBSERVATIONS GÉOLOGIQUES.

Observations géologiques recueillies en Égypte, sur la mer Rouge, le golfe d'Aden, le pays d'Adel et le royaume de Choa.   327

BOTANIQUE.

Désignation des plantes de l'herbier du second voyage de M. Rochet d'Héricourt au royaume de Choa ; par M. le professeur Delile. — Note sur le cousso.   337

HISTOIRE NATURELLE.

Note sur le squelette d'une tête d'hippopotame d'Abyssinie, rapportée du royaume de Choa, par M. Rochet d'Héricourt, lue par M. Duvernoy, membre de l'Institut, professeur d'histoire naturelle organique au collége de France.   347

TRAITÉ POLITIQUE ET COMMERCIAL.

Traité politique et commercial entre le grand Louis-Philippe, roi de France, et Sahlé-Sallassi, roi de Choa, et ses successeurs.   373

Chronologie de l'Église éthiopienne.   379

Calendrier abyssin.   381

FIN DE LA TABLE DES MATIÈRES.

On trouve chez le même éditeur.

VOYAGE (PREMIER) SUR LA CÔTE ORIENTALE DE LA MER ROUGE, dans le pays d'Adel et le royaume de Choa ; par M. *Rochet d'Héricourt*. Un volume grand in-8°, sur papier grand raisin vélin, avec carte et figures. Prix, 16 fr.

LES PHILIPPINES, histoire, géographie, mœurs, agriculture, industrie et commerce des colonies espagnoles dans l'Océanie ; par *J. Mallat*. Deux volumes grand in-8°, sur papier grand raisin vélin, avec un bel atlas grand in-folio colorié. Prix, 30 fr.

VOYAGE DANS L'AFRIQUE OCCIDENTALE, comprenant l'exploration du Sénégal, depuis Saint-Louis jusqu'à la Falémé, au delà de Bakel ; de la Falémé, depuis son embouchure jusqu'à Sansandig ; des mines d'or de Kéniéba, dans le Bambouk ; des pays de Galam, Bondou et Woolli ; et de la Gambie, depuis Baracounda jusqu'à l'Océan ; exécuté, en 1843 et 1844, par une commission composée de MM. *Huard-Bessinières*, *Jamin*, *Raffenel*, *Peyre-Ferry* et *Pottin-Patterson* ; rédigé et mis en ordre par ANNE RAFFENEL. Un volume grand in-8°, sur papier grand raisin vélin, avec un bel atlas in-4° colorié. Prix, 20 fr.

DOCUMENTS SUR L'HISTOIRE, la géographie et le commerce de la partie occidentale de MADAGASCAR ; recueillis et rédigés par M. *Guillain*, capitaine de corvette. Un grand volume in-8°, papier raisin vélin, avec carte. Prix, 9 fr.

SAINT-DOMINGUE, étude et solution nouvelle de la question haïtienne ; par M. *R. Lepelletier de Saint-Remy*. Deux forts volumes in-8°, papier vélin, avec carte. Prix, 15 fr.

MÉMOIRES POSTHUMES du feld-maréchal comte de Stedingk, rédigés sur des lettres, dépêches et autres pièces authentiques laissées à sa famille ; par le général comte de *Björnstjerna* ambassadeur de Suède en Angleterre. Trois volumes in-8°. Prix, 22 fr. 50 c.
Le tome troisième se vend séparément. 7 fr. 50 c.

LE TYROL ET LE NORD DE L'ITALIE, journal d'un voyage dans ces contrées en 1836 ; par *Frédéric Mercey*. Deuxième édition, deux volumes in-8°, avec quinze figures gravées à l'eau-forte par l'auteur. Prix, 16 fr.

LA ROMANIE ou histoire, langue, littérature, orographie, statistique des peuples de la langue d'or, Ardialiens, Valaques et Moldaves ; par *J. A. Vaillant*. Trois volumes in-8°, avec carte. Prix, 21 fr.

Sous presse.

DU RHIN AU NIL ; par *Xavier Marmier*. Deux volumes in-18, format Charpentier. Prix, 7 fr.

JOURNAL DE VOYAGE EN CHINE, en Cochinchine, aux îles Philippines, à Java, aux îles Basilan et Sulou, dans la presqu'île de Malacca, à Ceylan, à la côte de Coromandel, à Aden, en Égypte à Bourbon, au cap de Bonne-Espérance, au Brésil et aux îles des Canaries ; par M. *Jules Itier*, membre de l'ambassade française en Chine. Deux volumes in-8°. Prix, 16 fr.

IMPRIMERIE DE MME VE BOUCHARD-HUZARD, RUE DE L'ÉPERON, N° 7.

www.ingramcontent.com/pod-product-compliance
Lightning Source LLC
Chambersburg PA
CBHW070545230426
43665CB00014B/1813